Stefan Rinke

Lateinamerika und die USA

Geschichte kompakt

Herausgegeben von
Kai Brodersen, Martin Kintzinger,
Uwe Puschner, Volker Reinhardt

Herausgeber für den Bereich *19./20. Jahrhundert*:
Uwe Puschner

Beratung für den Bereich *19./20. Jahrhundert*:
Walter Demel, Merith Niehuss, Hagen Schulze

Stefan Rinke

Lateinamerika und die USA

Eine Geschichte zwischen Räumen – von der Kolonialzeit bis heute

Für Silke

Die Deutsche Nationalbibliothek verzeichnet diese Publikation
in der Deutschen Nationalbibliografie;
detaillierte bibliografische Daten sind im Internet über
http://dnb.d-nb.de abrufbar

Die Herausgabe des Werkes wurde durch
die Vereinsmitglieder der WBG ermöglicht.
Redaktion: Frank Schlumm, Berlin
Karten: Peter Palm, Berlin
Satz: Lichtsatz Michael Glaese GmbH, Hemsbach
Einbandgestaltung: schreiberVIS, Seeheim
Gedruckt auf säurefreiem und alterungsbeständigem Papier
Printed in Germany

Besuchen Sie uns im Internet: www.wbg-wissenverbindet.de

ISBN 978-3-534-24551-2

Elektronisch sind folgende Ausgaben erhältlich:
eBook (PDF): 978-3-534-72300-3
eBook (epub): 978-3-534-72301-0

Inhaltsverzeichnis

Geschichte kompakt

In der Geschichte, wie auch sonst, dürfen Ursachen nicht postuliert werden, man muss sie suchen. (Marc Bloch)

Das Interesse an Geschichte wächst in der Gesellschaft unserer Zeit. Historische Themen in Literatur, Ausstellungen und Filmen finden breiten Zuspruch. Immer mehr junge Menschen entschließen sich zu einem Studium der Geschichte, und auch für Erfahrene bietet die Begegnung mit der Geschichte stets vielfältige, neue Anreize. Die Fülle dessen, was wir über die Vergangenheit wissen, wächst allerdings ebenfalls: Neue Entdeckungen kommen hinzu, veränderte Fragestellungen führen zu neuen Interpretationen bereits bekannter Sachverhalte. Geschichte wird heute nicht mehr nur als Ereignisfolge verstanden, Herrschaft und Politik stehen nicht mehr allein im Mittelpunkt, und die Konzentration auf eine Nationalgeschichte ist zugunsten offenerer, vergleichender Perspektiven überwunden.

Interessierte, Lehrende und Lernende fragen deshalb nach verlässlicher Information, die komplexe und komplizierte Inhalte konzentriert, übersichtlich konzipiert und gut lesbar darstellt. Die Bände der Reihe „Geschichte kompakt" bieten solche Information. Sie stellen Ereignisse und Zusammenhänge der historischen Epochen der Antike, des Mittelalters, der Neuzeit und der Globalgeschichte verständlich und auf dem Kenntnisstand der heutigen Forschung vor. Hauptthemen des universitären Studiums wie der schulischen Oberstufen und zentrale Themenfelder der Wissenschaft zur deutschen und europäischen Geschichte werden in Einzelbänden erschlossen. Beigefügte Erläuterungen, Register sowie Literatur- und Quellenangaben zum Weiterlesen ergänzen den Text. Die Lektüre eines Bandes erlaubt, sich mit dem behandelten Gegenstand umfassend vertraut zu machen. „Geschichte kompakt" ist daher ebenso für eine erste Begegnung mit dem Thema wie für eine Prüfungsvorbereitung geeignet, als Arbeitsgrundlage für Lehrende und Studierende ebenso wie als anregende Lektüre für historisch Interessierte.

Die Autorinnen und Autoren sind in Forschung und Lehre erfahrene Wissenschaftlerinnen und Wissenschaftler. Jeder Band ist, trotz der allen gemeinsamen Absicht, ein abgeschlossenes, eigenständiges Werk. Die Reihe „Geschichte kompakt" soll durch ihre Einzelbände insgesamt den heutigen Wissenstand zur deutschen und europäischen Geschichte repräsentieren. Sie ist in der thematischen Akzentuierung wie in der Anzahl der Bände nicht festgelegt und wird künftig um weitere Themen der aktuellen historischen Arbeit erweitert werden.

Kai Brodersen
Martin Kintzinger
Uwe Puschner
Volker Reinhardt

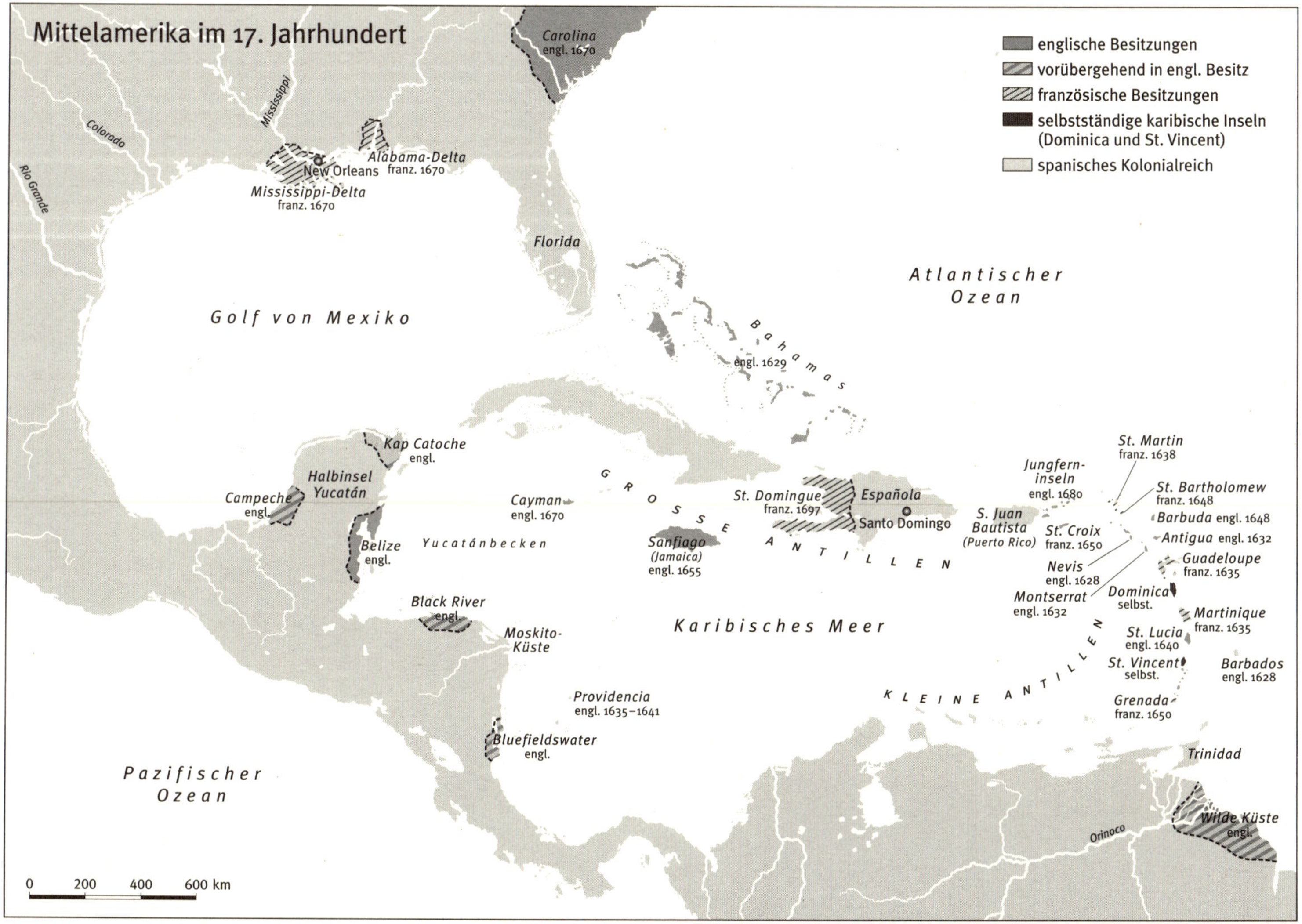
Mittelamerika im 17. Jahrhundert
englische Besitzungen
vorübergehend in engl. Besitz
französische Besitzungen
selbstständige karibische Inseln (Dominica und St. Vincent)
spanisches Kolonialreich
Carolina engl. 1670
Mississippi
Colorado
Rio Grande
Alabama-Delta franz. 1670
New Orleans
Mississippi-Delta franz. 1670
Florida
Golf von Mexiko
Atlantischer Ozean
Bahamas engl. 1629
Kap Catoche engl.
Halbinsel Yucatán
Campeche engl.
Belize engl.
Cayman engl. 1670
Yucatánbecken
GROSSE ANTILLEN
Santiago (Jamaica) engl. 1655
St. Domingue franz. 1697
Española
Santo Domingo
S. Juan Bautista (Puerto Rico)
Jungfern-inseln engl. 1680
St. Croix franz. 1650
St. Martin franz. 1638
St. Bartholomew franz. 1648
Barbuda engl. 1648
Antigua engl. 1632
Guadeloupe franz. 1635
Nevis engl. 1628
Montserrat engl. 1632
Dominica selbst.
Martinique franz. 1635
St. Lucia engl. 1640
St. Vincent selbst.
Barbados engl. 1628
Grenada franz. 1650
Trinidad
KLEINE ANTILLEN
Karibisches Meer
Black River engl.
Moskito-Küste
Providencia engl. 1635–1641
Bluefieldswater engl.
Pazifischer Ozean
Orinoco
Wilde Küste engl.
0 200 400 600 km

Einleitung

„Schert Euch zum Teufel, Scheiß-Yankees!“ (*„¡Váyanse al carajo, Yankees de mierda!“*), diese wenig diplomatischen Worte benutzte der venezolanische Staatspräsident Hugo Chávez am 11. September 2008, als er unter Protest gegen die US-amerikanische Politik gegenüber Bolivien den Botschafter Washingtons außer Landes verwies. Aggressive Äußerungen und Handlungen wie diese sind Ausdruck des schwierigen Verhältnisses, das die anglo- und lateinamerikanischen Teile des Doppelkontinents miteinander verbindet. Die Beziehungen zwischen Nord und Süd in Amerika basieren auf einer langen und zumeist konfliktreichen geteilten Geschichte mehrerer Jahrhunderte, die sich von der Kolonialzeit bis auf den heutigen Tag erstreckt. Dieses Spannungsfeld hat sich seit dem 19. und 20. Jahrhundert parallel zum machtpolitischen Aufstieg der Vereinigten Staaten und ihrer weltweiten Machtentfaltung vertieft. Es entstand das Bild vom armen „Hinterhof“, den die hegemonialen USA quasi naturgesetzmäßig dominierten. Für die Geschichte des unabhängigen Lateinamerikas, die in diesem Buch im Mittelpunkt steht, ebenso wie für die der USA waren und sind die Beziehungen zu den amerikanischen Nachbarn bis in die Gegenwart hinein grundlegend.

Was sich in den drastischen Worten von Chávez Bahn brach, war eine Mischung aus Wut und Frustration, die für die Haltung vieler Lateinamerikaner gegenüber dem großen Nachbarn im Norden spätestens seit der zweiten Hälfte des 20. Jahrhunderts lange Zeit bezeichnend war. Sie spiegelt die sich stetig vertiefende ungleiche Machtverteilung und die Erfahrungen der Unterlegenheit gegenüber dem „Koloss des Nordens“ wider. Allerdings ist dies nur eine Seite der Medaille, denn die Wahrnehmung der anderen Amerikaner im Norden war stets mit Bewunderung und Hochachtung gepaart. Wenn auch oft nur zähneknirschend, so wurden die USA doch als Vorbild angesehen.

Außerdem war Lateinamerika nie nur passives Objekt in den interamerikanischen Nord-Süd-Beziehungen, sondern gestaltete diese aktiv mit. Dies ist bislang noch zu wenig bekannt, denn lange Zeit dominierte eine Wissenschaftstradition, die sich mit dem Thema aus Sicht der Vereinigten Staaten beschäftigte – zunächst affirmativ, später kritisch. In der Tat war die Lateinamerikapolitik der USA schon in der Entstehungszeit der Lateinamerikastudien als neuer Forschungsrichtung um den Ersten Weltkrieg ein sehr wichtiges Thema der Geschichtsschreibung. Ihr kam seitdem erhebliche tagespolitische Relevanz zu als Argument im Kampf um die öffentliche Meinung. Erstaunlich ist, dass es bisher noch kaum Überblicksdarstellungen zu diesem Gegenstand aus der lateinamerikanischen Perspektive gibt. Wenn aus dieser Sicht wissenschaftlich dazu gearbeitet wurde, dann mit Blick auf bilaterale Beziehungen. In diesem Buch wird daher die Perspektive der Region Lateinamerika im Mittelpunkt stehen, ohne die US-amerikanischen Motive zu vernachlässigen, denn das Gesamtbild lässt sich nur erkennen, wenn man die Wechselbeziehung im Blick behält. Dabei ist zu bedenken, dass der Begriff „Lateinamerika“ eine Einheit impliziert, die der Realität nur sehr eingeschränkt entspricht. Die seit Mitte des 19. Jahrhunderts so bezeichnete Region zeichnet sich ja gerade durch ihre Vielfalt und ihre enormen internen Unterschiede aus.

Eine zentrale Frage, die vor dem Hintergrund der Diskussionen um den Begriff des *Empire* seit einigen Jahren wieder an Relevanz gewonnen hat, ist die nach dem Charakter der Beziehungen zwischen den USA und Lateinamerika, oder kurz: Gab und gibt es noch immer einen US-amerikanischen Imperialismus in Lateinamerika? Die Antwort auf diese Frage hängt von der Definition ab. In der klassischen US-amerikanischen Historiographie bis in die 1950er-Jahre wurde sie verneint, wenngleich die so genannten Realisten einräumten, dass um 1898 ein kurzes imperialistisches Zwischenspiel zu verzeichnen gewesen sei. Die Vereinigten Staaten hätten dann ihre Besitzungen wieder abgeben und der Imperialismus sei daher kein Charakteristikum der nationalen Geschichte. Der zu dieser Zeit sehr bekannte Historiker Samuel Flagg Bemis nutzte zwar den Begriff, schränkte dessen Gültigkeit aber ein und sprach in Hinblick auf die Beziehungen zu Lateinamerika von einem „beschützendem" Imperialismus (*protective imperialism*). Indem er die US-amerikanische Variante vom aus seiner Sicht „selbstsüchtigen" europäischen Imperialismus unterschied, versuchte er, diese zu rechtfertigen. Dahinter stand die Überzeugung, dass sich die Interventionen der USA in Lateinamerika letztlich positiv auswirkten, weil sie die Modernisierung vorantrieben.

Unter dem Eindruck des Vietnamkriegs und der Kubanischen Revolution änderten sich die Interpretationen der Lateinamerikapolitik Washingtons seit den 1960er-Jahren grundlegend. In den einflussreichen Werken von Historikern wie William A. Williams, die auch in Deutschland – etwa von Hans-Ulrich Wehler – stark rezipiert wurden, galten die Vereinigten Staaten aufgrund ihrer Politik gegenüber Lateinamerika eindeutig als imperialistische Macht. Nach dieser Sichtweise handelte es sich um einen (Sozial-)Imperialismus, der sich aus wirtschaftlichen Motiven speiste und von den sich zuspitzenden sozialen Problemen im Innern der USA ablenken sollte. Die Interpretation speiste ihre Argumente nicht zuletzt auch aus der Kritik in Lateinamerika selbst, die sich im Zeichen des Anti-Imperialismus seit den 1920er-Jahren und der Dependenztheorie seit den 1960ern zu einer regelrechten Bewegung ausgewachsen hatte. Bis heute ist anti-imperialistische Kritik sowohl im Norden wie im Süden der Amerikas einflussreich. Durch die US-amerikanischen Reaktionen auf die Terroranschläge vom 11. September 2001, insbesondere die so genannte Bush-Doktrin, hat sie neue Nahrung bekommen, auch wenn Lateinamerika darin nur eine Nebenrolle zukommt.

In der Tat sind die Sonderrolle der Vereinigten Staaten im amerikanischen Doppelkontinent und ihre machtpolitische Dominanz seit dem 19. Jahrhundert nicht zu verleugnen. Die Hegemonie der USA lässt sich an der Vielzahl von Interventionen oder an der wirtschaftlichen Abhängigkeit ablesen, unter denen die lateinamerikanischen Staaten jahrzehntelang gelitten haben. Der Begriff Imperialismus, zumal in seiner informellen Variante, trifft daher für einzelne Phasen der Geschichte der US-amerikanischen Lateinamerikapolitik durchaus zu. Doch trotz der durchgängigen Machtasymmetrie unterlagen die interamerikanischen Beziehungen einem erheblichen historischen Wandel.

Außerdem hat die neueste von postkolonialen Theorien beeinflusste Geschichtsschreibung seit den 1990er-Jahren die kulturelle Dimension des Beziehungsgeflechts in den Amerikas betont. Vor dem Hintergrund zunehmender Globalisierungsprozesse hat man sich innovativen Fragestellungen geöffnet und den Blick für transnationale Interaktionen und Verflechtungen in Bereichen wie Wirtschaft, Kultur oder Telekommunikation geschärft. Dabei geht es um die Dynamik von Identitäten vor dem Hintergrund eines Begriffes von Kultur, der diese als Geflecht von Symbolen und als ständig sich wandelnden Prozess versteht. Bilder und Repräsentationen vom Anderen und vom Selbst spielen dabei eine zentrale Rolle. So wie sich der Westen nach Edward Said, dem Theoretiker des Orientalismus, sein orientalisches Anderes schuf, so schufen sich die Vereinigten Staaten mit Lateinamerika ihr Anderes. Angesichts der durch diese Erkenntnis ausgelösten Debatten spricht man in den US-amerikanischen Kulturwissenschaften jüngst gar von einem „Hemispheric Turn".

Allerdings – und das blieb bislang in der Regel unbeachtet – gilt diese Aussage auch umgekehrt. Die Beziehungen zwischen den Amerikas kann man nicht als Einbahnstraße verstehen. Die einfachen Dichotomien von wohlwollenden Modernisierern und traditionalen Empfängern oder von imperialistischen Eroberern und bedauernswerten Opfern greifen für die Charakterisierung des Verhältnisses von den USA und Lateinamerika zu kurz. Vielmehr haben Lateinamerikaner die Konflikte und Begegnungen mit den großen Nachbarn auf ihre eigene Art erlebt, gedeutet und beeinflusst. Die Auseinandersetzung mit dem anderen Amerikaner spielte sich auf unterschiedlichen Ebenen ab. Dabei änderte sich das Raumverständnis beständig. In der Unabhängigkeitsepoche positionierte sich Amerika als eigene Sphäre im Weltkontext neu und löste sich von der kolonialen europäischen Vorstellung der „Neuen Welt", in der alles möglich und erlaubt war. Doch auch innerhalb der Amerikas waren die Raumvorstellungen beständig im Fluss, etwa wenn die Staatsgrenzen zwischen Nord und Süd verschoben oder durch Migrationsprozesse monolithische Nationsvorstellungen unterwandert wurden. Durch diese permanenten Bewegungen ergaben sich vielfältige Kontaktzonen zwischen den vermeintlich fest gefügten Räumen von Anglo- und Lateinamerika, die sich vor dem Hintergrund der Einbindung in den globalen Kontext dynamisch veränderten. Diese Verflechtungsprozesse zwischen Räumen interessieren im Folgenden besonders, denn die Geschichte der interamerikanischen Beziehungen ist eine geteilte Geschichte, in der und durch die sich nicht nur *Latinos*, sondern auch *Anglos* verändert haben.

In diesem Buch wird dem Wandel der Raumvorstellungen durch die Gliederung Rechnung getragen. Der Schwerpunkt der Darstellung liegt auf den Entwicklungen seit dem 19. Jahrhundert, wobei chronologische Einschnitte die Unterteilung in Hauptkapitel vorgeben. Die Kapitelstruktur berücksichtigt die Vielfalt der Ebenen und bezieht auch die kulturelle Dimension mit ein. Neben der Rolle von staatlichen wird auch die von nicht-staatlichen Akteuren in die Darstellung mit einfließen.

Wie die „Neue Welt" als europäische Raumvorstellung die Kolonialzeit prägte, wie sich hier aber auch schon früh durch konfessionelle und machtpolitische Gegensätze Räume herausentwickelten, deren Interaktionen sich verdichteten, ist das Thema des ersten Kapitels. Kapitel II zeigt die Wege zur Unabhängigkeit, um danach die interamerikanischen Beziehungen und Wahrnehmungen im Schatten der Kriege darzustellen. In dieser Zeit wurde ein dezidierter Gegensatz zwischen Amerika und Europa konstruiert, der auch die folgende Phase bis Mitte des 19. Jahrhunderts noch prägen sollte. Dieser Antagonismus gipfelte in der Vorstellung von einer eigenen „westlichen Hemisphäre", die die interamerikanischen Beziehungen im Kontext der europäischen Bedrohung beeinflusste. Die vorübergehende Abwehr dieser Bedrohung, so die These von Kapitel III, schuf die Voraussetzung für den räumlichen Expansionismus der Vereinigten Staaten, durch den sich die Beziehungen vor allem zu den Nachbarn in Mexiko und in der Karibik radikal wandeln sollten. Worauf das panamerikanische Raumkonstrukt gegen Ende des 19. Jahrhunderts basierte und inwiefern es integrative Wirkung entfalten konnte, fragt Kapitel IV. Nur scheinbar paradoxerweise, so argumentiert Kapitel V, liefen die panamerikanischen Bemühungen teils parallel zu den imperialistischen Bestrebungen der Vereinigten Staaten, die im Krieg gegen Spanien von 1898/99 und im Interventionismus im karibischen Raum gipfelten. Das informelle Imperium der USA blieb jedoch nicht unwidersprochen. Insbesondere durch die mexikanische Revolution ab 1910, die einen der Schwerpunkte von Kapitel VI bildet, kam es in die Kritik, wenngleich der Erste Weltkrieg die Stellung Washingtons im Süden dann wieder festigte. Allerdings ging auch der lateinamerikanische Nationalismus gestärkt aus diesem Weltkonflikt hervor, wie Kapitel VII verdeutlicht. In Kapitel VIII stehen erneut hemisphärische Solidaritätsbestrebungen im Mittelpunkt, die auf den zweiten großen Gewaltausbruch in der ersten Hälfte des 20. Jahrhunderts zurückzuführen waren. Kapitel IX und X begeben sich in die Zeit des Kalten Kriegs, in der Lateinamerika in der US-amerikanischen Sicht kaum mehr als eine Peripherie im Kampf gegen den Kommunismus war, in der jedoch auch das Gegenkonzept eines unabhängigen Raums, einer Dritten Welt, im Süden entstand. Das Spannungsfeld zwischen den sich verdichtenden transamerikanischen Verflechtungen und den zeitgleichen Abschottungsbemühungen andererseits ist Thema des Schlusskapitels XI.

Mein Dank gilt der Deutschen Forschungsgemeinschaft für die Förderung im Rahmen des Internationalen Graduiertenkollegs 1571 „Zwischen Räumen" sowie des Sonderforschungsbereichs 700 „Governance in Räumen begrenzter Staatlichkeit". Beide Forschungskontexte lieferten wichtige Anregungen zur Arbeit an diesem Buch. Den Kolleginnen und Kollegen dieser Projekte und insbesondere am Lateinamerika-Institut und im Netzwerk Area Histories sei für wichtige Kommentare, Diskussionen und Kritiken gedankt.

Meiner Frau Silke, die mich auf meinen Reisen zwischen Räumen in den Amerikas begleitet hat und hoffentlich bald wieder begleiten wird, widme ich dieses Buch.

Berlin, im Juni 2011 — Stefan Rinke

I. Neue Welten: Die Kolonialzeit bis 1760

1492	Kolumbus landet auf Guanahani
1493	Päpstliches Edikt *Inter Caetera*
1494	Vertrag von Tordesillas
1497	John Cabot an der Küste Nordamerikas
1507	Erfindung des Namens Amerika
1562	Erste Reise von John Hawkins
1577–1580	Weltumsegelung von Francis Drake
1607	Gründung von Jamestown, Virginia
1620	„Pilgerväter" landen in Plymouth
1655	Englische Eroberung Jamaikas
1701–1713	Spanischer Erbfolgekrieg
1703	Englisch-Portugiesischer Handelsvertrag (Methuen-Vertrag)
1739–1748	Krieg von Jenkins' Ohr

Die Geschichte der Beziehungen zwischen Nord und Süd in dem Erdteil, der seit rund 500 Jahren Amerika genannt wird, beginnt nicht erst mit der Ankunft der Europäer 1492. Der Doppelkontinent war vielmehr schon Jahrtausenden zuvor geprägt von Wanderungen. Es gilt mittlerweile als gesichert, dass die ersten Menschen in die für sie neue Welt einwanderten. Zumindest ein Teil dieser frühen Migranten kam über eine eiszeitliche Landbrücke in der Beringsee aus Sibirien über Alaska nach Nordamerika und breitete sich nach Süden aus. In der Folgezeit bildete sich eine außerordentliche Vielfalt an Kulturen, die transregionale Kontakte und Beziehungen aufbauten, was insbesondere auch für den mesoamerikanischen Raum und den daran angrenzenden Südwesten der heutigen USA galt. Angepasst an die verschiedenartigen Umweltbedingungen prägten Großreiche, Stammesgesellschaften und Jäger- und Sammlergruppen unterschiedliche Räume, die Seite an Seite existierten und teils eng miteinander verflochten waren.

Vielfalt der Räume

Mit der Ankunft der Europäer änderte sich die Grundkonstellation, denn die Eroberer verdrängten, töteten oder unterdrückten viele der höchst unterschiedlichen Ethnien, denen Kolumbus (ca. 1451–1506) die Kollektivbezeichnung *indios* gegeben hatte. Die Kolonialherrschaft, die in den folgenden Jahrhunderten entstand, war jedoch keineswegs einheitlich, denn die neu entdeckten Räume wiesen enorme Unterschiede auf. So gab es, wie die Europäer schnell feststellten, nicht die eine „Neue Welt", sondern viele Räume, in denen unterschiedliche Völker lebten und die mit unterschiedlichen Methoden besiedelt und ausgebeutet werden mussten. Dabei sahen die Spanier sich bald mächtigen Konkurrenten gegenüber, die ihnen den Rang streitig machten. So überquerten mit den Eroberern und Siedlern auch europäische Rivalitäten und Konflikte den Atlantik, die man kennen muss, um die frühe Geschichte der Verflechtungen innerhalb der Amerikas zu verstehen.

1. Wurzeln der Konflikte

Bereits bei Kolumbus waren die Entdeckungen der neuen Länder mit der formellen Inbesitznahme einhergegangen, die notariell verbrieft wurde. Die Spanier bemühten sich sogleich erfolgreich um eine diplomatische Absicherung ihres Entdeckungsmonopols im Westen. Papst Alexander VI. (1431–1503) bestätigte der spanischen Krone die neuen Besitzungen mit der Bulle *Inter Cetera* von 1493 und rechtfertigte dies mit dem Missionsauftrag. Anderen europäischen Mächten untersagte der Papst den Zutritt zu den neuen Gebieten ausdrücklich, ja er drohte ihnen bei Zuwiderhandeln sogar mit der Exkommunikation. Diese päpstliche Legitimierung war wichtig im Konkurrenzkampf mit Portugal. Sie war außerdem eine damals durchaus übliche, den Rechtsauffassungen im Umgang mit Heiden entsprechende Maßnahme. Das Land der Heiden war demnach Missionsgebiet und konnten einem christlichen Herrscher zur – auch gewaltsamen – Mission zugewiesen werden. Eroberung und Mission gingen von nun an Hand in Hand, und Geistliche sollten die spanischen Konquistadoren auf ihren Zügen begleiten.

Ebenso wichtig wie die religiöse war den Spaniern die machtpolitische Absicherung der Expansion. Daher kam es am 7. Juni 1494 zum Vertrag von Tordesillas, in dem sich die beiden iberischen Kronen auf den 46. Grad westlicher Länge als Trennungslinie der Expansionsgebiete einigten. Alle Gebiete westlich dieser Linie sollten Spanien gehören, die östlichen hingegen Portugal. Mit diesem Vertrag hatte man eine Raumordnung geschaffen und die neuen Länder im Westen in Interessensphären der Entdecker aufgeteilt, die exklusiv zum Herrschaftsgebiet der jeweiligen Krone als eigenständige Königreiche zählten. Ohne es zu wissen, bekam die portugiesische Krone damit Ansprüche auf Ostbrasilien zugesprochen. Die Spanier wussten zu diesem Zeitpunkt ebenso wenig, dass ihnen ein riesiger Kontinent zufiel, war man doch noch davon überzeugt, den westlichen Seeweg nach Indien entdeckt zu haben.

Erfindung Amerikas

Das Wissen, dass es sich bei den Entdeckungen der iberischen Mächte um einen neuen Kontinent, eine Neue Welt, handelte, sollte sich aber zu Beginn des 16. Jahrhunderts schnell durchsetzen. 1507 bereits erfanden humanistische Gelehrte in Lothringen den Namen Amerika. Um die Mitte des 16. Jahrhunderts waren die Eroberungen der Räume, in denen sich die spanische Siedlungskolonisation vollzog, im Wesentlichen abgeschlossen. Im Hinterland dagegen wie zum Beispiel in den riesigen Territorien des heutigen Südwestens der USA oder in Florida unterhielt man bestenfalls Missionen oder Militärstützpunkte, ohne jedoch eine wirksame Durchdringung zu erzielen. Die Portugiesen intensivierten zu diesem Zeitpunkt ihre Kolonisierungsbemühungen entlang der brasilianischen Küste. Sowohl für die spanische als auch für die portugiesische Krone blieben die eroberten Gebiete in erster Linie Quellen des Reichtums, vor allem von Edelmetallen, die es zu nutzen galt, um den eigenen Staatshaushalt und die Politik in Europa zu finanzieren. Insgesamt klafften die Idealvorstellungen der iberischen Mutterländer und die Realitäten in Amerika weit auseinander.

Die Monopolansprüche bestanden schon bald nach der Entdeckung nur noch theoretisch, da sich europäische Rivalen in den Amerikas breit machten. Neben den Franzosen waren es im 16. Jahrhundert vor allem die Engländer, die die Ansprüche der iberischen Mächte anfochten, indem sie auf eigene Entdeckungsfahrten gingen. Zwar bezeichnete der Begriff „*America*" im englischen Sprachgebrauch noch bis weit ins 17. Jahrhundert hinein die iberischen Besitzungen mit ihren ungeahnten Reichtümern. Doch schon 1497 erfolgte die symbolische Inbesitznahme neu entdeckter Länder in Nordamerika durch den Genuesen in englischen Diensten, John Cabot (ca. 1450–1499), der ebenfalls glaubte, Asien entdeckt zu haben. Cabots Entdeckung sollte später eine Grundlage der englischen Ansprüche in den Amerikas bilden. Unter der Herrschaft Heinrichs VIII. (1509–1547) gab es keine weiteren Entdeckungsreisen, denn angesichts der innenpolitischen Probleme waren dem König gute Beziehungen zu Spanien wichtiger als Abenteuer in Übersee.

Diese Zurückhaltung gab seine Nachfolgerin Elisabeth I. (1558–1603) auf, was sich an den Kolonialprojekten von Gelehrten und Abenteurern wie Humphrey Gilbert (1537–1583) und Richard Hakluyt (1552–1616) ablesen lässt. Das bis dahin gute Verhältnis zwischen Spanien und England verschlechterte sich in kurzer Zeit. Ziel der englischen Politik war es von nun an, die Monopolstellung Spaniens in Amerika zu brechen, um am Reichtum der Neuen Welt teilzuhaben, Handelsvorteile zu erlangen und eigene Siedlungsprojekte durchzusetzen. England sollte außerdem als Schutzmacht der Protestanten dem katholischen Universalanspruch in Amerika entgegentreten und sich den Indigenen als neuer Verbündeter gegen die spanische Herrschaft anbieten.

Q

Richard Hakluyt fordert eine englische Kolonisation in Nordamerika (1582)
Aus: Eberhard Schmitt et al., Bd. 3, S. 81.

Wenn ich ... bedenke, dass für jeden seine Zeit kommt, und sehe, dass die Zeit der Portugiesen vorbei ist und dass die Nacktheit der Spanier und ihre langgehüteten Geheimnisse, mit denen sie sich daran machten, die Welt zu täuschen, nun endlich offengelegt werden, so fasse ich große Hoffnung, dass die Zeit sich nähert und bereits da ist, in der wir Engländer – so wir nur den Willen aufbringen – mit dem Spanier und dem Portugiesen den Gewinn in den Gebieten Amerikas und in anderen Gegenden, die bis jetzt unentdeckt sind, teilen.
Und wenn wir in uns den Wunsch verspüren, die Ehre unseres Landes zu befördern, ein Wunsch, der in jedem aufrechten Mann sein sollte, so hätten wir sicherlich nicht die ganze Zeit über die Inbesitznahme der Länder verzögert, die nach Recht und Billigkeit uns gehören ...

Neben dem Norden Amerikas, wo man nach der Nordwestpassage suchte, rückte in den 1560er-Jahren der karibische Raum in den Mittelpunkt des englischen Interesses. Dort betrieb John Hawkins (1543–1595), finanziell unterstützt von Kaufleuten und später auch von der Krone, ab 1562 illegalen Handel mit Sklaven. Aufgrund des Erfolgs kam man in England zu der Auffassung, dass sich weitere Unternehmungen lohnen müssten. Hawkins' dritte Reise zeigte jedoch, dass diese Annahme unberechtigt war. Nach Raubzügen entlang der Küste musste er sich im September 1568 den Spaniern geschlagen geben. Allerdings konnten Hawkins und sein Vetter Francis Drake (ca. 1540–1596) entkommen. In der Folgezeit sollte Drake mit seinen Husarenstücken wie u. a. der Einnahme der Städte Nombre de Dios auf der

Landenge von Panama 1572 oder der Plünderung Valparaísos auf seiner Weltfahrt 1578 zum bekanntesten Freibeuter seiner Zeit werden. Ab 1584 befand sich Spanien auch offiziell im Krieg gegen England, das die Bestrafung Drakes abgelehnt hatte. In diesem Krieg plünderten und brandschatzten die Engländer selbst das stark befestigte Cartagena de Indias, den Stolz der Spanier. Der spanische Gegenschlag, die Invasion Englands mit der Armada, scheiterte 1588. Doch auch die größte und vorerst letzte Operation der Engländer, die 1595 mit einer Flotte unter Hawkins und Drake das spanische Imperium angriffen, wurde zu einem Fehlschlag, da die Spanier ihr Verteidigungssystem verstärkt hatten.

Ungefähr zur selben Zeit bereitete man in England eine Siedlungskolonisation in Amerika vor. Der wichtigste Akteur war Walter Raleigh (ca. 1552–1618), der auf Gewinne mit tropischen Erzeugnissen spekulierte. Raleighs erste Versuche im heutigen Virginia und North Carolina scheiterten schon nach wenigen Jahren. Später suchte er in der Karibik und im nördlichen Südamerika nach dem sagenhaften Goldland. Als sich nach dem Tod von Königin Elisabeth die englische Spanienpolitik wandelte, wurde Raleigh des Hochverrats angeklagt und nach einer erneuten Raubfahrt 1618 hingerichtet. Zuvor war es jedoch im abgelegenen Norden Amerikas ab 1607 in Jamestown, Virginia, zu einer ersten erfolgreichen englischen Ansiedlung gekommen. Dort folgten die Engländer lange dem spanischen Vorbild und versuchten die Region zu einem protestantischen Mexiko zu machen. 1620 landeten die „Pilgerväter" in Neu England.

2. „Kein Frieden jenseits der Linie"

Amerika als *res nullius*

Um die Wende vom 16. und 17. Jahrhundert hatte sich damit ein Gegensatz zwischen Spanien und England verfestigt, der in der Folgezeit prägend bleiben sollte. Dieser Gegensatz basierte letztlich auf der Nichtanerkennung des iberischen Alleinherrschaftsanspruchs durch die englische Krone. Auch in diesem Zusammenhang blieb die Verflechtung mit dem spanischen Vorbild, wenn auch als Antithese, offensichtlich, denn britische und kreolische Autoren betonten, dass es sich in Amerika um eine *res nullius* handelte, die im Besitz der gesamten Menschheit gewesen sei. Die Legitimität von Herrschaft basierte demnach auf der effektiven Inbesitznahme und Inwertsetzung durch Siedler. Natürlich wollte man damit den spanischen, vom Papst bestätigten Anspruch unterlaufen. Das gelang jedoch bis ins 18. Jahrhundert hinein nur ansatzweise, wie etwa die Auseinandersetzungen in umstrittenen Grenzgebieten wie etwa Britisch-Honduras oder Carolina zeigen sollten. Die Einwohner dieser Gebiete waren eben nicht eindeutig der einen oder dem andern Herrschaft zuzurechnen. Sie blieben in einem Zwischenraum der Staatenlosigkeit. Letztlich blieb die englische Rechtsposition umstritten und musste sich in diskursiver Auseinandersetzung mit den Spaniern immer wieder neu beweisen.

Die Engländer folgten mit ihrem Vorgehen dem Beispiel der Franzosen, deren Aktivitäten schon früh zu heftigen Auseinandersetzungen mit Portugal und Spanien geführt hatten. Im spanisch-französischen Friedensschluss von

Cateau-Cambrésis (1559) soll daher in einer mündlichen Übereinkunft festgelegt worden sein, dass der Friede jenseits des ersten Meridians im Westen keine Gültigkeit habe. Die Engländer folgten diesem Prinzip, das angeblich Francis Drake auf die griffige Formel *„no peace beyond the line"*, „kein Frieden jenseits der Linie", brachte, einer Linie, die später als **Freundschaftslinie** bekannt werden sollte. Wenn auch nicht de iure, so stellte die Neue Welt damit doch de facto einen eigenen rechtlosen Raum dar, in dem weitergekämpft, geplündert und gekapert wurde, auch wenn in Europa noch oder längst wieder Frieden herrschte.

E

Freundschaftslinie
Den euphemistischen Begriff „Freundschaftslinie" verwendete Kardinal Richelieu 1634. Der Begriff bezeichnete gedachte Linien auf den Weltmeeren, jenseits derer die zwischen den europäischen Mächten geschlossenen Friedensverträge außer Kraft waren. Dort verübte kriegerische Handlungen wie Raub oder Freibeuterei sollten keine Rückwirkung auf den Frieden in Europa haben. Seit der ersten Erwähnung einer solchen Demarkationslinie in einer mündlichen Absprache zwischen Frankreich und Spanien zum Frieden von Cateau-Cambrésis (1559) wurden die Freundschaftslinien immer wieder verschoben.
Unter Rechsthistorikern wurde lange darüber debattiert, ob es sich nach dem damals geltenden Völkerrecht bei Amerika um einen rechtlosen Raum gehandelt habe oder ob der Begriff „kein Frieden jenseits der Linie" nicht vielmehr nur auf die tatsächliche Friedlosigkeit in der Region hinwies.

Karibik

In den Kerngebieten der iberischen Herrschaft hatten sich die Engländer im 16. Jahrhundert noch nicht festsetzen können. Die Spanier, die die englische Expansion im Norden als Bedrohung erkannten, waren bemüht, diesen Zustand zu wahren. Schon 1565 gründeten sie mit dem Fort San Agustín in Florida ein Bollwerk und bauten ihre Positionen im heutigen Südwesten der USA schrittweise aus. Die besonders schwierige Verteidigungssituation in der Karibik stellte sie jedoch vor kaum lösbare Probleme. Die Inseln der Großen Antillen, Kuba, Hispaniola, Jamaika und Puerto Rico, erlebten seit der zweiten Hälfte des 16. Jahrhunderts einen relativen Abstieg, da das Festland viele Siedler lockte. Allerdings blieben diese Inseln noch unumstritten im spanischen Besitz und Häfen wie San Juan und Havanna erfüllten wichtige Verteidigungsfunktionen. Die Inseln der Kleinen Antillen waren dagegen von den Spaniern gar nicht erst besetzt worden, weil dazu die militärischen Mittel fehlten. Hier setzten sich die europäischen Rivalen relativ problemlos fest.

Die Engländer errichteten schon in den 1620er-Jahren auf Barbados und Barbuda sowie wenig später auf Antigua und Montserrat Stützpunkte. Der Besitz dieser kleinen Inseln blieb heftig umstritten und oft wechselten sie die Besitzer. Lukrativ waren die Aktivitäten dennoch, denn vor allem der Schmuggelhandel blühte. Die Siedler, die unter dem spanischen Handelsmonopol Mangel litten, trieben gerne Geschäfte mit den Schmugglern. Häufig duldeten die Kolonialbeamten diese Machenschaften. Hinzu kam, dass die englischen Interessen in das lukrative Geschäft mit dem Zucker einstiegen und von afrikanischen Sklaven bearbeitete Plantagen auf ihren Karibikinseln aufbauten. Aus spanischer Sicht noch bedrohlicher waren die Vorstöße der Engländer auf dem mittelamerikanischen Festland, unter anderem im holzreichen Britisch Honduras, dem heutigen Belize, sowie an der Moskitoküste des heutigen Nicaragua.

Lordprotektor Oliver Cromwell (1599–1658) forderte Spanien dann erneut offiziell heraus. Angespornt von dem abtrünnigen Dominikaner Thomas Gage (ca. 1590–1656), der als einer der ganz wenigen Ausländer die Kolonien aus eigener Anschauung kannte, ließ Cromwell 1654 die spanischen Besitzungen mit einer großen Flotte angreifen. Der groß angelegte Eroberungsplan mit dem Namen „Western Design" scheiterte fast auf ganzer Linie. Immerhin gelang mit der Eroberung Jamaikas (1655), das zum Zentrum der englischen Aktivitäten in der Karibik werden sollte, ein verglichen mit den ursprünglichen Zielen sehr bescheidener Erfolg. In der Folgezeit kooperierten die Engländer mit Piraten aller Herren Länder, die 1660 Port Royal auf Jamaika als Hauptstadt für ihre Raubzüge gegen die spanischen Küstenstädte wählten. Besonders spektakulär war der Überfall auf Panama 1671 durch eine Flotte unter Henry Morgan (ca. 1635–1688), der sogar offiziell zum Gouverneur von Jamaika (1674–82) aufstieg. Die Seeräuber genossen dort praktisch den Schutz der Engländer, bis 1692 ein Seebeben Port Royal zerstörte.

Methuen-Vertrag

Mit dem Spanischen Erbfolgekrieg (1701–1713) wendete sich das Blatt. Nicht mehr der englisch-spanische Gegensatz, sondern der zwischen England und Frankreich bestimmte fortan das Geschehen. England schloss sich 1701 der großen Haager Allianz an, um die Thronfolge eines französischen Bourbonen in Spanien zu verhindern. Auch Portugal gehörte ab 1703 zur Allianz und stellte sich damit offen an die Seite Englands, was durch einen Handelsvertrag, den so genannten Methuen-Vertrag (1703) noch unterstrichen wurde. Durch das Abkommen erhielten portugiesische Weine in England eine zollmäßige Vorzugsbehandlung, während Portugal umgekehrt den englischen Stoffen Präferenzen im eigenen Land und in Brasilien einräumte. Dieser Vertrag richtete Portugal einseitig auf die englische Wirtschaft aus und sollte auf lange Zeit die enge Beziehung, ja die Unterordnung der portugiesischen Außenpolitik gegenüber England begründen. Der Vertrag öffnete auch den brasilianischen Markt für die Engländer, die ihn schnell mit ihren Waren überschwemmten. Eine eigenständige Textilindustrie konnte sich vor diesem Hintergrund weder in Portugal noch in Brasilien entwickeln. Stattdessen floss das gerade entdeckte brasilianische Gold nun in großen Strömen nach England.

In Amerika fand der Krieg als Seekrieg statt, bei dem die Engländer bei weitem überlegen waren. 1703 griffen sie Kuba und die Inseln der Kleinen Antillen erfolgreich an, 1707 suchten sie die Städte der südamerikanischen Nordküste und erneut Kuba heim. Die Folge war die weitgehende Vernichtung der Überseeflotte Frankreichs und die Schwächung der Verteidigungsfähigkeit der Spanier in den Kolonien. Im Frieden von Utrecht (1713) ging das Monopol des Sklavenhandels für 30 Jahre an England. Gleichzeitig erhielt es das Sonderrecht des direkten Handels mit Amerika. Wenn dies auch formell auf nur ein Schiff pro Jahr beschränkt war, öffnete die Regelung dem Schmuggel noch weiter Tür und Tor. Vom Stapelplatz Jamaika aus fuhren die englischen Handelsschiffe nun mehr oder weniger regelmäßig die hispanoamerikanischen Häfen an, wo ihre Waren dankbar angenommen wurden. Spanien fehlten nun schlicht die Machtmittel, um daran etwas zu ändern. Schrittweise gab man die Universalansprüche auf und duldete die Existenz der englischen Besitzungen in Amerika. Gemeinsam einigten sich die europäischen Rivalen auf die Einstellung der Freibeuterei und begannen, die Seeräuber massiv zu verfolgen.

Dauerhaften Frieden brachte das 18. Jahrhundert jedoch nicht. Im Gegenteil, die Zusammenstöße zwischen englischen Schmugglern und spanischen Küstenwachen nahmen mit der Zeit zu. Durch die harte Haltung Spaniens, das die fremden Seefahrer in amerikanischen Gewässern als Piraten behandelte, gewannen die Kämpfe oft eine zusätzliche Schärfe. Gleichzeitig drängten die Koloniallobby in England und die Handelsinteressen in den nordamerikanischen Kolonien auf ein aggressiveres Vorgehen in der Karibik. Im so genannten Krieg von Jenkins' Ohr (1739–1748), der als österreichischer Erbfolgekrieg in Europa ausgetragen wurde, zeigte sich erneut, dass Spanien über eine Statistenrolle in der internationalen Politik kaum mehr hinauskam.

3. Wurzeln der Vorurteile

Die Entwicklungen auf der internationalen Ebene erschienen deshalb so bedrohlich, weil sie die Schwäche der iberischen Mutterländer und damit auch die Fragilität der Herrschaft in den amerikanischen Kolonien deutlich werden ließ. Denn einerseits gewannen die Kolonisten in den spanischen und portugiesischen Besitzungen im Verlauf des 17. Jahrhunderts stetig an faktischer Autonomie, andererseits konnte man die Wachstumsdynamik der englischen Kolonien im Norden im 18. Jahrhundert nicht mehr übersehen. Mit dem Aufstieg der englischen Kolonien stieg auch das interamerikanische Interesse langsam an.

religiöser Antagonismus

Dabei standen religiöse Motive im Mittelpunkt, die sich aus dem konfessionellen Gegensatz herleiteten, der ja von Beginn an eine wichtige Rolle bei der Legitimation des englischen Ausgreifens nach Amerika spielte. So entwickelten führende neuenglische Puritaner wie etwa Cotton Mather (1663–1728) in Gedankenexperimenten die Idee eines theokratischen „Neuen Jerusalems" im Land der Azteken. Das belegt vor allem Mathers programmatische, ursprünglich auf Spanisch verfasste Schrift *La fe del Christiano en veyntequatro articulos de la institucion de Christo embiada a los españoles, paraque abran sus ojos, y paraque se conviertan de las Tinieblas a la luz, y de la potestad de Satanas a Dios* von 1699, deren englische Übersetzung 1704 erschien. Mit missionarischem Eifer wollte Mather das Seelenheil der katholischen Spanier retten. Die protestantische Mission sollte darüber hinaus die im Süden lebenden Indigenen vom Katholizismus befreien. Der Missionsanspruch des Nordens war also schon früh angelegt und sollte eine Konstante der Verflechtungen zwischen den Amerikas bleiben.

Konfessionelle Vorurteile entwickelten sich in diesem Zusammenhang zur Grundlage negativer Stereotypen zwischen Nord und Süd. Besonders nützlich für die lebhafte antispanische Propaganda der Engländer waren die Schriften von Bartolomé de las Casas (1484–1566). Las Casas' Anklage gegen die Missstände der Kolonialherrschaft und die Exzesse gegen die indigene Bevölkerung, mit der er die spanische Krone zu einem Umdenken in der Indianerpolitik bewegen wollte, griffen Autoren wie etwa Thomas Gage in viel gelesenen Polemiken dankbar auf, um die englische Expansion in Amerika zu rechtfertigen.

Q

Thomas Gage attackiert die „barbarische Grausamkeit" der Spanier
Aus: Thomas Gage: The English-American, His Travail by Sea and Land: or, A New Survey of the West Indies, Abingdon 2005 [1928; Erstaufl. 1648], S. 3–4.

Außer der Gewalt kenne ich keinen Rechtsanspruch den er [der Spanier] hat, der nicht durch denselben Anspruch und stärkere Gewalt verdrängt werden könnte. ... Unzweifelhaft liegt der rechtmäßige Anspruch auf diese [amerikanischen] Länder nur bei den Eingeborenen selbst, die diesen legal auf Andere übertragen können, etwa wenn sie die Engländer aus freien Stücken um Schutz bitten. Und wenn man anführt, dass die unmenschliche Schlachterei, die die Indianer früher begangen hätten, als sie so viele Menschen ihren Götzen opferten, den Spaniern ein ausreichendes Argument an die Hand gegeben habe, um die Indianer von ihrem Land zu vertreiben, so kann dasselbe Argument mit viel besserer Grundlage gegen die Spanier selbst gewendet werden. Sie haben so viele Millionen Indianer dem Götzen ihrer barbarischen Grausamkeit geopfert, dass heute viele einst bevölkerungsreiche Inseln und große Territorien auf dem Festland fast unbewohnt sind, wie Bartolomé de las Casas, der spanische Bischof von Guaxaca in Neu-Spanien, mit seinen gedruckten Werken ausreichend belegt hat.

Diese Schriften trugen damit zur Perpetuierung negativer Stereotype vom vermeintlich grausamen, faulen und scheinheiligen Spanier bei, die im protestantischen Europa der Frühen Neuzeit ohnehin in Umlauf waren und die spanische Historiker im Bemühen um Rehabilitierung später zu entkräften suchten, indem sie sie als Elemente einer antispanischen **schwarzen Legende** abtaten. Der konfessionelle Antagonismus gegenüber Spanien mischte sich in England schon früh mit patriotischen Empfindungen, die mit der Heroisierung von Drake und anderen und mit der Berufung auf den vermeintlich typisch englischen Freiheitsdrang einherging.

E

Schwarze Legende
Wahrscheinlich war es der spanische Historiker Julián Juderías, der den Begriff „schwarze Legende" in seinem Werk *La leyenda negra y la verdad histórica* (1914) erstmals benutzte. Seither meint man damit die negativen Stereotype über Spanien und die Spanier, die sich u.a. auf die Inquisition und den fanatischen Katholizismus, die Eroberung Amerikas und die spanische Kolonialherrschaft als solche, den Kampf gegen die Niederlande und die Rolle im Dreißigjährigen Krieg sowie auf Spaniens Rückständigkeit im Vergleich zum restlichen Westeuropa bezogen. Laut Juderías wurden die Vorurteile in einschlägigen Werken seit der Frühen Neuzeit immer weiter tradiert und waren vom Protestantismus und von der Aufklärung inspiriert. Juderías und nach ihm eine Vielzahl von Historikern waren darum bemüht, die negative Interpretation der spanischen Geschichte zu entkräften, wobei sie allerdings oft ins Gegenteil verfielen und eine apologetische „weiße Legende" (*leyenda rosa*) fabrizierten.
Für die Geschichte der interamerikanischen Beziehungen waren die antispanischen Ressentiments deshalb so wichtig, weil sie später von manchen US-Amerikanern auf ihre lateinamerikanischen Nachbarn übertragen wurden und dort ähnliche Abwehrreflexe auslösten.

Zweifellos bestanden derartige negative Vorstellungen von Spanien und seinen Reichen auch in den englischen Kolonien in Nordamerika. Dennoch – vielleicht auch gerade deswegen – wuchs im Lauf des 18. Jahrhunderts das wissenschaftliche Interesse an den Nachbarn im Süden, wie die erhaltenen kolonialzeitlichen Bibliotheken mit ihren Sammlungen an hispanoamerikanischen Chroniken und Reiseberichten beweisen. Außerdem kam es zu direkten Kontakten zwischen den Kolonisten, die sich vor allem in den Expansionszonen des nördlichen Neuspaniens sowie in der Karibik ergaben. Dabei standen ökonomische Motive im Mittelpunkt. Koloniale Eliten in den Handelsstädten Neu-Englands sowie in Philadelphia und New York zeigten großes Interesse an den wirtschaftlichen Potenzialen des spanischen und portugiesischen Amerikas. So gab es in New York seit 1735 ein Angebot an Spanischkursen und 1751 veröffentlichte Ebenezer Hazard ein Spanischlehrwerk. Die Presse brachte Nachrichten über wirtschaftliche Entwicklungen in den spanischen Kolonien, die für die eigene Region wichtig sein konnten. Die Grundlage des Interesses war der stetig wachsende Handel der Kolonisten mit ihren Nachbarn im Süden, wobei es sich zumeist um Schmuggel handelte. Frühzeitig beteiligten sich Nordamerikaner am Sklavenhandel zwischen Afrika, Hispanoamerika und den Karibikinseln.

Unsicherheit

Nach dem derzeitigen, noch unbefriedigenden Forschungsstand zu urteilen, hielt sich das Interesse der Eliten in den spanischen und portugiesischen Kolonien an ihren Nachbarn im Norden dagegen bis zur Mitte des 18. Jahrhunderts in engen Grenzen. Das war nicht erstaunlich, denn im Vergleich zu den iberischen Reichen handelte es sich bei den englischen Kolonien bis ins 18. Jahrhundert um kleine und kaum ernst zu nehmende Gebilde. Nichtsdestotrotz war auch aus der Sicht mancher Hispanoamerikaner der grundsätzliche konfessionelle Gegensatz wichtig. Das Leben in den Kolonien war gefährlich und wie die Puritaner fühlten sich auch die katholischen Spanier in der Neuen Welt ständig vom Teufel bedroht. Zu den Ausgeburten des Satans zählte man die feindlichen Indigenen, Naturkatastrophen und eben auch protestantische Piraten. Ein Beispiel war der peruanische Dichter Luis Antonio de Oviedo Herrera y Rueda (1636–1717), der in seinem epischen Gedicht *Vida de Santa Rosa de Santa María* (Madrid, 1712) die erste amerikanische Heilige, Santa Rosa von Lima, siegreich gegen teuflische Anfechtungen kämpfen ließ, darunter z.B. Piratenüberfälle, die seine Heimatstadt bedrohten.

Vorstellungen wie diese oder die utopischen Projekte eines Cotton Mather können aber nicht darüber hinwegtäuschen, dass die Auseinandersetzung mit den amerikanischen Nachbarn bei der Entwicklung kolonialer Identitäten im Norden und im Süden nur eine untergeordnete Rolle spielte. Obwohl viele strukturelle Ähnlichkeiten in der Situation der Siedler in Amerika wie das missionarische Sendungsbewusstsein, die Entstehung in Amerika geborener Eliten oder die Konflikte mit der autochthonen Bevölkerung vorhanden waren, war die geographische Entfernung zu groß, das Interesse am anderen Amerikaner zu gering. Direkte Zusammentreffen blieben punktuell und von einem Informationsaustausch konnte noch keine Rede sein.

Zwischenräume

Zwischenräume des Kontakts bildeten sich nur dort heraus, wo Anglo- und Hispanoamerika gemeinsame Grenzen hatten wie im karibischen Raum und im Südwesten Nordamerikas. Dort waren es oftmals gerade die rechtlosen Unterschichten, die diese Kontakte herstellten, wenn etwa afroamerikanische Sklaven in der Karibik zu den Spaniern flohen, weil sie hofften ihre Lage dadurch zu verbessern oder wenn umgekehrt die Mosquito-Indigenen in Britisch Honduras die Briten unterstützten, um nicht unter das Joch der Spanier zu kommen. Diese alltäglichen Vorkommnisse beeinflussten indirekt durchaus auch die Haltung der Eliten. So reagierten die englischen Autoritäten in ihren Stellungnahmen zur Behandlung der Sklaven sensibel auf die spanische Politik der Einbeziehung der Schwarzen in den Milizdienst. Die spanischen Würdenträger wiederum ahmten die Diplomatie der Briten und Franzosen im Umgang mit den Indigenen nach und gingen im Grenzland im Lauf der Zeit selbst zum Abschluss geschriebener Verträge über.

viele neue Welten

Im Lauf der Kolonialzeit hatte sich die von den Europäern ursprünglich als Raumeinheit gedachte „Neue Welt" differenziert und pluralisiert. Mitte des 18. Jahrhunderts gab es viele neue Welten, die von unterschiedlichen europäischen Mächten abhängig waren. Dazu zählten auch die englischen und iberoamerikanischen Kolonien, die sich bedingt vor allem durch den konfessionellen Unterschied von Beginn an als Antagonisten betrachteten. Kolonisten im Norden und im Süden imaginierten sich ihre Neue Welt als protestantisches oder katholisches gelobtes Land, in dem für das Andere kein Raum war. Dennoch blieben sie in vielerlei Hinsicht auf einander bezogen, nicht zuletzt durch die große Herausforderung, die Amerika für alle seine neuen Bewohner darstellte.

II. Amerika gegen Europa: Unabhängigkeitsrevolutionen, 1760–1830

1756–1763	Siebenjähriger Krieg
1762	Engländer besetzen Havanna und Manila
1776–1783	Nordamerikanischer Unabhängigkeitskrieg
1783	Francisco de Miranda bereist die USA
1791–1804	Sklavenrevolution in St. Domingue
1803	USA kaufen Louisiana von Frankreich
1805	Seeschlacht von Trafalgar
1808	Napoleon besetzt die iberische Halbinsel
1810–1826	Unabhängigkeitskriege in Lateinamerika
1810	US-amerikanische Annexion Westfloridas
1811	US-Kongress: „No-Transfer-Doktrin“
1812–1814	Krieg der Vereinigten Staaten gegen England
1819	Adams-Onís-Vertrag
1823	Monroe-Doktrin
1826	Erster Panamerikanischer Kongress in Panama

Gegen Mitte des 18. Jahrhunderts hatte sich zwar am offiziellen Status der amerikanischen Kolonien in Nord- und Südamerika nichts geändert, doch hatten sich diese Regionen gesellschaftlich und politisch in einer Weise fortentwickelt, dass man auch von einer De-facto-Autonomie gesprochen hat. Sowohl im englischen als auch im iberischen Machtbereich kam es in der zweiten Hälfte des 18. Jahrhunderts zu einer Reformpolitik der jeweiligen Mutterländer im Rahmen des aufgeklärten Absolutismus, durch die die Kolonien nun wieder stärker von den europäischen Herrschaftszentren aus kontrolliert und ausgebeutet werden sollten. Die bereits in den Amerikas geborenen und sozialisierten Eliten waren jedoch nicht bereit, diese Reformpolitik widerstandslos hinzunehmen. Diese „Kreolen“, wie man sie in Hispanoamerika nannte, entwickelten vor diesem Hintergrund neue Identitäten, die sich auf die Räume der jeweiligen Heimatregion in Amerika bezog. Dies trug zu einer zunehmenden Entfremdung vom Mutterland bei, die schließlich in Unabhängigkeitsbewegungen gipfelte.

Die Phase vom Beginn der Reformpolitik, bis zum Abschluss der Unabhängigkeitskriege in Hispanoamerika, als 1826 die letzten spanischen Truppen das südamerikanische Festland räumten, war eine Periode enormen Wandels, in der sich die Grundlagen der Beziehungen zwischen den USA und Lateinamerika herausbildeten. Waren die Unabhängigkeitsbewegungen in Nord und Süd, die sich in diesem Zeitraum abspielten, parallele, wenn auch zeitversetzte Prozesse der Loslösung von europäischen Mutterländern, so lassen sich bei allen Gemeinsamkeiten doch auch zahlreiche Unterschiede in Ursachen, Verlauf und Folgen erkennen. Diese Unterschiede sollten auch die Räume des Kontakts prägen, die sich nun in kurzer Zeit vervielfachten.

1. Der Wandel in den internationalen Beziehungen

Zweifellos stellte der Siebenjährige Krieg einen wichtigen Ausgangspunkt für diese Umwälzungen dar. Schon die Kriege der ersten Jahrhunderthälfte hatten gezeigt, dass Spanien und sein Kolonialreich immer mehr zum Spielball der englisch-französischen Kämpfe um die Seeherrschaft wurden. Zwei Jahre nachdem die Auseinandersetzungen in den nordamerikanischen Kolonien ausgebrochen waren, entflammte der Konflikt in Europa, aus dem sich die spanische Krone über Jahre hinweg heraushielt. Erst 1762 trat Spanien an der Seite Frankreichs in den Krieg gegen England ein. Grund war die Angst vor dem englischen Machtzuwachs in Amerika, denn die Engländer hatten zu diesem Zeitpunkt bereits große Erfolge in Nordamerika und Westindien gegen die Franzosen errungen und unter anderem Guadeloupe besetzt.

Allerdings ging das Kalkül der Spanier nicht auf. Im Gegenteil, England spielte seine Übermacht zur See auch gegen die spanischen Besitzungen aus und besetzte noch 1762 das stark befestigte Havanna und Manila. Der Krieg wurde damit für die Spanier zum Desaster. Die Friedensschlüsse von Fontainebleau (1762) zwischen England und Spanien und Paris (1763) mit Frankreich brachten eine territoriale Neuordnung in Amerika. Spanien trat Florida an England ab und erkannte die englische Oberhoheit über alle Gebiete östlich des Mississippi an. Gleichzeitig musste es nun auch offiziell die britische Herrschaft in Zentralamerika – in Britisch Honduras – anerkennen. Dafür erhielt es das bis dahin französische Louisiana inklusive New Orleans und hatte in der südlichen Karibik keine Verluste zu verkraften.

absolutistische Reformpolitik

Der Kriegsausgang veranlasste die Spanier ihre Reformpolitik in den Kolonien zu intensivieren. Insgesamt hatte sich die Lage für das spanische Kolonialreich 1763 insofern geändert, als Spanien nun in Amerika mehr oder weniger allein gegen die englischen Ansprüche und Schmuggeltätigkeit stand. Schließlich hatte England die Franzosen aus Nordamerika verdrängt. Damit taten sich Konfliktlinien vor allem im circumkaribischen Raum, im Norden Neu-Spaniens und an der nordamerikanischen Westküste auf.

An dieser problematischen Lage ändert auch der nordamerikanische Unabhängigkeitskrieg nichts. Auf Seiten der spanischen Krone weckten die Probleme der Briten mit ihren aufmüpfigen Kolonien in Amerika nach 1763 Hoffnungen. Später unterstützte Spanien wie Frankreich den angloamerikanischen Unabhängigkeitskampf zunächst finanziell und dann ab 1779 auch militärisch. So gab man Anleihen an die nordamerikanischen Revolutionäre, ließ Florida von den Engländern zurückerobern und betrieb Handel mit den Indianern im Mississippi-Tal. Außerdem öffnete man die karibischen Häfen für den Handel mit den Nordamerikanern. All diese Maßnahmen waren dazu gedacht, England zu schwächen. In der Tat brachte der Friedensvertrag von Versailles 1783 einen Erfolg. Florida fiel noch mal an Spanien zurück.

Allerdings verlor England seine Vorherrschaft zur See dadurch nicht. Außerdem führte der fragwürdige Sieg den Spaniern die Entstehung eines neuen fulminanten Faktors in der Amerikapolitik vor Augen: die jungen Vereinigten Staaten. Die Taktik zur Schwächung Englands war also ein zweischneidiges Schwert, denn die spanischen Besitzungen in Florida und anderen Teilen Nordamerikas waren durch den Expansionsdrang der Kolonisten potenziell bedroht. Nicht zuletzt in der Frage des Besitzes von Florida standen die jungen Vereinigten Staaten in einem latenten Gegensatz zum spanischen Kolonialreich. Führende spanische Politiker wie Graf Aranda (1719–1798) äußerten sich daher schon früh besorgt über die Folgen der nordamerikanischen Unabhängigkeit für Hispanoamerika. Daraufhin wurden in Amerika aber auch in Spanien Ideen entwickelt, die auf eine Reorganisation des Reichs hinausliefen.

Allerdings blieben diese Ideen ohne Umsetzung, denn insbesondere nach dem Tod Karls III. (1788) gelang es Spanien nicht mehr, seine Ansprüche in Amerika wirksam geltend zu machen. Im Gegenteil, im Vertrag von San Lorenzo el Real von 1790 musste Spanien den Engländern auch formell das „Recht der freien Schifffahrt im Pazifik" und der Niederlassung in Nordkalifornien einräumen. Als Ausgleich waren die Spanier darum bemüht, ihre Position in Nordamerika zu halten und auszubauen. Dadurch kam es zu Problemen mit den jungen Vereinigten Staaten, die ihrerseits nach Westen expandieren wollten.

Nach ihrer Unabhängigkeit sahen sich die USA also noch zwei wichtigen Kolonialmächten in Nordamerika gegenüber: England und Spanien. Beide waren teils miteinander, teils gegeneinander darum bemüht, die US-amerikanischen Siedler zurückzuhalten. Dabei kam es auch zu Absprachen mit den Indianerstämmen des Mississippiraums. Das Ziel der spanischen Truppen war die Bildung eines Protektorats in dieser Grenzzone. Dies wurde aber durch die Niederlage in Europa gegen das revolutionäre Frankreich zunichte gemacht. 1795, just als die Spanier mit den Franzosen den wenig schmeichelhaften Frieden von Basel schlossen, kam es zu einer Einigung mit den Vereinigten Staaten über den strittigen Grenzverlauf. Im so genannten Pinckney-Vertrag machte Spanien große Zugeständnisse und räumte seinem Nachbarn in Nordamerika unter anderem die Schifffahrtsrechte auf dem Mississippi ein.

Westexpansion

Der Westexpansion der USA war dieser Vertrag förderlich. Diese kulminierte erstmals 1803 im Kauf des riesigen Louisiana-Territoriums zwischen Mississippi und Rocky Mountains von Frankreich – Spanien hatte seine Ansprüche auf diese Gebiete zuvor an Napoleon abtreten müssen. Mit der Expedition von Meriwether Lewis und William Clark (1804-06) unterstrich die Regierung in Washington ihre Ansprüche auf eine Expansion bis zum Pazifik. Auch in wirtschaftlicher Hinsicht zeigte sich der US-amerikanische Machtzuwachs. Aus Eigeninteresse suchte Spanien durchaus die Kooperation mit den Nachbarn. Schon 1793 gab man der Insel Kuba den Handel mit den USA frei und hoffte, dadurch die Zuckerplantagenbesitzer in die Lage zu versetzen, selbst für die Verteidigung Kubas und damit der spanischen Karibik aufzukommen. Die Vereinigten Staaten hatten sich binnen weniger Jahre von einem kleinen, kaum ernstzunehmenden Küstenstaat in einen wichtigen Machtfaktor im nordamerikanischen Raum verwandelt.

Demgegenüber verschlechterte sich die Stellung Spaniens im Zuge der europäischen Revolutionskriege um die Wende des 18. Jahrhunderts weiter. In dieser Phase fast konstanten Kriegs mit England (1796–1808) fiel ab 1797 die englische Blockade von Cádiz. Damit kam der spanische Amerikahandel vollends zum Erliegen. Spanien musste seinen Kolonien 1797 das Recht einräumen, Handel mit Neutralen zu treiben, tat dies aber mit der Einschränkung, dass alle aus Amerika ausgeführten Waren in spanischen Häfen zu löschen sein. Die Bestimmung war allerdings nicht durchsetzbar und angesichts der Blockade auch unrealistisch. Letztlich profitierten vor allem die Händler aus Neuengland von der neuen Handelsfreiheit für Neutrale.

Schmuggel

Diese Händler wiesen oft schon langjährige Erfahrung im Schmuggelhandel – beispielsweise mit dem in der katholischen Fastenzeit begehrten Kabeljau – auf. Sie profitierten von den nicht enden wollenden europäischen Konflikten. Mit der Unabhängigkeit spannen sie ihre Netzwerke weiter. So befuhren schon seit den frühen 1790ern US-amerikanische Walfänger den Pazifik entlang den Küsten Südamerikas bis nach Kalifornien. US-amerikanische Handelsschiffe konnten die Waren liefern, die Lateinamerika anders nicht mehr erreichten. Damit ergaben sich in den Hafenstädten Möglichkeiten persönlichen Kontakts zwischen Amerikanern des Nordens und des Südens. 1798 eröffneten die USA ihr erstes Konsulat auf Kuba und zwei Jahre später in Venezuela. Zwischen 1797 und 1801 stieg der Export der Vereinigten Staaten nach Hispanoamerika um 600%, der Import von dort gar um 750%. Als Spanien 1799 versuchte, diese Entwicklung durch ein erneutes Verbot des neutralen Handels wieder rückgängig zu machen, zeigte sich seine Schwäche unmissverständlich. Die Autoritäten vor Ort setzten sich über die Befehle hinweg und begründeten dies mit militärischen Erwägungen. Als 1805 in der Seeschlacht von Trafalgar auch Spanien seine Flotte verlor, war an die Durchsetzung der spanischen Kontrolle über die Kolonien überhaupt nicht mehr zu denken.

Zu Beginn des 19. Jahrhunderts, so lässt sich resümieren, hatte sich die internationale Konstellation entscheidend gewandelt. Spanien hatte seinen Großmachtstatus endgültig eingebüßt und war effektiv nicht mehr in der Lage, seine Kolonien zu schützen und zu versorgen. Trotz des Verlusts einiger nordamerikanischer Kolonien hatte England dagegen seine Rolle als Herrscherin über die Weltmeere entscheidend ausgebaut. Die USA aber hatten bereits eine Entwicklung genommen, die dem spanischen Reich langfristig gefährlicher werden sollte als die Rivalen aus der Alten Welt.

2. Die US-amerikanische Revolution und Lateinamerika

Diese Gefahr ging weniger vom machtpolitischen Potenzial der Vereinigten Staaten aus, das zu diesem frühen Zeitpunkt noch keine Rolle spielte, als von den wirtschaftlichen Beziehungen sowie insbesondere von den Einflüssen im Bereich der politischen Ideen. Durch die Verbreitung aufklärerischer Schriften von John Locke über Adam Smith und Abbé Raynal bis hin zu Rousseau, Voltaire, Montesquieu und vielen anderen, die die kreolischen Eliten in Anglo- und Lateinamerika gleichermaßen lasen, intensivierten sich in der Tat die Kontakte intellektueller Eliten im Norden und Süden der Amerikas. Man las dieselben Autoren und das Interesse einzelner aufgeklärter Lateinamerikaner an angloamerikanischen Persönlichkeiten wie etwa Benjamin Franklin erwachte bereits in den 1760er-Jahren.

Ein gemeinsames Interesse verband führende Denker aus Nord- und Südamerika vor allem in der Abwehrhaltung gegen die von diversen europäischen Autoren verbreiteten Theorien von der Minderwertigkeit Amerikas. Ausgangspunkt war die monumentale *Histoire naturelle* von Georges-Louis Leclerc de Buffon, die ab 1749 in 44 Bänden erschien. In dieser berühmten Schrift vertrat Buffon die Ansicht, Amerika sei ein erdgeschichtlich junger Kontinent mit einem ungesunden Klima, in dem sich nur wenige und im Vergleich zur Alten Welt kleinere Tiere entwickelten. Nach Amerika verpflanzte europäische Arten würden dort degenerieren, so Buffon. Auch die autochthone Bevölkerung war laut Buffon in geistiger und körperlicher Hinsicht zurückgeblieben. Insgesamt, so stellte Buffon fest, sei Amerika unreif, sozusagen im Stadium der Kindheit, das es nicht überwinden könne. Der preußische Naturphilosoph Cornelius de Pauw und der schottische Aufklärer William Robertson trugen diese Thesen in abgewandelter Form weiter.

Degenerationstheorie

In Angloamerika setzten sich die Gründerväter der Vereinigten Staaten kritisch mit der Degenerationstheorie auseinander. Thomas Jefferson widerlegte in seinen *Notes on the State of Virginia* von 1781 die Thesen Buffons, die ihn aufgebracht hatten. Alexander Hamilton schlug 1787 in den *Federalist Papers* in dieselbe Kerbe und bemühte sich, Buffon und de Pauw zu widerlegen. Klar erkannte Hamilton den Herrschaftsanspruch, der sich mit der Degenerationsthese verband.

Q

Alexander Hamilton zum europäischen Überlegenheitsanspruch (1788)
Aus: Publius [Alexander Hamilton]: Federalist Nr. 11. In: Isaac Kramnick (Hg.): The Federalist Papers. Harmondsworth 1987 [1788], S. 133–134.

Die Welt mag politisch und auch geographisch in vier Teile geteilt sein, von denen jeder seine eigenen unterschiedlichen Interessen hat. Unglücklicherweise für die anderen drei hat Europa durch ihre Waffen und Verhandlungen, durch Gewalt und Betrug, in unterschiedlichem Maß die Herrschaft über alle errungen. Afrika, Asien und Amerika haben nacheinander ihre Vorherrschaft zu spüren bekommen. Die Überlegenheit, die [Europa] seit langem behauptet, hat sie dazu verführt, sich als Herrin der Welt zu brüsten und den Rest der Menschheit als für ihren Vorteil erschaffen zu betrachten. Männer, die man als tiefgründige Philosophen bewundert, haben ihren Einwohnern in direkter Art und Weise eine körperliche Überlegenheit zugeschrieben … Es ist an uns, die Ehre des Menschengeschlechts zu rehabilitieren und diesen anmaßenden Bruder Bescheidenheit zu lehren.

In Bezug auf Iberoamerika waren es zunächst vor allem Jesuiten, die sich kritisch mit den Thesen der Degenerationstheoretiker auseinandersetzten. Hintergrund war die Ausweisung des Ordens aus Spanien und seinen Kolonien 1767, die nicht zuletzt auf das antijesuitische Klima der Aufklärung zurückzuführen war. Dem Ecuadorianer Juan de Velasco, dem Chilenen Juan Ignacio Molina, dem Neu-Spanier Francisco Javier Clavijero und vielen anderen ging es in ihren Schriften um die Richtigstellung der falschen Vorstellungen von Amerika und damit auch um eine Ehrenrettung im Sinne eines neu verstandenen Patriotismus. Die Herausbildung einer amerikanischen Identität konnte sich an diese im europäischen Exil entstandenen und in Amerika rezipierten Schriften anschließen.

Während der Vorbereitungsphase der Unabhängigkeit 1763–1776 verfolgten Eliten in Lateinamerika, soweit dies durch die Einschränkungen der Zensur möglich war, die revolutionäre Rhetorik der Nordamerikaner. Die Unterlagen der Inquisition in Mexiko aus den 1770er-Jahren lassen den starken Anstieg der Auseinandersetzung mit den Ideen aus Nordamerika erkennen. Bereits die frühen Veröffentlichungen der nordamerikanischen Kontinentalkongresse von Philadelphia 1774/75 wurden begierig aufgenommen. Wenig später rezipierte man die Unabhängigkeitserklärung mit den darin beschworenen politischen Idealen wie Volkssouveränität und Menschenrechte sowie den Argumenten für die Loslösung vom europäischen Mutterland besonders intensiv. Auch für die kriegerischen Ereignisse in den englischen Kolonien und die frühe Entwicklung der Vereinigten Staaten interessierten sich die lateinamerikanischen Kreolen und brachten Sympathie dafür auf. Symptomatisch blieb allerdings, dass der Nachrichtenverkehr in der Regel den Umweg über Europa ging. Fehlende Sprachkenntnisse erschwerten den direkten Gedankenaustausch. So zirkulierten etwa die *Declaration of Independence* und andere zentrale Schriften der nordamerikanischen Revolutionäre als Rückübersetzung aus dem Französischen.

Unabhängigkeit der USA

Generell konnte man angesichts der Schwäche Spaniens in der Unabhängigkeit der USA durchaus ein Menetekel für die weitere Entwicklung der iberischen Reiche erkennen. Die Ideen der angloamerikanischen Revolutionäre und das Beispiel ihrer Staatenbildung waren denn auch für die Vordenker der lateinamerikanischen Unabhängigkeitsbewegungen von großer politischer Tragweite. Mit den spätkolonialen Aufstandsbewegungen in den 1780er-Jahren wurde das spanische Kolonialreich in Amerika endgültig Teil der Epoche der atlantischen Revolutionen.

Freimaurer

Gegen Ende des 18. Jahrhunderts nahmen die direkten Verbindungen vor allem im freimaurerischen Umfeld sowie durch die Verdichtung der Handelsbeziehungen zu. Die Bewunderung für die Erfolge der jungen Vereinigten Staaten, für ihre Institutionen und insbesondere für George Washington war groß und fand weite Verbreitung. Der Venezolaner Francisco de Miranda oder der Chilene José Miguel Carrera waren nicht die einzigen kreolischen Rebellen, die nun verstärkt direkte Kontakte und Unterstützung in den Vereinigten Staaten suchten und – wenn auch nur in begrenztem Maß – fanden. Miranda war eine besonders schillernde Persönlichkeit. Während seiner Reise in die USA 1783, wo er sich mit Thomas Jefferson anfreundete, warb er dort und wenig später in Europa für die Unterstützung einer lateinamerikanischen Unabhängigkeitsbewegung. Aus eigener Anschauung kannte er die nordamerikanische und die französische Revolution, und er empfahl Lateinamerika das Beispiel der USA nachzuahmen, denn dort war man ohne sozialen Umsturz ausgekommen. 1807 organisierte Miranda mit Unterstützung von wohlhabenden New Yorkern eine Befreiungsexpedition für Venezuela, die jedoch scheiterte.

Für Männer wie Miranda waren die USA Vorreiter im Kampf gegen die Kolonialherrschaft in Amerika, der „Neuen Welt", die zunehmend auch als eigener politischer Raum verstanden wurde. Damit einher ging die Abgrenzung vom europäischen Mutterland. Eine der radikalsten Stimmen war der aus Peru stammende ehemalige Jesuit Juan Pablo Viscardo y Guzmán (1748–1798). Viscardo setzte sich jahrelang in England erfolglos für die Unterstützung einer Rebellion des spanischen Amerika ein. Sein politisches Programm fasste er in dem 1791 verfassten *Brief an die Hispanoamerikaner* zusammen, der zunächst im Geheimen zirkulierte und erst 1799 posthum veröffentlicht wurde. Darin beklagte er die Misere einer 300-jährigen Kolonialherrschaft. Gleichzeitig reklamierte er die „Neue Welt" und ihre Geschichte für die in Amerika Geborenen und sprach offensiv von „unserem Vaterland“. Die Behauptung eines grundlegenden, nicht heilbaren Interessengegensatzes zwischen Spanien und Amerika und die Bezeichnung der Kolonialmacht als Tyrannin, ja geradezu als Sklavenhalterin schloss Viscardo mit seinem Aufruf: „Entdecken wir Amerika noch einmal neu für alle unsere Brüder auf der ganzen Erde …!“

Viscardo bezog sich nicht auf die Vereinigten Staaten, die er nicht kannte, sondern nur auf Hispanoamerika. Doch die Lateinamerikaner, die die Möglichkeit hatten, die USA aus eigener Anschauung kennen zu lernen, waren nicht nur vorbehaltlos begeistert. In dem Bild, das sich etwa Miranda von den Vereinigten Staaten machte, war Bewunderung mit Kritik gepaart. So kritisierte er die seines Erachtens zu weitgehende Demokratisierung, die ungebildete und unqualifizierte Personen in wichtige Ämter gebracht hatte, und den Materialismus der angloamerikanischen Jugend, der die demokratischen Tugenden bedrohte. Auch das Fehlen sozialer Schranken missfiel ihm. Ebenso wenig fand die Idee religiöser Toleranz, wie sie in den Vereinigten Staaten praktiziert wurde, ungeteilte Zustimmung. Zwar gab es unter den lateinamerikanischen Revolutionären antiklerikale Stimmen, die das angloamerikanische Beispiel als positiv ansahen, aber gerade konservative Lateinamerikaner verurteilten diese Praxis, die sie als Grund für den angeblich allgemeinen Verfall von Sitten und Moral im nördlichen Amerika ansahen. In der Tat wuchs angesichts der zunehmenden Kontakte auch die Erkenntnis, dass es sich trotz aller Gemeinsamkeiten in den historischen Erfahrungen bei Anglo- und Iberoamerika um zwei grundsätzlich verschiedene Gebilde handelte.

Die USA nahmen also in der unruhigen Übergangsphase zwischen 1780 und 1810 nicht nur als wichtiger Handelspartner, sondern auch als revolutionärer Ideengeber eine neue Rolle ein. Zweifellos handelte es sich nur um kleine Gruppen aus den kreolischen Eliten, die die Kongruenz der Interessen zwischen Nord und Süd in Amerika und die Übereinstimmung der eigenen Probleme mit der spanischen Kolonialpolitik mit denjenigen der nordamerikanischen Kolonien zu Beginn des Unabhängigkeitskriegs erkannten. Auch den spanischen Autoritäten waren diese Parallelen offensichtlich, ließen sie doch eine Bedrohung deutlich werden, die angesichts der eigenen Schwäche nicht einzudämmen war. Den Schritt zur Revolution sollte Lateinamerika aber nicht in direkter Nachahmung des republikanischen Bruderstaats im Norden gehen, sondern vor dem Hintergrund eines historischen Kontexts, der durch die Ereignisse in Europa geprägt wurde.

3. Die lateinamerikanischen Unabhängigkeitsrevolutionen

Sklavenrevolution Haitis

In der Tat bildeten die revolutionären Ereignisse in Europa, die 1789 in Frankreich begannen, den Auslöser für die Unabhängigkeitsbewegungen im Süden der Amerikas. Den Anfang machte die französische Karibikkolonie St. Domingue, wo sich ab 1791 die einzige erfolgreiche Sklavenrevolution der Weltgeschichte abspielte, die 1804 in die Gründung des unabhängigen Haitis mündete. Der Zusammenbruch Spaniens und Portugals angesichts der napoleonischen Expansion verursachte wenige Jahre später die hispanoamerikanischen Unabhängigkeitsbewegungen und als Spätfolge auch die Loslösung Brasiliens aus dem portugiesischen Reichsverband. Die Prozesse unterschieden sich nicht nur zwischen, sondern auch innerhalb der drei Großregionen erheblich voneinander. Ein Faktor spielte aber bei allen drei Entwicklungen zur Unabhängigkeit eine wichtige Rolle. Dabei handelte es sich um die Einbindung in den atlantischen Kontext. In erster Linie hieß dies natürlich die Beziehungen zu den europäischen Mutterländern. Allerdings gewannen auch die USA mit der Zeit an Relevanz.

Zu Beginn des 19. Jahrhunderts waren die Vereinigten Staaten noch kaum in der Lage, eine selbstbewusste und eigenständige Politik gegenüber den Unabhängigkeitsbewegungen im Süden zu betreiben. Allerdings zeigte sich ein prägendes Element schon früh: die Abneigung gegen sozialrevolutionäre Bewegungen. Das galt insbesondere, wenn sie ein ethnisches Element in sich trugen und damit die Angst vor Befreiungsbewegungen heraufbeschworen, die auch auf die eigene afroamerikanische Bevölkerung übergreifen konnten. Das wurde bei der haitianischen Revolution deutlich. Unterhielt Präsident John Adams zumindest noch Handelskontakte mit den haitianischen Revolutionären, so lehnte sein Nachfolger Jefferson, selbst Sklavenhalter, diese unmissverständlich ab. Jefferson fürchtete einen negativen Einfluss auf die Vereinigten Staaten. Haiti war seines Erachtens unwürdig, ein unabhängiger Staat zu werden. Die Eruption der Gewalt dort und das Ergebnis einer unabhängigen schwarzen Republik gaben Anlass zur Sorge um die zukünftigen Entwicklungen in Lateinamerika, eine Sorge die die kreolischen Eliten dort durchaus teilten.

westliche Hemisphäre

Jefferson war jedoch auch ein Vertreter der Vorstellung von einer eigenen räumlichen Sphäre, die die Neue Welt umfasste. Die Idee einer solchen westlichen Hemisphäre schimmerte schon bei Washingtons Abschiedsrede von 1796 durch, wenn er betonte, dass man sich aus den europäischen Verwicklungen besser heraushalte. Jefferson sollte diesen Gedanken weiter ausformulieren und einen amerikanischen Raum der Freiheit proklamieren, der sich von den „Leidenschaften und Kriegen" Europas positiv abhob.

Als dann ab 1809/10 die zunächst erfolgreiche Bildung von Regierungsjuntas den Beginn der lateinamerikanischen Unabhängigkeitsbewegungen anzeigte, musste man auch in Washington früher oder später dazu Stellung beziehen. Allerdings zogen weder die Junta-Bildungen noch die ersten meist noch vorsichtig formulierten Unabhängigkeitserklärungen eine klare Aussage der US-amerikanischen Außenpolitik nach sich. Dazu war die internationale Lage aus Sicht der Vereinigten Staaten zu problematisch, bestanden doch seit Längerem Spannungen mit England wegen der Blockadepolitik gegen Frankreich. Außerdem wollte Washington nicht die Sympathien der Spanier – und damit letztlich auch der Franzosen, die die iberische Halbinsel zu diesem Zeitpunkt bereits besetzt hielten – riskieren, denn man hoffte auf deren Nachgeben in den Verhandlungen um den Besitz Floridas.

Daher waren die Vereinigten Staaten zunächst nur zur moralischen Unterstützung für den Süden bereit. So gründete der US-Kongress 1811 das *Committee on the Spanish American Colonies*. Präsident James Madison erlaubte den Waffenhandel und entsandte private Handelsvertreter nach Lateinamerika. Im Mittelpunkt der US-Außenpolitik stand jedoch die Nutzung der internationalen Verwicklungen für den eigenen Vorteil. So begünstigte die napoleonische Besetzung Spaniens den US-amerikanischen Zugriff auf Westflorida, wo sich eine sehr heterogene Bevölkerung aus Banditen, Deserteuren, entlaufenen Sklaven und Einwanderern unter der nominellen Herrschaft Spaniens herausgebildet hatte. Diese rebellierte 1810 und erklärte sich für unabhängig. Wenige Wochen später annektierten die Vereinigten Staaten das Territorium. Damit war ein Modell geschaffen, das nordamerikanische Desperados weiter westlich Jahrzehnte später nachahmen konnten.

Zwar protestierten die Engländer im Namen des freien Spaniens, das sich gegen Napoleon erhoben hatte, gegen die Annexion, doch wiesen die USA den Protest zurück. Im US-Kongress einigte man sich auf die so genannte *No Transfer*-Doktrin, die im Januar 1811 als Gesetz verabschiedet wurde. Danach sollte es in Zukunft für die USA ein Anlass zur ernsten Sorge sein, falls ein benachbartes Kolonialgebiet in Amerika von einer europäischen Macht an eine andere weitergegeben werden sollte. Ein Beispiel dafür war die Abtretung des Louisiana-Territoriums von Spanien an Frankreich. Diese Doktrin hatte in außenpolitischer Hinsicht zunächst keinerlei Konsequenzen, ja sie wurde sogar noch bis 1818 geheim gehalten. Dennoch legte man damit ein sehr wichtiges Prinzip fest, das die interamerikanischen Beziehungen in der Folgezeit prägen sollte.

Mit Blick auf die Entwicklungen in Lateinamerika blieb man dagegen zurückhaltend. Durch den Krieg von 1812–1814 gegen England hatten die Vereinigten Staaten keinen Spielraum. Dieser Krieg führte trotz einiger militärischer Misserfolge zu nationalistischer Begeisterung und vertiefte die Vorstellung einer besonderen Mission der westlichen Hemisphäre. Außerdem kamen schon in diesem Zusammenhang expansionistische Forderungen innerhalb der USA auf, die sich vor allem auf Florida und Texas richteten. Dass es sich dabei um Gebiete, handelte, die noch zum spanischen Kolonialreich gehörten, tat im Überschwang der Begeisterung nichts zur Sache.

Für derart raumgreifende Pläne war die Zeit allerdings noch nicht reif. Als Spanien nach der Niederlage Napoleons und der Rückkehr Ferdinands VII. auf den Thron 1814 wieder mit Waffengewalt in die Geschehnisse in Lateinamerika eingriff und große Gebiete zurückeroberte, verhielten sich die USA weiter neutral. Präsident Madisons Neutralitätserklärung war mit einer Warnung an US-amerikanische Bürger verbunden, sich nicht in die Auseinandersetzungen einzumischen. Erneut standen dabei eigene territoriale Ziele im Hintergrund, denn man wollte Spanien zum Verkauf von Ostflorida – das Gebiet des heutigen Bundesstaats Florida – überreden. Dafür waren gute Beziehungen zur spanischen Krone Voraussetzung. Diesem Ziel wurden andere Aspekte wie die Solidarität mit den um ihre Existenz kämpfenden Republiken des Südens untergeordnet.

Verdrängung Spaniens

1819 ging das Kalkül tatsächlich auf. Im nach den Unterhändlern Adams-Onís-Vertrag bezeichneten Übereinkommen von 1819 ging Florida endgültig in den Besitz der USA über. Dieser Vertrag brachte auch eine Grenzziehung im Westen, wonach die USA auf Texas und gleichzeitig Spanien auf Nordwestamerika – das so genannte Oregon-Territorium – verzichteten. Damit war die seit dem Louisiana-Kauf offene Frage des Grenzverlaufs im Westen fürs Erste geklärt. Außerdem war für die Vereinigten Staaten der Weg frei bis zur Pazifikküste. Der Vertrag wurde zu einer entscheidenden Grundlage für die US-amerikanische Westexpansion. Die USA schufen sich damit eine hervorragende Ausgangsbasis für die Verdrängung des spanischen Reichs und seiner Nachfolgestaaten aus dem nordamerikanischen Raum.

Derweil setzten sich die Unabhängigkeitsbewegungen in Lateinamerika auch ohne US-amerikanische Unterstützung durch. Unter der Führung Simón Bolívars (1783–1830) im nördlichen Andenraum und José de San Martíns (1778–1850) im La Plata-Gebiet vertrieben die Heere der Aufständischen in langjährigen blutigen Kämpfen bis 1826 die Spanier, während sich Neu-Spanien 1821 durch eine eher unblutige konservative Revolution vom Mutterland löste. Ähnliches galt für Brasilien, das seit 1822 ein unabhängiges Kaiserreich bildete.

Noch vor Ende der Kriegshandlungen bemühten sich die bereits befreiten Regionen in Südamerika um diplomatische Anerkennung. Doch der vermeintlich natürliche Bundesgenosse, die Vereinigten Staaten, verhielt sich in dieser Frage sehr zurückhaltend. Erst als mit der Ratifizierung des Adams-Onís-Vertrags in Spanien 1821 das eigentliche Ziel erreicht war, zeigte sich Washington auch unter dem Eindruck der militärischen Erfolge der Lateinamerikaner verhandlungsbereit. Dabei ging es ihnen weniger um hehre republikanische Werte, sondern letztlich um die Schaffung einer guten Ausgangsposition für den Wettbewerb mit Großbritannien um den zukünftigen Einfluss in der Region. 1822 brachen die USA dann mit der Anerkennung Groß-Kolumbiens tatsächlich das Eis. Noch im selben Jahr folgte die Anerkennung Mexikos, Chiles, der Vereinten Provinzen des Río de la Plata und Brasiliens. Außerdem schickte man nun die ersten offiziellen Gesandten nach Lateinamerika.

keine Interessengemeinschaft

Letztlich waren nicht die USA, sondern England der entscheidende Verbündete der Lateinamerikaner in ihrem Kampf um Unabhängigkeit, denn von dort kamen Waffen, Söldner und diplomatische Unterstützung. Dies hinderte aber die US-amerikanischen Politiker nicht daran, die Vereinigten Staaten schon früh als quasi natürlichen Anführer der Amerikas zu sehen. In der Beurteilung der Fähigkeiten der neuen lateinamerikanischen Schwesterrepubliken waren die US-amerikanischen Eliten sehr zurückhaltend. Insbesondere Präsident Monroes Außenminister, der spätere Präsident John Quincy Adams machte mehr als einmal klar, dass es keine Interessengemeinschaft zwischen Nord- und Südamerika geben könne. Damit verband sich eine unverhohlene Geringschätzung der kreolischen Führungsschichten des Südens, die nicht die Freiheiten eines Engländers genossen hätten und noch dazu durch den Katholizismus in ihrem Denken gehemmt seien. Die seit Langem bestehenden Vorurteile gegen das spanische Erbe wurden bedenkenlos auf Lateinamerika übertragen.

Q

Thomas Jefferson an Alexander von Humboldt (Monticello, 14.4.1811)
Aus: Thomas Jefferson: Writings, Cambridge 1984, S. 1247–1248.

[Die lateinamerikanischen Staaten] werden jetzt zum Schauplatz politischer Revolutionen, um ihren Platz als integrale Mitglieder der großen Familie der Nationen einzunehmen. ... Welche Regierungsform werden sie errichten? Wie viel Freiheit können sie vertragen ohne Trunkenheit? ... Ich glaube, sie werden das Muster unserer Konföderation und gewählten Regierung kopieren, die Rangunterschiede abschaffen, ihre Nacken vor ihren Priestern beugen und in der Intoleranz verharren. Ihr größtes Problem wird die Schaffung ihrer Exekutive sein. Ich befürchte, dass sie ungeachtet der Experimente Frankreichs und der Vereinigten Staaten von 1784 mit einem Direktorium beginnen werden und dass, wenn die unvermeidbaren Schismen in dieser Art von Exekutive sie zu etwas anderem treiben, ihre große Frage sein wird, ob man eine auf Jahre zu wählende, eine auf Lebenszeit bestimmte oder gar eine erbliche Exekutive einsetzt. Aber wenn nicht Bildung unter ihnen schneller verbreitet werden kann, als die Erfahrung verspricht, könnte der Despotismus über sie kommen, bevor sie die erforderliche Befähigung besitzen, um das bereits Erreichte abzusichern.

Formulierte Jefferson seine Skepsis Lateinamerika gegenüber noch einigermaßen zurückhaltend, so sollten die Urteile in der Folgezeit härter ausfallen. Oft fielen Begriffe wie unzivilisiert, knechtisch, von der katholischen Religion verdummt etc. Grundlegend war die Erkenntnis, dass die Lateinamerikaner trotz der gemeinsamen Erfahrungen des Kriegs gegen das Mutterland und der republikanischen Staatsbildungsprozesse anders waren. Lateinamerika war das Fremde, von dem man sich besser fernhielt, um nicht selbst von den Untugenden und Schwächen, die man dort vermutete, angesteckt zu werden.

Unterschiede

Die Erkenntnis von den Unterschieden hatten allerdings nicht nur US-Amerikaner, sondern auch führende Lateinamerikaner gewonnen. Dass das auch Konsequenzen bei der Schaffung politischer Institutionen hatte, zeigte sich vor allem bei Simón Bolívar. In seiner Eröffnungsrede an den Kongress von Angostura im Februar 1819, als der Unabhängigkeitskrieg noch in vollem Gange war, präzisierte Bolívar seine Verfassungsvorstellungen in Abgrenzung von dem, was er als das zwar „vortreffliche“, aber für Lateinamerika wenig praktikable angloamerikanische Modell ansah. Vor dem Hintergrund der Wahrnehmung einer absoluten Alterität des Nordens konstruierte er ein Verfassungsmodell, das in der Abkehr vom Föderalismus und in der Stärkung der Exekutive ein Gegenprojekt dazu sein sollte.

Q

Simón Bolívar: Rede vor dem Kongress von Angostura (15.2.1819)
Aus: Simón Bolívar: Reden und Schriften Hamburg 1984, S. 50–51.

Ich muss sagen, dass mir nicht im entferntesten der Gedanke gekommen ist, Lage und Wesen von zwei so unterschiedlichen Staaten wie dem englisch-amerikanischen und dem spanisch-amerikanischen gleichzustellen. Wäre es nicht sehr schwer, auf Spanien den Kodex der politischen, bürgerlichen und religiösen Freiheit Englands anzuwenden? Nun, noch schwerer ist es, die Gesetze Nordamerikas auf Venezuela zu übertragen. Sagt nicht der *Geist der Gesetze*, dass diese für das Volk geeignet sein müssen, welches sie sich schafft …? Das ist der Kodex, den wir um Rat fragen müssen, und nicht der von Washington!

4. Zwischen Monroe und Bolívar

Selbstbestimmungsrecht

Generell hatte die Entstehung der neuen lateinamerikanischen Staaten Bewegung in das traditionell von europäischen Vorstellungen bestimmte internationale Völkerrecht gebracht. Zum einen hatten die Vereinigten Staaten nun Verbündete in ihrer Forderung nach der Wahrung der Rechte der Neutralen in Kriegszeiten, insbesondere der Freiheit der Meere. Wie die USA beanspruchten die neuen Staaten darüber hinaus die Anerkennung des Selbstbestimmungsrechts als Grundlage ihrer Entstehung. Schon der Bündnisvertrag zwischen den Vereinigten Staaten und Frankreich von 1778 sowie die US-amerikanische Anerkennung des revolutionären Frankreichs hatten in dieser Hinsicht neue Maßstäbe gesetzt und das althergebrachte Prinzip der Legitimität durchbrochen. Mit der Entstehung der lateinamerikanischen Staaten gab es nun zahlreiche weitere Präzedenzfälle.

Heilige Allianz

Diese Entwicklungen stießen allerdings auf große Widerstände in Europa. Insbesondere Spanien war keineswegs zu einer kampflosen Aufgabe seiner Ansprüche bereit. Ferdinand VII. betrieb seit seiner Rückkehr auf den Thron 1814 die Restauration der absoluten Monarchie und gab seinen Anspruch zur Rückeroberung Amerikas nicht auf. Dabei sah er sich im Einklang mit den Zielen der im September 1815 durch Russland, Österreich und Preußen gegründeten Heiligen Allianz, deren erklärtes Ziel es war, für Gegenwart und Zukunft die Idee des Gottesgnadentums nach Innen und die der Solidarität nach außen durchzusetzen. Daraus wurde ein Interventionsrecht gegen liberale und nationale Bewegungen abgeleitet, das zumindest theoretisch auch für Lateinamerika galt. Dadurch blieb Lateinamerika von den reaktionären Monarchien latent bedroht und zumindest in der Position des Bittstellers, denn den jungen Republiken haftete ja der Makel an, durch Revolutionen – also illegitim – entstanden zu sein. Auch für die USA bestanden weiterhin vor allem wirtschaftliche Abhängigkeiten von Europa. Den politischen Anspruch der Heiligen Allianz verstand man dort ebenfalls als Bedrohung eigener Interessen.

Eine Sonderrolle innerhalb der europäischen Großmächte spielte von Beginn an England. Es lehnte das Interventionsrecht ab und sah sich selbst als Schutzherrn der liberalen Bewegungen. Die englischen Ziele in Lateinamerika waren im wesentlichen die Öffnung der Märkte und die Sicherung des Freihandels. Rückeroberungsversuche waren daher nicht im englischen Sinn. So nahm England denn auch eine Vermittlerrolle zwischen Lateinamerika und der Heiligen Allianz ein. Im Lauf der 1820er-Jahre sah sich England dann berechtigt und genötigt, seine Politik gegenüber Lateinamerika zunehmend von der der Heiligen Allianz abzukoppeln. Bereits ab 1822 waren britische Handelsagenten offiziell dort tätig und ab 1825 erfolgte dann auch die formelle diplomatische Anerkennung.

Monroe-Doktrin

In einer informellen Abmachung mit Frankreich legte England fest, dass man keinen erneuten europäischen Rückeroberungsversuch in Lateinamerika dulden werde. 1823 lud der britische Außenminister George Canning auch die Vereinigten Staaten ein, sich den Garantiemächten anzuschließen. Die Vereinigten Staaten lehnten diese Einladung jedoch ab. Mit der berühmten Monroe-Doktrin, der Jahresbotschaft von Präsident James Monroe Ende 1823, formulierte die Regierung in Washington ihre eigenen Vorstellungen über die politische Zukunft der Amerikas. Zentral waren dabei erstens das Verbot einer europäischen Intervention, Kolonisation oder eines Transfers der Kolonialherrschaft in den Amerikas; zweitens die Feststellung, dass Amerika ein neues politisches System darstellt, dass sich von Europa unterscheidet; drittens, die Feststellung, dass Versuche europäischer Mächte, ihr politisches System auf einen Teil der westlichen Hemisphäre zu übertragen, als Gefahr für den Frieden der USA gewertet würden.

Q

Die Monroe-Doktrin (2.12.1823)
Aus: Rinke et al., S. 31–32.

... die amerikanischen Kontinente [sind] infolge der freien und unabhängigen Stellung, die sie sich errungen haben und behaupten, fürderhin nicht mehr als Gegenstände für zukünftige Kolonisation durch irgendwelche europäischen Mächte anzusehen ... An den Kriegen der europäischen Mächte um ihre eigenen Angelegenheiten haben wir nie teilgenommen, noch verträgt sich eine solche Handlungsweise mit unserer Politik. Nur wenn in unsere Rechte eingegriffen wird, oder sie ernstlich bedroht sind, nehmen wir Kränkungen übel oder treffen Vorbereitungen zu unserer Verteidigung. Mit den Wandlungen, die auf dieser Hemisphäre vor sich gehen, sind wir notwendiger Weise und aus Gründen, welche allen erleuchteten und unparteiischen Beobachtern klar sein müssen, unmittelbarer verbunden. Das politische System der verbündeten Mächte [der Heiligen Allianz] ist in dieser Hinsicht grundverschieden von dem Amerikas. ... Wir schulden es deshalb der Aufrichtigkeit und den freundschaftlichen, zwischen den Vereinigten Staaten und jenen Mächten bestehenden Beziehungen, zu erklären, dass wir jedweden Versuch ihrerseits, ihr System auf irgendeinen Teil dieser Hemisphäre auszudehnen, als gefährlich für unseren Frieden und unsere Sicherheit ansehen würden.

Die Erklärung basierte unter anderem auf der Vorstellung vom Doppelkontinent der Amerikas als einer eigenen, von Europa unterschiedlichen „Hemisphäre“ mit einem genuin amerikanischen Regierungssystem. Auch in dieser Hemisphäre aber sollten die Regeln einer Hierarchie der Mächte gelten und die Vereinigten Staaten standen nach dem Selbstverständnis ihrer führenden Staatsmänner schon aufgrund ihrer historischen Vorreiterrolle bei der Loslösung vom Mutterland an erster Stelle und waren die „natürlichen Anführer“ in der Region.

Wie führende europäische Staatsmänner, darunter Metternich, erkannten, hatte diese Erklärung weit reichende Konsequenzen für die Beziehungen Europas zur Neuen Welt. War sie aber von Anfang an ein Legitimationsinstrument für den US-amerikanischen Imperialismus, wie man später oft behauptet hat? Zunächst war der Tenor der Doktrin rein defensiv, eine Reaktion auf die Bedrohung durch europäische Ansprüche. Machtpolitisch durchsetzen konnten die USA diese Prinzipien, wie sich zeigen sollte, sowieso noch lange nicht. Allerdings wurde damit ein Grundverständnis vorgegeben. Die USA erklärten, was man in Amerika zu tun gedenkt, ohne sich zuvor mit den Vertretern Lateinamerikas abgestimmt zu haben. Lateinamerika war demnach nur ein Objekt. Damit zeichnete sich ein Konfliktherd ab, der einige Jahrzehnte später zu einem wichtigen Faktor für die Beziehungen zwischen den Amerikas werden sollte.

Panamerikanismus

In Lateinamerika war man allerdings keineswegs bereit, die Objektrolle unwidersprochen anzunehmen. Bolívar war die Persönlichkeit Lateinamerikas, die in diesem Zeitraum die weitreichendsten politischen Vorstellungen und die Idee eines panamerikanischen Bundes entwickelte. Unter dem Eindruck der Einseitigkeit der Monroe-Doktrin schloss er die Vereinigten Staaten von seiner Vision ursprünglich aus. Bolívar wollte einen panamerikanischen Kongress, der eine dauerhafte Konföderation schaffen sollte, um die territoriale Integrität der neuen Staaten gegen die Heilige Allianz sowie den inneren und äußeren Frieden zu sichern.

Zunächst wurden nur die hispanoamerikanischen später dann alle amerikanischen Staaten sowie Großbritannien als Schutzmacht zum Kongress geladen, der 1826 in Panama stattfinden sollte und damit noch ganz unter dem Eindruck der Kriege gegen das Mutterland stand. Die Einladung löste jedoch keineswegs Euphorie aus. Kolumbien, Peru und Zentralamerika schickten ihre Gesandten; England, die Vereinigten Staaten und die Niederlande Beobachter. Mexiko schickte zwar einen Abgeordneten, war aber nicht bereit, den Kolumbianern die Führungsrolle zu überlassen. Die Vereinigten Provinzen vom Río de la Plata und Brasilien führten zu diesem Zeitpunkt Krieg um die Vorherrschaft in Uruguay. In Chile herrschte Bürgerkrieg. Haiti wurde aus rassistischen Bedenken gar nicht erst eingeladen. Paraguays Diktator José Gaspar Rodríguez de Francia (1766–1840) erhielt aus politischen Erwägungen ebenfalls keine Einladung. Die bolivianischen Vertreter wurden zu spät entsandt. Die Briten waren keineswegs bereit, über ihre Beobachterrolle hinaus irgendwelche Verpflichtungen einzugehen. Von den zwei US-amerikanischen Abgeordneten, die nach langen Debatten in Washington schließlich doch noch losgeschickt wurden, starb einer auf der Reise und der andere kam zu spät in Panama an.

Der Kongress erarbeitete einen Unionsvertrag mit dem Bekenntnis zur dauerhaften Freundschaft der beteiligten Staaten. Allerdings wurde dieser nur von Kolumbien ratifiziert. Konkrete Projekte wie die angestrebte interamerikanische Armee resultierten nicht daraus. Bolívars ehrgeiziges Ziel, die amerikanischen Staaten im Sinne einer panamerikanischen Solidarität zur Aufgabe von Teilen ihrer gerade erst gewonnenen nationalen Souveränität zu bewegen, war damit gescheitert. Immerhin blieb der Gedanke an den Kongress und an die mit ihm verbundenen Vorstellungen und Ziele im intellektuellen Diskurs durchaus präsent und beeinflusste spätere Projekte.

nationales Interesse

Die oft beschworenen gemeinsamen Werte von Freiheit und republikanischer Eigenart in den Amerikas bildeten ein Ideal für Sonntagsreden. In der Realität orientierten sich sowohl die Vereinigten Staaten als auch die jungen lateinamerikanischen Republiken am viel enger gefassten nationalen Interesse. Da es nun aber mehr Staatswesen denn je gab, die auf ihre nationalen Interessen pochten, stiegen auch die Spannungen. Dabei erbten die unabhängigen Staaten teilweise die Konfliktzonen, um die sich ihre Mutterländer Spanien und England lange gestritten hatten. Florida, Louisiana und der ferne Westen waren so von Beginn konfliktive Kontaktzonen zwischen den unabhängigen Amerikas.

Für die Beziehungen zu den Vereinigten Staaten brachte die Unabhängigkeit Lateinamerikas neben den fundamentalen politischen und wirtschaftlichen Umwälzungen, die das Ende der mehr als 300-jährigen europäischen Kolonialherrschaft bedeutete, auch eine kulturelle Neuorientierung durch die Abgrenzung von Europa. Das bedeutete aber keineswegs, dass eine Interessengemeinschaft mit den USA entstanden wäre. Vor dem Hintergrund der lateinamerikanischen Unabhängigkeitskriege agierte Washington vielmehr opportunistisch. Eine echte Unterstützung erhielten die Lateinamerikaner aus den USA nicht. Gleichzeitig verhielten sich auch führende Lateinamerikaner eher zurückhaltend gegenüber den Nachbarn im Norden. Trotz des zeitlichen Vorsprungs ihrer Staatenbildung waren die USA keineswegs nur Modell und Vorbild für Lateinamerika. Die durchaus selbstbewusste Betonung der Unterschiede zwischen Nord und Süd blieb demgegenüber von Beginn an bestimmend.

III. „Manifest Destiny" und „freier" Raum, 1830–1860

1835/36	Unabhängigkeit von Texas
1845	John L. O'Sullivan prägt den Begriff „Manifest Destiny"
1846–1848	US-amerikanisch-Mexikanischer Krieg
1848	Frieden von Guadalupe Hidalgo
1850	Clayton-Bulwer-Vertrag
1853	Gadsden-Kauf
1854	„Manifest von Ostende"
1855–1857	William Walker in Nicaragua
1860	Erschießung William Walkers in Honduras

Nach dem erfolglosen Kongress von Panama war klar, dass die lateinamerikanischen Republiken ihre Interessen unabhängig und teils sogar im Widerstreit miteinander verfolgen sollten. Dasselbe galt für die Vereinigten Staaten, deren Expansionsdrang mit einer Ideologie unterfüttert wurde, die suggerierte, dass im Westen grenzenlos „freier" Raum zur Verfügung stehe. In der Tat sollte die vermeintlich unaufhaltsame Westexpansion zu einer grundlegenden Dimension im Selbstverständnis der USA werden. Um die Mitte des 19. Jahrhunderts bürgerte sich für diese Geisteshaltung der Begriff **„Manifest Destiny"** ein.

Q

„Manifest Destiny"
Aus: Stefan Rinke: Manifest Destiny. In: Enzyklopädie der Neuzeit, Bd. 7, Stuttgart 2008, Sp. 1182–1186.

Das Konglomerat von Ideen, das sich mit dem Konzept des „Manifest Destiny" verband, lässt sich am besten beschreiben als Vorstellung von einem quasi göttlichen Auftrag der Vereinigten Staaten zur territorialen Expansion und von der US-amerikanischen Geschichte als Erfüllung dieser Weisung. John L. O'Sullivan, ein New Yorker Journalist und Politiker der Demokratischen Partei, prägte den Begriff 1845 in einem Aufsatz der von ihm selbst mitbegründeten und herausgegebenen Zeitschrift *United States Magazine and Democratic Review.* O'Sullivans Wortschöpfung drückte den expansionistischen Geist seiner Zeit am prägnantesten aus und gewann rasch weite Verbreitung in der US-amerikanischen Öffentlichkeit. Die Geschichtsschreibung verwendet „Manifest Destiny" häufig als Epochenbegriff für die Geschichte der US-amerikanischen Außenpolitik und Westexpansion von ca. 1800 bis 1860.

Auserwähltheitsglaube

Schon die frühe englische Expansion in Amerika, die aus der imperialen Konkurrenz mit Spanien resultierte, war mit religiösen Motiven unterlegt. Amerika galt demnach als riesiges Missionsfeld, das man nicht den „Papisten" überlassen wollte. Fanatische Protestanten wie Cotton Mather sahen in Amerika ein noch reines Ende der Welt, wo ein für alle Europäer sichtbares Ideal, eine „Stadt, die auf einem Berg liegt" (Mt 5:14), entstehen sollte. Dieser religiöse Auserwähltheitsglaube gewann im frühen 19. Jahrhundert eine expansionistische Dimension, die O'Sullivan mit seiner Wortschöpfung auf den Punkt brachte.

Die Vorstellung einer unaufhaltsamen und permanenten Landnahme in Richtung Westen, die an die Idee der Westwanderung der Weltreiche anknüpfte, war bereits in der Kolonialzeit als konstitutiver Bestandteil des nordamerikanischen Selbstverständnisses hinzugetreten und floss in das Konzept mit ein. So verband sich die Vorstellung der religiösen Superiorität vor allem im Lauf des 19. Jahrhunderts mit einem säkularem Messianismus. Demnach waren die mit der Expansion verbundenen Opfer notwendig, um das höhere und von Gott vorgegebene Ziel zu erreichen. Die Ausbreitung des Fortschritts bzw. der „Zivilisation" und der US-amerikanischen demokratischen Freiheits- und Gleichheitsdeale auf Kosten der indigenen Urbevölkerung und auch auf Kosten der benachbarten Republiken wurde als Auftrag der Vereinigten Staaten im Rahmen des „Manifest Destiny" gedeutet. In den ersten Jahrzehnten des 19. Jahrhunderts gewann diese Vorstellung eine rassistische Komponente, da seine Anhänger nun die „angelsächsische Rasse" der USA als anderen „Rassen" wesensmäßig überlegen ansahen, wodurch die territoriale Expansion eine zusätzliche Legitimationsbasis erhielt.

1. Nachbarschaftskonflikte: Mexiko und die USA

Bereits Anfang des 19. Jahrhunderts wurden Stimmen laut, die Teile Lateinamerikas als Domäne der USA ansahen. Dabei handelte es sich zunächst um die direkte Nachbarschaft, Neu-Spanien bzw. ab 1821 Mexiko. Durch die andauernde Westexpansion ergaben sich rasch die ersten Konfliktfelder. Zwar war Mexiko im Gegensatz zu Südamerika zunächst nicht von territorialer Desintegration betroffen, doch war man von Stabilität ebenso weit entfernt. Mexikos Geschichte zwischen 1821 und 1872 wird wegen der rasch wechselnden Regierungen, lokalen und regionalen Putsch- und Separationsversuche sowie des mehrfachen Wechsels der Regierungssysteme von der Monarchie über die Bundesrepublik bis hin zur Militärdiktatur oft auch als „Ära der Anarchie" bezeichnet.

Die Instabilität wirkte sich negativ auf die Zahlungsfähigkeit des Landes aus. Daher kam es wiederholt zu Interventionen seitens ausländischer Mächte. Besonders zäh waren die komplizierten Verhandlungen um die mexikanische Staatsschuld der 1820er-Jahre, die sich über Jahrzehnte hinzogen. Aufgrund dieser äußerst instabilen innenpolitischen Lage, kam es wiederholt zu Sezessionsbewegungen innerhalb Mexikos. Den Anfang machte dabei der mexikanische Süden. Die Vereinigten Provinzen von Zentralamerika sagten sich nach dem Sturz des mexikanischen Kaisertums im Jahr 1823 vom Gesamtstaat los.

Unabhängigkeit von Texas

Wesentlich schwerwiegendere Folgen hatte die Sezessionsbewegung im mexikanischen Norden, da sich hier durch die Nachbarschaft zu den expandierenden Vereinigten Staaten und durch anderweitige ausländische Interessen eine besondere Gemengelage ergab. Bereits seit Beginn des 19. Jahrhunderts hatten sich US-amerikanische Einwanderer im damals noch neuspanischen Texas angesiedelt. Nach der mexikanischen Unabhängigkeit bestätigen die USA und Mexiko sich vertraglich den alten Grenzverlauf, wie er im Adams-Onís-Vertrag 1819 festgelegt worden war. Insgeheim zeigten Regierungskreise in den Vereinigten Staaten jedoch damals bereits großes Interesse an einer Annexion von Teilen Mexikos.

1825 instruierten die Vereinigten Staaten ihren Gesandten in Mexiko, den Kauf der dünn besiedelten Nordprovinz Texas vorzubereiten. Die mexikanischen Regierungen dieser Jahre zeigten daran aber kein Interesse. Im Gegenteil, man war bemüht Texas durch Einwanderung nach dem Modell der Vereinigten Staaten weiter zu entwickeln. Angezogen durch die liberalen mexikanischen Gesetze zur Vergabe von Landbesitz, nahm die Einwanderung aus den Vereinigten Staaten stetig zu. Langsam kam es hier zu einem zahlenmäßigen Übergewicht der nordamerikanischen Siedler. Gemäß den Auflagen aus Mexiko mussten diese zu mexikanischen Staatsbürgern werden und die katholische Konfession annehmen.

Jedoch hielten sich die Angloamerikaner nicht an die Vorgaben. Die meisten behielten ihre nordamerikanische Identität und protestantische Konfession bei. Außerdem blieben sie durch ihre wirtschaftlichen Verbindungen weiterhin eng mit den Vereinigten Staaten verbunden. An der Tatsache, dass es sich bei den angloamerikanischen Texanern oft um Sklavenhalter handelte, änderte auch die mexikanische Antisklavereigesetzgebung von 1829 nichts, denn die Texaner setzten eine Ausnahmeregelung durch. Zu diesem Zeitpunkt machten die Vereinigten Staaten dann erneut Angebote zum Kauf von Texas. Dabei wurden allerlei seltsame juristische Spitzfindigkeiten eingesetzt, um einen Rechtsanspruch auf das Gebiet zu konstruieren. Auch vor diplomatischen Tricks und dem Einsatz von Schmiergeldern schreckte man nicht zurück, blieb aber zunächst erfolglos.

Als der mexikanische Staat 1830 eine strengere Einwanderungsregelung erließ und die Truppen in der Provinz verstärkte, kam es zu Konflikten mit den Einwanderern aus dem Nachbarland, die auf Selbstverwaltung und Autonomie innerhalb des Staatsverbands pochten. Die Auseinandersetzungen spitzten sich unter der Präsidentschaft von General Antonio López de Santa Anna (1794–1876) ab 1833 zu. 1835 brach die separatistische Revolte der angloamerikanischen Siedler in Osttexas gegen die mexikanische Zentralregierung aus. Texanische Sicherheitsausschüsse bildeten eine provisorische Regierung und hoben mit den Texas Rangers eine sagenumwobene Truppe aus der Taufe. Die Revolte gipfelte nach dem Sieg bei San Jacinto 1836 in der Unabhängigkeitserklärung von Texas.

Dass es den Mexikanern trotz numerischer Überlegenheit nicht gelang, die Texaner zu besiegen, lag einerseits an den großen Entfernungen und andererseits an der massiven Unterstützung, die die Rebellen aus den nahe gelegenen USA bezogen. General Santa Anna wurde in San Jacinto gefangen genommen, wenig später aber gegen das Versprechen der Anerkennung der texanischen Unabhängigkeit wieder freigelassen. Der mexikanische Kongress lehnte die Ratifizierung der von Santa Anna unter Druck gewährten Anerkennung der Unabhängigkeit von Texas jedoch ab. Diese hing daher nun vor allem von der Haltung der Vereinigten Staaten ab. Die USA erkannten die unabhängige Republik nicht sofort an, sondern warteten ab, bis sich die Verhältnisse dort stabilisiert hatten.

In den Verhandlungen um Texas spielte in der Folgezeit die englische Diplomatie eine entscheidende Rolle. England arbeitete durch diplomatischen Druck sowohl auf die Mexikaner als auch auf die Texaner auf den Erhalt eines unabhängigen Texas hin. Dieser Staat sollte dann quasi als Puffer gegen die expandierenden Vereinigten Staaten dienen, da die Briten Ansprüche auf die nordamerikanische Westküste von Kalifornien bis Oregon geltend machten. Dieses Gebiet war zwar teilweise unter mexikanischer Jurisdiktion, allerdings ging man realistisch davon aus, dass Mexiko nicht die Mittel hatte, seinen Machtanspruch in dieser entlegenen Region durchzusetzen.

In den Vereinigten Staaten lösten die englischen Bestrebungen Sorgen aus. Insbesondere die Vertreter der sklavenhaltenden Südstaaten fürchteten ein unabhängiges Texas unter englischem Schutz. England würde, so die Sorge, auf die Abschaffung der Sklaverei dort drängen. Dies hätte aber das Ende der Expansion der Sklaverei innerhalb der Union bedeutet. Eine Majorisierung und letztlich die vollständige Abschaffung der Sklaverei konnte aus Sicht der Südstaatler die fatale Folge sein. Das aber musste ihres Erachtens den Ruin ihres Wirtschafts- und Gesellschaftssystems nach sich ziehen. Kein Wunder, dass die politisch einflussreichen Repräsentanten der Südstaaten in der Regierung des ebenfalls aus dem Süden stammenden Demokraten John Tyler darauf drängten, der texanischen Bitte um Anschluss an die Union zu entsprechen. Aufgrund der inneren Zerstrittenheit in der Sklavereifrage zögerte sich der Anschluss hinaus, denn den Abolitionisten des Nordens war klar, dass ein Bundesstaat Texas eine enorme Stärkung der Sache der Sklavereiverfechter sein würde.

Mexiko dagegen versuchte ab 1842 erneut mit Verhandlungen und mit Waffengewalt, Texas zurückzugewinnen, was aber nicht gelang. Gleichzeitig machte man den Vereinigten Staaten gegenüber klar, dass der Anschluss Texas' an die USA Krieg bedeuten würde. Dies wiederum förderte die Annexionsneigung in den USA. Die Sache der Sklavenhalter wurde aufgrund der als Aggression wahrgenommenen mexikanischen Politik zur nationalen Angelegenheit. 1844/45 war die Annexionsfrage Topthema im Präsidentschaftswahlkampf. Der Demokrat James K. Polk (1795–1849) machte das Rennen mit seinem klaren Bekenntnis zur Annexion. Doch allein mit den Stimmen der Südstaaten hätte Polk nicht gewinnen können. Der Texas-Lobby war es gelungen, die öffentliche Meinung auch noch aus einem anderen Grund von der Notwendigkeit der Annexion zu überzeugen. Seit Langem hatten sie die Gefahren an die Wand gemalt, die dem Norden bei einer Sklavenbefreiung drohen konnten. Millionen Schwarze würden dann zu einem gefährlichen Proletariat in den Städten des Nordens werden. Die Annexion von Texas wäre dagegen der perfekte Weg, um die so genannte Rassenfrage zu lösen. Hier könnten sich, so wurde argumentiert, die Schwarzen in Richtung Mexiko und Zentralamerika ausbreiten, wo sie mit der ansässigen Bevölkerung auf einer Stufe stehen würden.

Krieg der USA gegen Mexiko

Auf dieser Grundlage wurde die Resolution zum Anschluss von Texas durch den Kongress gebracht und Ende des Jahres 1845 trat Texas offiziell der Union bei. Die Mexikaner reagierten prompt mit dem Abbruch der Beziehungen zu den Vereinigten Staaten. In seiner Inauguralrede vor dem Kongress am 2. Dezember 1845 machte Polk die Haltung seiner Regierung gegenüber Mexiko klar. Er wiederholte in seiner Botschaft, die auch als „Polk-Doktrin" oder „corollary" bekannt wurde, zentrale Punkte der Monroe-Doktrin, die er somit aktualisierte. Das Verbot der Kolonisierung durch dritte Mächte schränkte er realistischerweise auf Nordamerika ein. Allerdings sah er die US-amerikanische Expansion in Nordamerika als durch das „Manifest Destiny" vorgegeben an und verbat sich ganz im Sinne der Monroe-Doktrin jegliche Einmischung europäischer Mächte. Eine „Balance of Power"-Politik mochte für Europa gut sein, für Amerika schloss Polk sie aus. Die Weichen waren daher Ende 1845 auf Krieg gestellt.

Der Krieg zwischen Mexiko und den USA, der 1846 ausbrach, wurde zu einem Fanal für die Beziehungen in den Amerikas. Dieser Krieg war und ist der erste und einzige formale Krieg der Vereinigten Staaten gegen ein lateinamerikanisches Land. Kriegsgründe waren neben der Annexion von Texas die Frage des Grenzverlaufs, der zwischen Mexiko und den USA umstritten war. Erneut versuchte Washington zunächst die umstrittenen Territorien zu kaufen. Als die mexikanische Regierung dies entrüstet ablehnte, ließ Präsident Polk dort im April 1846 Truppen einmarschieren und einen Monat später den Krieg erklären.

Entgegen der Erwartung der siegesgewissen Angloamerikaner, die ihre Gegner maßlos unterschätzten, wurde der Krieg zu einem langwierigen und blutigen Unterfangen. Im Norden Mexikos rückten die US-amerikanischen Truppen über den Rio Grande vor und es kam zu heftigen Kämpfen. Außerdem landeten Kontingente in Veracruz und rückten auf Mexiko-Stadt vor. Derweil erklärten sich angloamerikanische Siedler in Kalifornien für unabhängig. Das US-Pazifikgeschwader hatte dort bereits Anfang 1847 schnell alles unter Kontrolle. Im September 1847 gelang die Einnahme der Hauptstadt und Friedensverhandlungen wurden aufgenommen. Der US-Gesandte erhielt den Auftrag, Mexiko möglichst viel Land im Westen abzunehmen und dafür möglichst wenig Geld zu bieten. Auf dem Höhepunkt der militärischen Erfolge dachte man in Washington sogar über eine Annexion des gesamten Nachbarlandes nach. Dieses Ziel wurde im Kongress aber aus rassistischen Motiven abgeschmettert.

Der Friedensvertrag von Guadalupe Hidalgo brachte den Vereinigten Staaten einen riesigen Territorialgewinn. Die heutigen Bundesstaaten Kalifornien, Nevada, New Mexico, Utah, Arizona sowie Teile von Wyoming und Colorado fielen an die Union. Mexiko erhielt dafür eine Entschädigung von 15 Mill. US-$ sowie die Streichung der ausstehenden rund 3,5 Mill. US-$ an Entschädigungsforderungen US-amerikanischer Bürger. Ferner verpflichteten sich die USA in diesem Vertrag, dafür zu sorgen, dass es zu keinen Indianerüberfällen jenseits der Grenze kommt. Abgerundet wurde die US-Expansion in mexikanisches Gebiet 1853 wieder durch Geld: den so genannten Gadsden-Kauf, benannt nach dem US-Gesandten, dem es gelang die Mesilla zu kaufen, was den Bau einer geradlinigen Eisenbahnlinie ermöglichte. Mexiko erhielt dafür 10 Mill. US-$.

Für die englischen Interessen in der Region war dies ein herber Rückschlag, denn damit war die US-Expansion an den Pazifik ein Faktum und die britischen Eindämmungsversuche waren ein- für allemal gescheitert. Der Hauptbetroffene, Mexiko, verlor rund die Hälfte seines Territoriums und entwickelte eine bleibende Abneigung gegen den großen Nachbarn im Norden. In der Tat löste der Krieg eine erste Welle der so genannten *Yankeephobie* in ganz Lateinamerika aus, denn der weitere Vormarsch der USA Richtung Süden erschien nun unaufhaltsam. In den Vereinigten Staaten dagegen stärkte der Sieg den Glauben an die eigene Auserwähltheit und einen Ethnozentrismus, der den Erfolg des eigenen Gesellschaftsmodells direkt mit der Direktive territorialer Vergrößerung verband.

Der mexikanische Krieg hatte 1848 noch ein Nachspiel. Die inoffizielle Regierung des vom so genannten Kastenkrieg erschütterten mexikanischen

Bundesstaats Yucatán beantragte den Anschluss an die Vereinigten Staaten. Dies löste im Kongress der Vereinigten Staaten hitzige Debatten aus. Dabei wurde deutlich, dass man sich als Führungsmacht der Hemisphäre ansah und daraus ein Recht auf Expansion ableitete. Außerdem malten die zu diesem Zeitpunkt starken Expansionisten die Gefahr einer britischen Annexion Yucatáns an die Wand. Letztlich erübrigte sich jedoch die Entscheidung, denn mit dem Ende des Kastenkriegs hatte sich die Frage noch im selben Jahr erledigt.

2. Die umstrittene Karibik

Nicht erst seit die USA ihre Ziele in Mexiko mit dem Frieden von Guadalupe Hidalgo erreicht hatten, reichte ihr Blick weiter in den Süden. Der imperiale Traum von einem US-amerikanischen Mittelmeer im karibischen Raum entstand schon früh. Zunächst richteten sich die US-amerikanischen Interessen nach Kuba, das von vielen Beobachtern quasi als geostrategischer Appendix zu den Vereinigten Staaten gesehen wurde. Nach der Unabhängigkeit Lateinamerikas genoss die Insel als – neben Puerto Rico – letzter Überrest des einst stolzen Kolonialimperiums einen Sonderstatus.

Aus US-amerikanischer Sicht war das koloniale Überbleibsel Kuba gefährlich, denn es war angesichts der Schwäche Spaniens durchaus vorstellbar, dass die Insel eines Tages den Besitzer wechseln könnte. Das US-amerikanische Interesse am Erwerb Kubas bestand daher schon zu Beginn des 19. Jahrhunderts. Deutlich formulierte dies Außenminister John Quincy Adams (1767–1848) in einer Instruktion an den US-Gesandten in Madrid vom April 1823, wobei er das berühmte Bild vom reifenden Apfel benutzte, der eines Tages den Vereinigten Staaten, denen er aus Gründen natürlicher Verbindungen und geographischer Nähe eigentlich sowieso gehörte, in den Schoß fallen werde.

Um die Jahrhundertmitte wurde die Kubafrage dann wieder interessant, als der ehemalige spanische Offizier Narciso López (1797–1851) sich bemühte, eine Befreiungsbewegung nach Kuba hinein zu tragen. López Traum war die Loslösung Kubas von Spanien, die Beibehaltung der Sklaverei und der Anschluss an die USA. Mit diesen Vorstellungen machte er sich im sklavenhaltenden Süden der USA sehr beliebt, von wo er auch Unterstützung erhielt. Ab 1849 rüstete López mehrere Expeditionen aus, die alle scheiterten, eher er selbst 1851 in Kuba gefangen und hingerichtet wurde. Die US-Regierung hatte sich zuvor erfolglos bemüht, dem illegalen Treiben ein Ende zu bereiten.

Golfimperialismus

In der Folgezeit blieben die Sklavenhalterstaaten innerhalb der Union um Kuba bemüht, denn eine zusätzliche Sklavenwirtschaft wäre eine willkommene Stärkung ihrer Interessen innerhalb der Union gewesen. Man hat in diesem Zusammenhang auch treffend vom „Golfimperialismus der Südstaatler" gesprochen. Diese Interessen wurden im so genannten Manifest von Ostende am deutlichsten formuliert. Die drei US-Gesandten in Paris, London und Madrid verfassten das Memorandum im Oktober 1854. Sie empfahlen, Kuba um jeden Preis zu erwerben. Als Gründe nannten sie die verkehrsstrategische Lage der Insel in der Karibik sowie den drohenden Volksaufstand in Kuba. Ein solcher Aufstand, so die Gesandten, konnte in einer Republik mit freien Schwarzen und der drohenden „Afrikanisierung", also im Chaos für Kuba enden. Dieses Szenario war seit der haitianischen Revolution die Horrorvision der Sklavenhalter. Bedauerlicherweise aus Sicht der Sklavenhalter und Annexionisten wurde das geheime Schreiben abgefangen und diente danach als Propagandamaterial der Abolitionisten. Aus innenpolitischen Erwägungen wurde das Thema Kuba in der Folgezeit zunächst nicht weiter verfolgt. Die US-amerikanischen Interessen hatten sich damit aber keineswegs erledigt, wie sich einige Jahrzehnte später zeigen sollte.

Das große Interesse an Kuba in diesen Jahren war ein Indiz für die enorme Bedeutung, die die Karibik als Transitregion seit der Annexion von Kalifornien und dem fast zeitgleichen Ausgreifen nach Asien gewonnen hatte. Dabei kam Zentralamerika als potenzieller Brücke zwischen den Ozeanen eine Schlüsselrolle zu. Hier stießen die US-amerikanischen Interessen auf diverse europäische Mächte. Seit der Unabhängigkeit der Region waren vor allem die Briten hier aktiv. Sie bauten ihre Stellung von Britisch Honduras und der nicaraguanischen Mosquitoküste ausgehend planmäßig aus und schufen so die Grundlagen für einen transisthmischen Kanal. Trotz Anrufung der Monroe-Doktrin durch die zentralamerikanische Konföderation sah sich die US-Regierung unter Präsident Andrew Jackson (1767–1845) nicht in der Lage, dagegen einzuschreiten.

Kanalpläne

Später verfolgte man diese Entwicklung insbesondere in Nicaragua mit Sorge und bemühte sich um Unterstützung seitens der USA. In der Tat wuchs das Interesse der Vereinigten Staaten an einem Kanal wegen des Goldrauschs in Kalifornien zu diesem Zeitpunkt stark. So gründete der Privatunternehmer Cornelius Vanderbilt (1794–1877) die Atlantic and Pacific Ship Canal Co. und eine Tochtergesellschaft, die die Goldsucher per Dampfer, Flussschiffen und Postkutsche durch Nicaragua transportierte. Das Unternehmen entwickelte sich bis 1855 sehr positiv, ehe mit der Fertigstellung der Panama-Eisenbahn eine noch günstigere Verbindung gefunden wurde.

Neben Nicaragua war die neu-granadinische Provinz Panama die zweite Region, in der die Überquerung des Isthmus möglich war. Auch hier kam es zu Rivalitäten zwischen europäischen und US-amerikanischen Interessen. Nachdem die Regierung Neu-Granadas schon 1835 einem französischen Unternehmer eine Konzession für den Kanalbau in der Provinz Panama erteilt hatte, bemühte sich der US-Gesandte in Bogotá in den 1840er-Jahren erfolgreich um ein Gegengewicht. Im so genannten Bidlack-Vertrag vom Dezember 1846 vergab die Regierung an die Vereinigten Staaten das Exklusivrecht für die Transitrechte in Panama sowie das Recht bei inneren Unruhen in der notorisch rebellischen Provinz zu intervenieren. Dafür mussten sich die Vereinigten Staaten verpflichten, die Souveränität Neu-Granadas über die Provinz gegen jeden äußeren Einfluss zu verteidigen.

Als der Vertragsentwurf in der Hauptstadt Washington bekannt wurde, war man darüber nicht uneingeschränkt glücklich, denn die Bestimmungen konnten zu diplomatischen Verwicklungen mit den europäischen Interessen führen. Außenminister John M. Clayton (1796–1856) suchte stattdessen den Ausgleich mit den Briten in Form einer vertraglichen Absprache. Das Ergebnis war der Clayton-Bulwer-Vertrag vom April 1850. Darin versprachen sich beide Staaten gleiche Rechte und die Neutralität jedweden zukünftigen

Transitwegs. Man sicherte sich gegenseitig zu, keine Exklusivrechte anzustreben und überdies die zentralamerikanische Souveränität zu achten. Die Regierungsvertreter der Region waren daran nicht beteiligt, sondern die Mächte entschieden über deren Kopf hinweg.

Auf der Basis dieses Vertrags bauten Investoren aus den USA 1855 eine Eisenbahn über die Landenge. Vanderbilt stieg in das Geschäft ein und ließ Nicaragua nun links liegen. Die transisthmische Eisenbahn wurde zu einem Meilenstein der US-amerikanischen Präsenz in Zentralamerika. Unzählige Arbeiter aus der Karibik wurden zu ihrem Bau nach Panama gebracht. Außerdem kamen Tausende US-Amerikaner als Arbeiter und später als Reisende nach Panama. Hier entwickelte sich eine frühe intensive Kontaktzone heraus, in der es immer wieder zu Rassenunruhen kam. Da es den neu-granadinischen Autoritäten nicht immer gelang, die Ruhe wieder herzustellen, nahmen die USA ihr Interventionsrecht häufig wahr.

Eine weitere mögliche Kanalroute erkannten die USA in Mexiko, genauer am Isthmus von Tehuantepec. Im Rahmen des Gadsden-Kaufs von 1853 erhielten die Vereinigten Staaten neben dem Territorium auch das Recht zugesprochen, einen transisthmischen Verkehrsweg am Isthmus von Tehuantepec zu bauen. Konzessionäre aus den US-amerikanischen Südstaaten strebten ein regelrechtes Protektorat an, um die geplante Eisenbahn zu schützen. Auf diesem Weg wollte man eine schnellere Verbindung von New Orleans nach San Francisco herstellen, um am Gold Rush zu profitieren. Den Anfang machte eine Postkutschenverbindung. Mit dem Ausbruch des Bürgerkriegs wurde das Projekt jedoch aufgegeben und geriet in Vergessenheit.

Der Kanalbau an sich sollte späteren Generationen vorbehalten bleiben. Zum Herd von Konflikten zwischen den Großmächten wurde aber schon die früheste Planungsphase. Für die betroffenen zentralamerikanischen Republiken bedeutete dies, dass sie sich immer häufiger zum Objekt ausländischer Interventionen degradiert sahen.

3. Filibuster in Nicaragua

Eine besondere Form der Intervention, die nicht vom US-amerikanischen Staat gesteuert, wenngleich auch nicht nachhaltig verhindert wurde, waren die Tausende von Freibeutern oder *Filibusteros/Filibuster*, die um die Jahrhundertmitte nach Lateinamerika strömten. Oft handelte es sich um Abenteurer und Veteranen des Mexikanischen Kriegs. Häufig kamen sie aus den Südstaaten und träumten von der Ausbreitung der Sklavenwirtschaft in den Tropen. Ihre in der Regel illegalen Aktionen und Expeditionen führten sie nach Kuba, Mexiko, Ecuador und anderen lateinamerikanischen Staaten. Am ausdauerndsten waren sie in Mexiko aktiv, am berühmtesten aber wurde zweifellos der Fall Nicaragua.

Wie in anderen zentralamerikanischen Staaten waren die liberalen Regierungen nach der Unabhängigkeit auch in Nicaragua zunächst bemüht, Einwanderer aus Europa und den USA anzuziehen, die Know-how und Kapital mitbringen sollten. Der liberale honduranische Politiker Francisco Morazán, seit 1830 Präsident der Vereinigten Provinzen von Zentralamerika, ging davon aus, dass die Einwanderer sich anpassen und zu Zentralamerikanern werden würden. Nach dem Auseinanderfallen der zentralamerikanischen Konföderation suchten die nicaraguanischen Liberalen in den 1840er-Jahren nachdrücklich Unterstützung in den Vereinigten Staaten. Dabei priesen sie ihr Land offensiv als viel versprechendes Transitland an. Dies stand im Zusammenhang des Kampfes gegen die Konservativen, die ausländische Einflüsse begrenzen wollten und ihrerseits Unterstützung aus Guatemala erhielten.

Filibuster

Die Anwerbebemühungen der nicaraguanischen Liberalen waren erfolgreich unter anderem, weil sie den neuen Siedlern großzügige Landangebote machte. Im Juni 1855 kam eine Gruppe von rund 75 Desperados aus den USA unter William Walker (1824–1860), einem Rechtsanwalt aus Tennessee, nach Nicaragua. Unter der Führung Walkers, der zuvor einschlägige Erfahrungen in Nordmexiko gesammelt hatte, gelang es den Liberalen die Konservativen zu besiegen. Walker stieg daraufhin zum militärischen Oberbefehlshaber auf und zog rund 2000 US-Amerikaner nach. Auch Exil-Kubaner kamen nun nach Nicaragua, um das Land als Basis für ihre Revolution in Kuba zu nutzen.

Allerdings gab es Widerstand gegen Walker in den Nachbarstaaten seitens der konservativen Regierungen von Guatemala und Costa Rica. Gemeinsam wollten sie gegen den Usurpator vorgehen und mobilisierten dafür die anti-protestantischen Vorbehalte. Paradoxerweise erhielten sie die Unterstützung der Engländer und auch des US-Unternehmers Vanderbilt, der um sein lukratives Panama-Geschäft fürchtete. Im März 1856 erklärten die vier zentralamerikanischen Republiken Nicaragua förmlich den Krieg. Dies nutzte Walker, um den liberalen Präsidenten abzusetzen, sich selbst zum Staatsoberhaupt zu erheben, Englisch als Amtssprache einzuführen und die Sklaverei wieder zuzulassen. Der Krieg spielte sich vor allem zwischen Nicaragua und Costa Rica ab. Dank der britischen Seeblockade, die Walker den Nachschub aus dem Süden der USA abschnitt, konnten sich die Costaricaner durchsetzen. Walker wurde schließlich 1857 von einem US-Kriegsschiff evakuiert. Ein Prozess gegen ihn in den USA wegen Verletzung der Neutralitätsgesetze endete mit Freispruch. Bereits 1860 stellte er erneut eine Truppe zusammen und versuchte, über Honduras die Macht in Zentralamerika zurückzuerobern. Dabei fiel er allerdings in die Hände der Briten, die ihn auslieferten. In Honduras machte man mit ihm daraufhin kurzen Prozess.

Der Fall Walker wurde zu einem Markstein der Beziehungen zwischen den Amerikas. Angesichts der drohenden Rückkehr des Filibusters riefen die Regierungen Costa Ricas und Nicaraguas die Briten und Franzosen um Hilfe an, um ihre territoriale Integrität gegen weitere Übergriffe aus den USA zu garantieren. Die Monroe-Doktrin wurde damit auf den Kopf gestellt. Gleichzeitig zeigte die Causa Walker die reale Machtverteilung in der Region. Gegen die britische Übermacht konnten die Filibuster auch mit Unterstützung der US-Regierung letztlich nichts ausrichten. In den betroffenen Staaten wurden Walker und die Seinen ebenso verdammt wie die Filibuster in anderen Ländern. Häufig wurden sie des Terrorismus beschuldigt, in einer Sprache, die uns an heutige Zeiten erinnert. In den USA sah man sie dagegen lange als Abenteurer und Helden, die den Geist des Manifest Destiny am klarsten vertraten. Für die Beziehungen zwischen den Amerikas war ihre

Wirkung in jedem Fall desaströs, denn ihre Aktivitäten hinterließen einen bleibenden Schaden für das Ansehen der Vereinigten Staaten in Lateinamerika.

4. Verdichtung der Kontakte

„leerer Raum"

Im Zusammenhang mit der Westexpansion der Vereinigten Staaten, die, wie gesagt, sehr bald auch eine Südexpansion war, wurde in der Regel vom „leeren" Raum gesprochen, in den die eifrigen Siedler im Auftrag des „Manifest Destiny" vorstoßen sollten. Das entsprach nicht nur nicht der Realität, sondern wurde durch die Erfahrungen eben dieser Siedler, Desperados und auch von Reisenden sowie US-amerikanischen Diplomaten ad absurdum geführt. Im Lauf des 19. Jahrhunderts nahm die Berichterstattung aus den neuen Räumen zu. Das Andere wurde mit begrifflichen und bildlichen Mitteln als Raum repräsentiert, der sich vom eigenen Raum unterschied. Mit den zunehmenden Kontakten gewann die Stereotypisierung des lateinamerikanischen Anderen in diesem Zeitraum eine neue Qualität: aus der Verschiedenheit wurde der Gegensatz. Immer wieder stellten vergleichsweise gut informierte angloamerikanische Publizisten und Diplomaten, die direkte Erfahrungen vor Ort sammeln konnten, Vergleiche der eigenen Leistungen und Entwicklungen mit denen der Nachbarn im Süden an.

Die Jahrzehnte um die Jahrhundertmitte sahen den Beginn der populärwissenschaftlichen Beschäftigung mit Lateinamerika. Vor allem die US-amerikanischen Konsuln veröffentlichten ihre Bestandsaufnahmen als Bücher, in denen sie den Reichtum ihres Einsatzortes und die fehlenden Fähigkeiten der Einheimischen beschrieben, diesen sinnvoll auszubeuten. Was „Temperament und Sitten des Volkes" anbelangte, so trugen die Angloamerikaner in jenen Jahren ein schillerndes Potpourri von ressentimentgeladenen Vorurteilen zusammen, wonach die Latinos zu weiblicher Schwäche und Emotionen, zu kindlicher Kraftlosigkeit und Phantastereien neigten und diebisch, feige, hinterlistig, faul, gesetz- und treulos etc. waren.

Mit der Intensivierung der Kontakte, zumal auf der Ebene der nun häufiger anzutreffenden Kaufleute und Unternehmer, gab es auch erste Ansätze zu einer ausgewogenen Beurteilung der anderen Amerikaner. Zumindest ansatzweise dachten einige Beobachter selbstkritisch über die Präsenz der eigenen Landsleute in Lateinamerika nach. Derartige Selbstkritik blieb allerdings eine Ausnahme und fand keine weite Verbreitung.

Nach Meinung der Mehrheit der Angloamerikaner waren die lateinamerikanischen Nachbarn unfähig, sich die Natur zu unterwerfen, das Land zu besiedeln und auszubeuten. Daraus leiteten viele Kommentatoren das Recht ab, den „freien" Raum in den eigenen Besitz zu nehmen, wenn nötig auch durch bewaffnete Interventionen und Kriege. Der Alteritätsdiskurs wurde zur Grundlage einer neuen expansionistischen Politik, die von einigen Zeitgenossen als quasi unvermeidbar, da Naturgesetzen folgend, stilisiert wurde.

Rassismus

Wie wichtig derartige Bilder werden konnten, zeigten die Diskussionen im Vorfeld und während des Kriegs gegen Mexiko 1846. Der Kriegsausbruch förderte die Geringschätzung und Stigmatisierung der Mexikaner. Dabei spielte die Idee unterschiedlicher Rassen bereits in den Diskussionen um die Kriegsziele eine zentrale Rolle. Viele politische Kommentatoren lehnten die Ausdehnung in mexikanisches Territorium ab, weil sie befürchteten, dass die mexikanische Bevölkerung nicht in das Gesellschaftssystem der USA passte und mit den freien und zivilisierten Institutionen der Vereinigten Staaten nichts anfangen könnte. Später, als es im Zuge der Friedensverhandlungen darum ging, ob man sich nur die nördlichen weniger bewohnten Teile oder ganz Mexiko einverleiben solle, wurden die Aussagen noch deutlicher. Politiker wie der Südstaatensenator John C. Calhoun (1782–1850) lehnten die Annexion Gesamt-Mexikos ab, weil man sonst eine „rassisch minderwertige" Bevölkerung hätte in die Union integrieren müssen. Der offen kundige Rassismus prägte das Bild von Lateinamerika in dieser Phase. Die Höherwertigkeit der USA leitete sich daraus ab. Die vermeintliche Unfähigkeit der Lateinamerikaner, sich selbst zu regieren, gab schon früh eine Legitimation zur Intervention.

Q

William Walkers Rassismus (1860)
Aus: Holden und Zolov, S. 41.

Das, was ihr unwissend als „Freibeuterei" bezeichnet, ist nicht das Produkt einer überstürzten Leidenschaft oder unregulierten Begierde, sondern es ist die Frucht der feststehenden und unfehlbaren Instinkte, die in Übereinstimmung mit Gesetzen stehen, die so alt sind wie die Schöpfung selbst. Es ist nur unsinniges Geschwätz, wenn davon gesprochen wird, ohne die Anwendung von Gewalt feste Beziehungen herzustellen zwischen der reinen weißen amerikanischen Rasse, wie sie in den Vereinigten Staaten existiert, und der gemischten hispano-indianischen Rasse, wie sie in Mexiko und Zentralamerika existiert. Die Weltgeschichte hat keine solche utopische Vision anzubieten, dass sich eine minderwertige Rasse sanft und friedlich der Kontrolle eines höherwertigen Volkes unterwirft. Wann immer auch Barbarei und Zivilisation oder zwei unterschiedliche Formen der Zivilisation sich frontal gegenüberstehen, muss das Ergebnis Krieg sein.

Angesichts der Ressentiments war es nicht erstaunlich, dass in Lateinamerika schon früh die Idee vom bedrohlichen „Koloss" des Nordens geprägt wurde. Der US-amerikanische Expansionismus rief in Lateinamerika Protest hervor. In Mexiko, dem Hauptbetroffenen, kam es im Zuge des Kriegs zu ersten Aufrufen zum nationalen Widerstand gegen die Invasion aus dem Norden. Das Bedrohungsgefühl, das die Vereinigten Staaten in Lateinamerika auslösten, speiste sich auch aus den oft als verletzend empfundenen Vorurteilen der Angloamerikaner. Diejenigen Lateinamerikaner, die mit diesen Vorurteilen konfrontiert wurden, waren in der Regel Reisende, d.h. Angehörige der Eliten, die ihrerseits rassistische Ressentiments gegenüber der eigenen indianischen oder afroamerikanischen Bevölkerung hegten. Mit eben diesen Gruppen auf eine Stufe gestellt zu werden, bedeutete aus Sicht dieser Eliten eine schlimme Beleidigung. Ebenso schwer zu ertragen war die Überheblichkeit, die manche Angloamerikaner zur Schau trugen, wenn sie den Lateinamerikanern gute Ratschläge zur Beschleunigung ihrer Entwicklung gaben.

Jedoch waren auch scharfe Kritiker des angloamerikanischen Expansionismus zumeist weit davon entfernt, die Vereinigten Staaten insgesamt zu verurteilen oder gar die *Yankees* ihrerseits als minderwertige „Rasse" zu d skriminieren. Im Gegenteil, gerade die Charaktereigenschaften der Bewohner der USA wurden als Ursprung ihres scheinbar grenzenlosen Expansionsstrebens angesehen, das durchaus auch Bewunderung erregte. Während der Unabhängigkeitskriege und in den instabilen Zeiten danach gingen viele lateinamerikanische Intellektuelle ins Exil in die USA und verbreiteten später ihr Wissen.

Die Vereinigten Staaten waren die Modellrepublik, die aufgrund ihrer politischen Institutionen, ihres funktionierenden Föderalismus, ihrer Trennung von Kirche und Staat und vor allem aufgrund ihrer wirtschaftlichen Entwicklung und ihrer Industrialisierung bewundert wurden. Der Chilene Francisco Bilbao (1823–1865) etwa bezeichnete die Nachbarn im Norden als modernes Äquivalent zum antiken Griechenland. Viele politisch einflussreiche Mitglieder der Bildungseliten teilten diese Ansicht. Wenngleich sie sich zumeist weiter nach europäischen Vorbildern – vor allem Frankreich und England – ausrichteten, so wurden doch Teile des Erfolgsmodells USA als nachahmenswert angesehen. Das spiegelte sich sogar in den selbstbewussten kulturellen Unabhängigkeitserklärungen eines Andrés Bello (1781–1865), Juan Bautista Alberdi (1810–1884) oder Domingo Faustino Sarmiento (1811–1888) wider.

Sarmiento und die USA

Der spätere argentinische Staatspräsident Sarmiento nahm eine Ausnahmestellung in der Auseinandersetzung mit den Vereinigten Staaten ein, weil er das Land selbst bereiste und enge Kontakte mit führenden Persönlichkeiten im Norden pflegte. Sein Interesse an einer Reform des argentinischen Erziehungswesens führte ihn 1847 in die USA. Die Überraschung über das vom Fortschrittsoptimismus und unbändigen Expansionsdrang seiner Bewohner geprägte Land spiegelt sich in seinem Reisebericht wider, der weite Verbreitung unter den gebildeten Eliten Lateinamerikas fand und dazu beitrug, bestimmte Bilder von den Vereinigten Staaten zu begründen. Nach Sarmientos Auffassung erschienen die Vereinigten Staaten in dem von Bürgerkriegen geplagten Lateinamerika als leuchtendes Vorbild, ja als perfekteste Staatsform auf Erden. Begünstigt wurden sie laut Sarmiento durch die günstigen Verkehrswege und den Reichtum an Bodenschätzen. Darüber hinaus fielen ihm der Erfindergeist der „Yankees" und ihre praktische Orientierung auf, die zur direkten Umsetzung theoretischer Erkenntnisse in nützliche und gewinnbringende Produkte führte. Dadurch und durch die den Puritanern zu verdankende Arbeitsethik war es den Angloamerikanern gelungen, die Natur zu beherrschen. Die Beherrschung der Natur durch die Zivilisation war für Sarmiento von besonderer Bedeutung. Anders als in seinem heimischen Río de la Plata-Raum war in den USA aber nicht der Gegensatz von Stadt und Land, von Zivilisation und Barbarei grundlegend. Im Gegenteil, Sarmiento erkannte gerade im ländlichen Leben der USA die Grundlage der Demokratie, die nicht zuletzt durch ein perfektes Schulsystem das ganze Land bis hin zur kleinsten Einheit des Farmhauses erreichte.

Sarmientos Loblied auf die Vereinigten Staaten war auch deshalb so ausgeprägt, weil er das dort Gesehene mit der Wirklichkeit in seinem Heimatland kontrastierte. Die Wahrnehmung der USA floss somit in das Selbstbild eines Lateinamerikaners zurück. Dies stand im Zusammenhang mit der beginnenden Untersuchung der Gründe für die eigene Rückständigkeit, an der sich auch einige Jahrzehnte nach der Unabhängigkeit noch nichts Wesentliches geändert hatte. Die Vereinigten Staaten waren dagegen in den Augen gebildeter Lateinamerikaner neben der konkreten Gefahr für die eigene Souveränität auch zu einem Utopia des Wohlstands, des Fortschritts und der Gleichheit der Menschen geworden und sie waren das krasse Gegenbild zur eigenen Unvollkommenheit. Aus der Perspektive der Angloamerikaner funktionierte der Alteritätsdiskurs im entgegengesetzten Sinn: Lateinamerika wurde zum negativen Gegenbild des eigenen Fortschritts und der eigenen Perfektion. Die Bilder von Lateinamerika waren integraler Bestandteil des angloamerikanischen Glaubens an den Ausnahmecharakter der eigenen Gesellschaft und sie wurden zur Grundlage des Rassismus, der in diesen Jahrzehnten immer wichtiger wurde.

In den ersten Jahrzehnten nach der Unabhängigkeit hatten sich die Beziehungen zwischen den Amerikas krisenartig zugespitzt. Der Expansionismus der Vereinigten Staaten provozierte Konflikte und sogar einen Krieg. Dabei zeigten sich Kontinuität über die Unabhängigkeit Lateinamerikas hinaus, nur dass statt der Kolonialmacht Spanien nun die Republik Mexiko zum Hauptwidersacher wurde. Weil es sich dabei um eine Schwesterrepublik handelte, war eine besondere Legitimation notwendig, die durch das rassistische Gedankengut auch zur Verfügung stand. Deutlich wurde in dieser Phase, dass die US-amerikanische Innenpolitik ein wichtiger Einflussfaktor für die Ausgestaltung der Lateinamerikapolitik war. Umgekehrt konnte in Lateinamerika der *Anti-Yankeeismus* zu innenpolitischen Zwecken genutzt werden und entfaltete durchaus integrative Kraft. Die Zwischenräume des Kontakts zwischen Nord und Süd, die sich um die Mitte des 19. Jahrhunderts durch Händler, Investoren, Abenteurer, Soldaten, Exilanten und Reisende entfalteten, waren geprägt von Stereotypen und Gewalt. Sie sollten auch in den kommenden Jahren problematisch bleiben.

IV. Panamerika, 1860–1898

1861–1865	US-amerikanischer Bürgerkrieg
1861–1865	Spanier in der Dominikanischen Republik
1861–1867	Franzosen in Mexiko
1864–1866	Krieg Spaniens gegen Peru und Chile
1868	Calvo-Klausel
1889/90	Panamerikanische Konferenz in Washington
1890	Grace-Vertrag
1891	*Baltimore*-Affäre in Chile
1893/94	„Flints Flotte" in Brasilien
1895	Olney-Note

Hatte bis 1860 die Eroberung des aus Sicht der Vereinigten Staaten „freien" Raums im Mittelpunkt der interamerikanischen Beziehungen gestanden, so sah die darauf folgende Dekade eine Phase der kurzfristigen Zurückdrängung der USA durch den Bürgerkrieg. Das nun anbrechende Zeitalter des Imperialismus brachte neue Rahmenbedingungen mit sich, insbesondere die steigende Bedeutung wirtschaftlicher Faktoren für das Interesse an Lateinamerika. Die Region gliederte sich in diesem Zeitraum auf der Basis des Rohstoffexports in den Weltmarkt ein. Damit stieg das Interesse Europas. Mit unterschiedlichen Strategien begaben sich die Konkurrenten in den Kampf um die lateinamerikanischen Märkte. In den USA wurde nach deren Rückkehr ins Rennen um Lateinamerika seit ca. 1870 das Raumkonzept des neuen Panamerikanismus entwickelt um eine Interessengemeinschaft aller Amerikaner zu suggerieren. Was dieses Konzept ausmachte und wie Lateinamerikaner darauf reagierten, steht im Mittelpunkt dieses Kapitels.

1. Die Krise der 1860er-Jahre

Die 1860er waren für die internationalen Beziehungen krisenhafte Jahre. Als im Frühjahr 1861 der US-amerikanische Bürgerkrieg ausbrach und die USA dadurch ihre außenpolitische Handlungsfähigkeit verloren, witterten einige europäische Mächte Chancen in der Region. Dabei handelte es sich zunächst um das alte Mutterland Spanien, wo die Idee der Restauration von Monarchien noch lange attraktiv geblieben war. Schon in den 1840er-Jahren hatte man monarchistische Bewegungen in Mexiko und in Ekuador unterstützt. Dies hatte in Lateinamerika zu einer von Peru gesteuerten Solidarisierungskampagne geführt, die zwanzig Jahre nach Panama, in einen erneuten panamerikanischen Kongress mündete, auf dem man sich Solidarität bei der Erhaltung der republikanischen Staatsform zusicherte.

Rückkehr der Europäer

In den 1860er-Jahren schien aufgrund der innenpolitischen Probleme Spaniens eine Ablenkung durch eine expansionistische Außenpolitik dann wieder opportun. Als Zielgebiet bot sich die Dominikanische Republik an. Nach der Lösung der Osthälfte Hispaniolas von Haiti 1844 war die Unabhängigkeit des von Bürgerkriegen zerrütteten Landes keineswegs unumstritten. Teile der Oberschichten unter der Führung des Caudillo Pedro Santana (1801–1864) bemühten sich angesichts der anhaltenden Bedrohung aus dem francophonen Westen unter anderem um einen Anschluss an Spanien, Frankreich oder die Vereinigten Staaten. Doch erst 1861 erklärte sich Spanien bereit, seine ehemalige Kolonie als Provinz zu übernehmen, da die USA nun mit sich selbst beschäftigt waren.

Wie sich bald herausstellen sollte, war die Erwartungshaltung auf beiden Seiten zu groß. Santana vertrat nur einen Teil der Bevölkerung, und Spanien war weder bereit noch in der Lage, die Wünsche der neuen dominikanischen Staatsbürger zu erfüllen. Statt der erhofften wirtschaftlichen Prosperität und Befriedung des Landes kamen nur neue spanische Kolonialbeamte, die alte rassistische Diskriminierungen und Handelsmonopole wieder etablieren wollten. Schon 1863 kam es zum Aufstand, der in einen regelrechten Krieg ausartete. Als die spanischen Cortes 1865 die Gelder zur Fortsetzung verweigerten und die Proteste aus den Vereinigten Staaten dringender wurden, wurde die Annexion wieder aufgehoben. Im März 1865 erklärte die Dominikanische Republik ihre zweite Unabhängigkeit.

Ebenso unglücklich agierten die Spanier in Südamerika, wo es 1864/65 zum Krieg gegen Peru kam, auf dessen Seite sich noch Chile, Ekuador und Bolivien schlugen. Grund waren die Probleme spanischer Einwanderer, zu deren Schutz spanische Kriegsschiffe entsandt wurden, die handstreichartig die guanoreichen Chinchainseln beschlagnahmten. Das Ziel war auch hier der Wiederaufbau einer Kolonialherrschaft. Da die Anrufung der USA um Hilfe im Rahmen der Monroe-Doktrin keinen Erfolg hatte, reagierte die peruanische Regierung mit dem Versuch, eine lateinamerikanische Einheitsfront aufzubauen. Tatsächlich fand ein Kongress in Lima statt, an dem Chile, Bolivien, Ekuador, Kolumbien, Venezuela und Brasilien teilnahmen. Dennoch kam es 1865/66 zu offenen Kriegshandlungen, ehe auf Vermittlung der nun wieder handlungsfähigen Vereinigten Staaten ein Waffenstillstand vereinbart wurde. Erst 1879 wurde offiziell Frieden zwischen Spanien, Peru und Chile geschlossen. Die kolonialistische Bedrohung durch das alte Mutterland war damit ein für allemal beendet.

Nicht nur in Santo Domingo und im Pazifik auch in Mexiko hatte sich der spanische Expansionismus zu Beginn der 1860er-Jahre bemerkbar gemacht. Allerdings standen die spanischen Truppen, die 1861 dort intervenierten, schon bald im Schatten der Franzosen. Am Anfang stand erneut das Problem ausstehender Schuldzahlungen. Nach drei Jahren Bürgerkrieg war es den Liberalen unter Benito Juárez (1806–1872) 1860 gelungen, die konservativen Heere zurückzuschlagen und die liberale Verfassung von 1857 wieder in Kraft zu setzen. Das Land war allerdings durch den Krieg ausgeblutet und die Ausländer in Mexiko meldeten Entschädigungsforderungen an. Hinzu kamen Forderungen aus der Auslandsschuld von 1824/25. Die neue Regierung zeigte sich zwar zahlungswillig, musste aber aus Kapitalmangel die Schuldenzahlung für zwei Jahre aussetzen. Briten, Franzosen und Spanier einigten sich daraufhin, die Durchsetzung der sofortigen Zahlung mit Waffengewalt zu erzwingen, wobei sie die mexikanische Unabhängigkeit und Souveränität allerdings nicht in Frage stellen wollten.

Ende 1861 begann die Intervention der drei Mächte. Schon bald wurde deutlich, dass sich Napoleon III. (1808–1873) in Mexiko auf Kosten der Angloamerikaner profilieren wollte. Als Spanier und Briten die weitergehenden Intentionen der Franzosen erkannten, zogen sie ihre Truppen aus Mexiko wieder ab. Napoleon ging nun daran, im Bündnis mit den mexikanischen Konservativen eine von Frankreich abhängige Monarchie in Mexiko zu errichten. Allerdings stieß er auf zähen Widerstand der Regierungstruppen unter Juárez. Erst 1863 konnten die Franzosen die Hauptstadt besetzen und die Monarchie ausrufen. Für den Thron wurde Erzherzog Maximilian von Österreich (1832–1867), Bruder des Kaisers Franz Joseph, gewonnen.

Mehr als einen Protest brachte der US-amerikanische Kongress aufgrund des andauernden Bürgerkriegs zunächst nicht zustande. Kaiser Maximilian konnte sich aber nicht lange halten und wurde 1867 erschossen. Wichtig war, dass mit dem Ende des US-amerikanischen Bürgerkriegs 1865 der Druck der Vereinigten Staaten auf Napoleon III. zunahm, der auf das Überleben der Konföderation der Südstaaten gehofft hatte. Mit Maximilian starb der Traum der Wiedererrichtung der Monarchie in Lateinamerika. Die Grundkonstellation, die anfangs die europäischen Interventionen motiviert hatte – ausstehende Schuldenzahlungen und Entschädigungsforderungen –, sollte aber auch in der Folgezeit wichtig bleiben.

2. Lateinamerikanische Reaktionen

Seit dem Ende des US-amerikanischen Bürgerkriegs änderten sich die internationalen Rahmenbedingungen entscheidend. Die USA waren wieder handlungsbereit und die Europäer auf dem Rückzug. Ein Kausalzusammenhang ließ sich dabei nicht verkennen. Allerdings erklärt dies das Scheitern des europäischen Kolonialismus nur zum Teil, denn der entscheidende Widerstand gegen die Europäer ging von Lateinamerika selbst aus. Dort hatte man schnell gelernt, dass die Berufung auf die Monroe-Doktrin zu nichts führt. Das galt übrigens nicht nur für Mexiko und den karibischen Raum, sondern selbst für den tiefen Süden, wo sich die Engländer schon in den 1830er-Jahren ungestraft die Malvinen-Inseln einverleiben konnten. Statt den Vereinigten Staaten musste man bei der Verteidigung der nationalen Souveränität der eigenen Kraft vertrauen, eine Strategie die sowohl in Mexiko als auch im Pazifik in den 1860er-Jahren durchaus erfolgreich war.

Reform des Völkerrechts

Lateinamerika war, wie gesehen, nicht bloß Opfer. Neben den Versuchen, sich vor den Übergriffen der Großmächte zu schützen, gab es in dieser Phase auch ernstzunehmende Bemühungen, eine Neudefinition bestimmter Grundsätze des Völkerrechts vorzunehmen, um den Interventionen prinzipiell vorzubeugen. Das Interventionsrecht, das die Vereinigten Staaten und mehr noch die europäischen Mächte im 19. Jahrhundert so häufig in Anspruch nahmen, basierte auf der Vorstellung eines Rechtes zum Schutz ihrer Staatsangehörigen und deren Eigentums überall auf der Welt. Der argentinische Diplomat und Jurist Carlos Calvo (1824–1906) war der Erste, der diesen Anspruch hinterfragte. Er setzte dem in einer wegweisenden sechsbändigen Abhandlung zum Völkerrecht von 1868 zwei Grundprinzipien für das internationale Zusammenleben entgegen: zum einen das absolute Recht auf Freiheit von Intervention und zum anderen die absolute Gleichstellung von Ausländern und eigenen Staatsangehörigen. Da sich dieser weitreichende Anspruch nicht als allgemein gültiger Rechtsgrundsatz durchsetzen ließ, waren lateinamerikanische Staaten bemüht, ihn in zwischenstaatlichen Verträgen als so genannte Calvo-Klausel zu verankern.

Q

Die Calvo-Klausel (1868)
Aus: Holden und Zolov, S. 68.

Amerika wird heute ebenso wie Europa von freien und unabhängigen Nationen bevölkert, deren souveräne Existenz denselben Respekt verdient und deren internes öffentliches Recht keine Intervention durch fremde Völker zulässt, wer immer diese auch sein mögen. ... Nach dem strikten Völkerrecht rechtfertigt das Eintreiben von Schulden oder der Entschädigung privater Ansprüche nicht die bewaffnete Intervention von Regierungen; und da die europäischen Staaten diesem Grundsatz in ihren bilateralen Beziehungen immer folgen, gibt es keinen Grund warum sie ihn nicht auch in ihren Beziehungen zu den Nationen der Neuen Welt befolgen sollten. ... Es ist klar, dass Ausländer, die sich in einem anderen Land niederlassen, dasselbe Anrecht auf Schutz haben wie Staatsbürger, aber sie sollten keinen weitergehenden Schutz beanspruchen dürfen ... [da dies] prinzipiell den mächtigen Staaten nützt und die schwächeren Nationen benachteiligt.

Erfindung Lateinamerikas

Angesichts der Übermacht der Europäer blieb die Calvo-Klausel noch lange Zeit eine Utopie. Umso wichtiger erschien es lateinamerikanischen Beobachtern, die Idee der panamerikanischen Vereinigung am Leben zu halten, wenngleich die entsprechenden Konferenzen kaum greifbare Ergebnisse brachten. Eine neue Dimension erhielt die Bewegung ab circa Mitte des 19. Jahrhunderts mit dem aufkommenden Panlatinismus. Der Begriff Lateinamerika war ja bis dahin überhaupt noch nicht bekannt. Lange nämlich galt die Bezeichnung ‚Amerika' vor allem für das entdeckungsgeschichtlich erste Amerika des Südens. Erst mit dem erfolgreichen Aufstieg der Vereinigten Staaten im Lauf des 19. Jahrhunderts änderte sich die Lage, wurde die Bezeichnung ‚Amerika' in vielen europäischen Sprachen zum Synonym für die USA.

Was aber blieb dann für das südliche Amerika? Kulturell negativ besetzte Begriffe wie „Hispano"- oder „Ibero"-Amerika kamen aufgrund der Abgrenzungsbemühungen von der alten Kolonialmacht zunächst nicht in Frage. So erfolgte eine neue Namensgebung von Frankreich aus und wurde erst später von den Bewohnern des südlichen Amerika rezipiert und übernommen. Der Gedanke einer lateinischen Völkerfamilie entstand im frühen 19. Jahrhundert und teilte Europa nach linguistischen und kulturellen Traditionen in drei große Kulturkreise auf, darunter auch den romanisch-lateinischen. Die Existenz dieser Völkerfamilien oder „Rassen" wurde als wichtige Kraft historischen Wandels angesehen. Die „lateinische Rasse", die vor allem Frankreich propagierte, stand unter anderem für gemeinsame romanische Sprachwurzeln und für die geteilte Geschichte des römischen Reichs.

„race latine"

Allerdings war die „race latine" nach gängiger Auffassung der damaligen Zeit durch den Aufstieg der „angelsächsischen Rasse" bedroht. Das galt nicht nur für Europa, sondern auch für Amerika. Ab Mitte des 19. Jahrhunderts gerierte sich das Frankreich Napoleons III. zur Schutzmacht der Latinität, was in Lateinamerika durchaus auf offene Ohren stieß, da man der Bedrohung durch den US-amerikanischen Expansionismus wenig entgegen zu setzen hatte. Der „race latine" anzugehören, versprach demgegenüber kulturelle Überlegenheit, eine Idee, die man in Intellektuellenkreisen gerne aufgriff. In diesem Zusammenhang kam wohl um 1856 auch erstmals der Begriff „América latina", Lateinamerika, auf. Er konnte sich bis zum Ende des 19. Jahrhunderts durchsetzen, weil er den Gegensatz zum angelsächsischen Amerika in ein positives kulturelles Gesamtkonzept umdeutete, das von politischer Relevanz war, weil man damit an die Solidarität aller Amerikaner des Südens appellieren konnte, egal ob sie Spanisch oder Portugiesisch sprachen.

3. Die Erfindung des neuen Panamerikanismus

neuer Panamerikanismus

Mit dem aus Calvo-Klausel und Panlatinismus resultierenden Selbstbewusstsein stand Lateinamerika im Gegensatz zum Dominanzanspruch der Vereinigten Staaten. Nach Ende des Bürgerkriegs überlegte man in Washington, wie man die südlichen Nachbarn davon überzeugen konnte, sich den US-Interessen unterzuordnen. Da machtpolitisch aufgrund des Fehlens einer eigenen Flotte kaum Möglichkeiten vorhanden waren, wurde als Ersatz für die Fortsetzung des territorialen Expansionismus ein Konzept zur wirtschaftlichen Expansion entwickelt. In der Tat war das Wirtschaftswachstum seit den späten 1860er-Jahren das große Thema in den USA. Zwischen 1870 und 1900 verdreifachte sich das Bruttosozialprodukt, die Industrieproduktion stieg gar um das Siebenfache, während die Bevölkerungszahl sich von 35 auf 70 Mill. US-$ verdoppelte.

Auch in Lateinamerika war ein gewisser, wenn auch anders ausgerichteter Boom durch die Integration in die Weltwirtschaft zu verzeichnen. Der Außenhandel galt in der zweiten Hälfte des 19. Jahrhunderts in der Vorstellung der progressiven Oberschichten, die in den meisten lateinamerikanischen Länder am politischen Ruder saßen, als zentraler Lebensnerv der Entwicklung. Entwicklung aber hieß, dem europäischen Vorbild nachzueifern, indem man sich als Rohstoffproduzent und Abnehmer von Fertigwaren in das Weltwirtschaftssystem eingliederte. So schienen gute Voraussetzungen für einen intensiven US-amerikanisch-lateinamerikanischen Handelsaustausch zu bestehen, aber der Weg dorthin war weit und steinig.

Die Neuausrichtung der Politik der Vereinigten Staaten gegenüber Lateinamerika war eng verbunden mit dem Namen von William Henry Seward (1801–1872). Als Außenminister während der Kriegsjahre hatte er großen Anteil daran, dass die Konföderierten vom Ausland nicht anerkannt wurden. Außerdem protestierte er – wenn auch erfolglos – unter Berufung auf die Monroe-Doktrin gegen die französische Invasion in Mexiko. Angesichts der europäischen Bedrohung entwickelte er schon während des Kriegs sein persönliches Expansionsprogramm nach Süden. Nach Sewards Auffassung sollten die USA ihre wirtschaftliche Potenz über den ganzen Kontinent ausdehnen und dabei politische Verwicklungen vermeiden. Was ihm vorschwebte, war eine Expansion durch Freihandelsimperialismus nach englischem Vorbild, da der eigene Binnenmarkt zu klein war.

Seward unternahm schon während des Kriegs Anstrengungen in diesem Sinn. Auf seine Empfehlung hin erkannte die Lincoln-Administration 1862 endlich Haiti diplomatisch an und drei Jahre später wurde ein Handelsvertrag abgeschlossen. Handlungen, die vor dem Krieg aufgrund des Widerstands der Südstaatenpolitiker undenkbar gewesen waren. Gleich nach Kriegsende unternahm der Außenminister eine Informationsreise in die Karibik und besuchte Haiti, die Dominikanische Republik, Kuba und das dänische St. Thomas. Dies war die erste Auslandsreise eines *Secretary of State* überhaupt. Ein Ziel der Reise war die Suche nach geeigneten Marinestützpunkten, die er auf St. Thomas und in der Bucht von Samaná in der Dominikanischen Republik fand.

In den 1870er-Jahren setzten Sewards Nachfolger diese Politik fort. Man war überzeugt, dass die ständig wachsenden wirtschaftlichen Beziehungen Lateinamerika über kurz oder lang in den Bannkreis der USA bringen würden. Um diese abzusichern, strebten die Vereinigten Staaten Handelsverträge auf Basis der Reziprozität an. Daneben kamen erstmals auch die Marinestrategen zu Wort, die eine aktivere Politik forderten. Ihnen ging es um den Schutz der Seewege für den expandierenden Handel und um politischen Einfluss in strategisch wichtigen Gebieten wie der Karibik im Wettbewerb mit den Europäern.

Eine günstige Gelegenheit schien sich in der Dominikanischen Republik zu bieten. Unter der Regierung des Konservativen Buenaventura Báez (1868–74) kam das Land nicht zur Ruhe. Daher hatte man schon während Sewards Besuch nicht nur Verhandlungen über die Vermietung eines Flottenstützpunkts, sondern auch über den Anschluss des ganzen Lands an die USA geführt. 1869/70 wurden die entsprechenden Verträge unterzeichnet und eine Volksabstimmung in der Dominikanischen Republik brachte ein klares Bekenntnis für den Anschluss. In den Vereinigten Staaten kam es in dieser Frage zu hitzigen Debatten. Letztlich konnten sich die Annexionsgegner, die erneut vor einer „Überfremdung" durch die „colored races" warnten, durchsetzen. Daher wurde der Annexionsvertrag gegen den außerordentlichen Widerstand von Präsident Ulysses S. Grant abgelehnt.

Die wirtschaftliche Expansion war demgegenüber unumstritten notwendig, denn das Wachstum des US-Außenhandels hielt mit dem Gesamtwachstum der Wirtschaft nicht Schritt. Im Handel mit Lateinamerika in diesen Jahren stiegen nur die Importe stark an, während die Exporte weiterhin in erster Linie nach Europa gingen. Die Handelsbilanz blieb ständig negativ. Außerdem kontrollierten die Europäer das Bankwesen, die Anleihen, die Schifffahrt und die Versicherungen. Eine Änderung war nicht in Sicht, da den Interessenten aus den USA Marktkenntnisse, Banken, Konsuln, Handelshäuser, Kapitalexport und Verkehrswege fehlten. Die diversen wirtschaftlichen Krisen, die die USA zwischen 1873 und 1897 erschütterten, stärkten das Problembewusstsein. Die landwirtschaftliche Überproduktion und die zu schnelle Industrialisierung für einen zu kleinen Binnenmarkt ließen die Rufe nach neuen Märkten immer lauter werden. Lateinamerika erschien in diesem Kontext geradezu als neue *frontier*, als Ventil für den Export und das Überschusskapital der USA.

Auch in Lateinamerika selbst änderten sich in der zweiten Hälfte des 19. Jahrhunderts die wirtschaftlichen Rahmenbedingungen. In vielen Ländern kamen liberale Reformer an die Macht, die eine allgemeine Modernisierung anstrebten. Sie hatten erkannt, dass die ersten Jahrzehnte der Unabhängigkeit alles andere als eine Erfolgsgeschichte waren, dass Wirtschaft und Gesellschaft stagnierten. Ihr Ziel war es, die nationale Entwicklung im Sinne einer Überwindung der Rückständigkeit durch die schrittweise Annäherung an das europäische Vorbild zu erreichen. Dazu strebten sie die Einbindung ihrer Länder in das Weltwirtschaftssystem durch die Ausbeutung der in ihren Ländern zur Verfügung stehenden Ressourcen an.

Leitend waren dabei die Grundprinzipien des Wirtschaftsliberalismus und diese hießen Freihandel und Laisser-faire sowie internationale Arbeitsteilung auf der Basis von Rohstoffexport und Fertigwarenimport im Bereich der Wirtschaft. Dem Staat maß man die Rolle eines Garanten für eine funktionierende Exportwirtschaft bei. Staatliche Interventionen etwa zur Regulierung von sozioökonomischen Fehlentwicklungen waren dagegen verpönt. Auch die Arbeitsbeziehungen wurden vielerorts dereguliert. Wirtschaftspolitik war vor allem Exportförderpolitik insbesondere durch Freihandelsregelungen, die Schaffung freien Zugangs zum Boden und zu den Bodenschätzen sowie die Freisetzung menschlicher Arbeitskraft. Getreu dem liberalen Entwicklungsmodell, nach dem das Auslandskapital entscheidend für den Aufbau der Moderne war, nahmen die lateinamerikanischen Regierungen in diesem Zeitraum viele Anleihen auf. Hinzu kam der gewaltige Anstieg der Direktinvestitionen in die Infrastruktur, der mit großzügigen Konzessionen an die ausländischen Investoren erkauft wurde. So wurde für die modernisierungswilligen lateinamerikanischen Eliten der Fortschritt zum Zauberwort.

neuer Unternehmertypus

In Lateinamerika entstand also just zu dem Zeitpunkt ein günstiges Investitionsklima, als das Interesse US-amerikanischer Unternehmer an diesen neuen Märkten wuchs. Zunächst handelte es sich oft um den Typus des einzelnen Abenteurers wie z.B. Henry Meiggs (1811–1877), William R. Grace (1832–1904) oder Minor Keith (1848–1929) die in Peru, Chile oder Costa Rica in den 1870er-Jahren den Grundstein zu ihren Handels- und Eisenbahnimperien legten. So stieg etwa Keith innerhalb zweier Dekaden zum weltgrößten transnational agierenden Bananenproduzenten auf und gründete 1899 die berühmt-berüchtigte United Fruit Company.

Die neuen Großunternehmen, die Plantagen, Eisenbahnen oder Bergbau als Direktinvestitionen vor Ort in Lateinamerika betrieben, bildeten oftmals regelrechte Enklaven. In einigen Ländern überholten die US-Interessen bereits die Mitbewerber bei Weitem. Das galt etwa für Mexiko unter der Diktatur von Porfirio Díaz (1830–1915), der eine dezidierte Entwicklungs- und Fortschrittsideologie propagierte. Die US-amerikanischen Investitionen stiegen rasch und bis 1913 kontrollierten sie den Großteil der Erdölindustrie, des sonstigen Bergbaus und der Gummiindustrie. Ähnliches galt für Kuba, wo sich US-Investoren zunehmend Anteile an der Zuckerproduktion sicherten. Sie profitierten dabei von der Krise der kreolischen Pflanzer durch den seit 1868 andauernden zehnjährigen erfolglosen Unabhängigkeitskrieg. Die zunehmenden Investitionen sorgten auch für einen Anstieg des Handelsvolumens.

wirtschaftliche Expansion

Um diese wachsenden Interessen systematisch zu fördern, knüpften die USA an die Idee des Panamerikanismus an. Allerdings handelte es dabei nicht um den klassischen bolivarianischen, sondern um einen neuen Panamerikanismus im Zeichen der US-amerikanischen Interessen. Die Idee dazu entwickelte Außenminister James G. Blaine (1830–1893) um 1881. Neben der wirtschaftlichen Integration schwebte ihm angesichts diverser Konflikte wie z.B. des Salpeterkriegs zwischen Chile und Peru/Bolivien auch die Schlichtung von Streitigkeiten in der Hemisphäre unter der Ägide der USA vor. Doch erst als Blaine 1889 erneut *Secretary of State* wurde, konnte er seine Idee in die Tat umsetzen. Mittlerweile hatte die Krise von 1882–1885 gezeigt, dass eine gezielte Außenwirtschaftspolitik der Vereinigten Staaten notwendig war, auch um sozialen Unruhen vorzubeugen. Schon 1884 hatte man eine Studienkommission nach Lateinamerika geschickt, um zu ermitteln, wie sich der Vorsprung der Europäer wettmachen ließe.

„Amerika den Amerikanern"

Fünf Jahre später konnte Blaine endlich seinen Konferenzaufruf an alle amerikanischen Republiken richten, die „Frieden und Handel" wollten. Dabei beschwor er die Ideale von gegenseitigem Vertrauen, Respekt, Freundschaft und Gleichberechtigung unter dem Stichwort: „Amerika den Amerikanern". Konkret schlug Blaine eine Zollunion der Amerikas vor. Im Oktober 1889 trat die Konferenz zusammen. Abgesandte aus fast allen lateinamerikanischen Staaten nahmen daran teil. Die US-Delegation bestand unter anderem aus Spitzenmanagern wie dem Stahlmagnaten Andrew Carnegie. Nach der Kongresseröffnung gönnten sich die Teilnehmer eine sechswöchige Unterbrechung, während der die Delegierten in einem Luxus-Sonderzug von Fabrik zu Fabrik durch den Nordosten und mittleren Westen der USA reisten. Die Lateinamerikaner sollten erkennen, dass die Vereinigten Staaten alle ihre Bedürfnisse befriedigen konnten, und sich von Europa abkehren.

Q

James G. Blaine eröffnet die Panamerikanische Konferenz (1889)
Aus: Holden und Zolov, S. 51.

Und doch kann niemand erwarten, dass wir vergessen, dass unser gemeinsames Schicksal uns zu Bewohnern zweier Kontinente gemacht hat, die auch noch nach vier Jahrhunderten jenseits der Meere als Neue Welt betrachtet werden. ... Wir treffen uns in der festen Überzeugung, dass die Nationen Amerikas einander hilfreicher sein können und sollten, als sie es derzeit sind, und dass eine jede von ihnen Vorteile und Profit aus einem größeren Verkehr mit einander ziehen werden.

Die US-amerikanischen Eigeninteressen waren für die Delegierten aus Lateinamerika unschwer zu erkennen und viele Repräsentanten zeigten sich demgegenüber skeptisch. Immerhin stimmten sie der Schaffung der *International Union of American Republics* und eines *Bureau of American Republics* – dem Vorgänger der *Pan-American Union* – zu. Der US-amerikanische Außenminister wurde zum Vorsitzenden qua Amt bestimmt. Der Plan zu einer Zollunion der Amerikas ließ sich gegen den Widerstand der starken protektionistischen Fraktion im Kongress nicht verwirklichen. Das wichtigste wirtschaftspolitische Thema dieser Zeit aus Sicht der Lateinamerikaner wurde jedoch gar nicht erst angesprochen, das der US-amerikanischen Einfuhrzölle. Im Gegenteil, diese wurden sogar erhöht, während die Konferenz tagte, was natürlich keinen guten Eindruck bei den betroffenen Delegierten machte.

Immerhin stand mit dem Transport ein wichtiges Thema auf der Agenda, das auch die Lateinamerikaner interessierte. Die Konferenz beschloss den Bau einer transkontinentalen Eisenbahn, eine Idee deren Umsetzung schwierig sein sollte. Die Projekte einer interamerikanischen Bank und eines Währungsbündnisses wurden zwar angesprochen aber auf die Zukunft vertagt. Auch diese hätten vor allem den Handels- und Finanzinteressen aus den USA gedient. Ein weiteres wichtiges Thema war die obligatorische Schiedsgerichtsbarkeit bei allen interamerikanischen Streitfragen. Dies war ein selbst gesetztes hohes Ideal des Panamerikanismus, denn der Frieden Amerikas sollte sich positiv von den europäischen Kriegen abheben. Viele lateinamerikanische Staaten lehnten aber einen von den USA dominierten Schiedsgerichtshof ab, denn sie fürchteten eine Einschränkung ihrer nationalen Souveränität.

Insgesamt war dies eine relativ schmale Bilanz für ein mit großem Enthusiasmus begonnenes Projekt. Immerhin kam es im Nachgang zu einigen Handelsverträgen der Vereinigten Staaten auf Reziprozitätsbasis, unter anderem mit Brasilien. Die panamerikanischen Aktivitäten nach der Konferenz blieben eher dürftig. Das *International Bureau*, das zunächst im Gebäude des Department of State unterkam, war nur eine bessere Auskunftsstelle zu Lateinamerika. Es sammelte und verbreitete Informationsmaterial, mit der eindeutigen Absicht, ein positives Bild vom bisher eher negativ besetzten Lateinamerika zu zeichnen. Die Ausrichtung war einseitig. Es ging darum, Berichterstattung über Lateinamerika für die US-amerikanischen Interessenten zu betreiben und nicht umgekehrt. Das Interesse der US-amerikanischen Wirtschaft sollte stärker auf Lateinamerika gerichtet werden, daher betonte man die „ungeahnten Möglichkeiten" im Süden. Dem Zweck dienten auch die panamerikanischen Folgekonferenzen, von denen vor dem Ersten Weltkrieg noch drei stattfanden. Allerdings ließ sich das positive Bild von Lateinamerika vor dem Ersten Weltkrieg noch nicht breitenwirksam vermitteln, denn die Vorbehalte saßen tief. Immerhin stiegen die US-Exporte nach Lateinamerika bis 1900 in beachtlichem Maß.

4. Kontinuität und Wandel der Konfliktfelder

Kanalkonzession

Mit dem neuen Panamerikanismus US-amerikanischer Prägung wurde keineswegs das Konfliktpotenzial aus den interamerikanischen Beziehungen genommen oder auch nur die Aggressivität im Umgang mit den südlichen Nachbarn abgemildert. Die Ziele der US-amerikanischen Politik in Zentralamerika blieben in den drei Dekaden nach dem Bürgerkrieg im Wesentlichen unverändert. Allerdings wurde die Vorgehensweise im Laufe der Zeit aggressiver. Hauptziele blieben der interozeanische Kanal und die geostrategische Sicherheit. Daher reagierte man in Washington nervös, als eine französische Gesellschaft unter Ferdinand de Lesseps 1879 eine kolumbianische Konzession für den Kanalbau erwarb. Zwar mussten die US-Amerikaner zugestehen, dass sie seit Längerem eine Route via Nicaragua favorisierten, doch war man über die Konzessionsvergabe seitens der Kolumbianer verärgert. Man berief sich dabei auf den Bidlack-Vertrag von 1846, der den Vereinigten Staaten vermeintlich ein Sonderrecht auf den Kanalbau gegeben habe. Unter Berufung auf denselben Vertrag intervenierten die USA häufig in Panama, um Unruhen zu unterdrücken, die nicht entstanden, weil es zu Spannungen zwischen der kleinen weißen Oberschicht und der Vielzahl afroamerikanischer Arbeiter kam. Die Kolumbianer hatten lange abgewartet und zusehen müssen, wie sich die Vereinigten Staaten immer mehr an Nicaragua annäherten. Daher war der Schritt der Regierung in Bogotá verständlich.

Die US-Regierung protestierte jedoch dagegen. Im März 1880 erklärte Präsident Rutherford B. Hayes (1822–1893) in einer Botschaft an den Kongress, dass sein Land den Bau eines Kanals unter europäischer Kontrolle nicht dulden könne. Dies bedeutete einen Richtungswechsel in der Kanalpolitik, hatte man sich doch 1850 im Clayton-Bulwer-Vertrag mit den Briten auf die Neutralisierung des noch zu bauenden Kanals geeinigt. Hinsichtlich des Kanalbaus betrieb man nun eine Doppelstrategie. Einerseits erkundete man die Nicaragua-Route weiter. Andererseits zeigte man in Panama zunehmend Flottenpräsenz. Erst als die Lesseps-Gesellschaft nach dem internationalen Finanzskandal um Panama 1889 Bankrott ging, entspannte sich die Lage wieder. Allerdings war nun über Jahre hinaus auch in den USA kein Kapital für den Kanalbau aufzutreiben.

War schon in der Kanalfrage das Element der europäischen Rivalität sehr wichtig für die Art und Weise der US-amerikanischen Reaktion, so sollte dies in den bilateralen Beziehungen noch deutlicher werden. Immer offensiver gingen die USA daran, die Interessen der Europäer zurückzudrängen und selbst im tiefen Süden als neue Ordnungsmacht aufzutreten. Das hatte sich schon während des Salpeterkriegs von 1879–83 gezeigt und wiederholte sich 1891 während des chilenischen Bürgerkriegs. US-Kriegsschiffe, die entsandt waren, um Ausschreitungen gegen US-Bürger zu verhindern, provozierten diverse Zwischenfälle. Den Tiefpunkt erreichten die Spannungen als Matrosen der *Baltimore* auf Landurlaub blutige Schlägereien vom Zaun brachen. Durch die Drohungen der US-Regierung wurde Chile gezwungen sich offiziell zu entschuldigen und eine Entschädigung zu zahlen.

Peruvian Corporation

Doch nicht immer waren es staatliche Akteure, die intervenierten und damit Probleme schufen. Nach dem peruanischen Staatsbankrott von 1875 und zähen Verhandlungen wurde das Schuldenproblem 1890 durch den so genannten Grace-Vertrag gelöst. Nach diesem Vertrag wurde die gesamte peruanische Außenschuld gestrichen. Die Gläubiger unter Führung der US-Handelsfirma Grace, die sich in der *Peruvian Corporation* zusammengeschlossen hatten, erhielten im Gegenzug die Nutzung der staatlichen Eisenbahnen auf 66 Jahre, die freie Schifffahrt auf dem Titicaca-See, riesige Ländereien, Bergwerkskonzessionen sowie 2 Mill. Tonnen Guano.

Diese weitreichende Verpfändung nationalen Tafelsilbers wurde in der Historiographie immer wieder als Musterbeispiel für die Funktionsweise des neuen informellen Imperialismus zitiert. Dabei wurde die zentrale Rolle der einheimischen „Kollaborationseliten" betont, die sich durch die Zusammenarbeit mit den Europäern auf Kosten des Gemeinwesens bereicherten. Die jüngere Geschichtsschreibung hat demgegenüber festgestellt, dass es zwar immer wieder Fälle von Korruption gegeben habe, dass sich aber innerhalb der lateinamerikanischen Staaten durchaus auch Widerstand gegen die Konzessionen gezeigt habe. So verweigerte etwa der peruanische Kongress mehrere Jahre die Ratifikation des Grace-Vertrags. Die aussichtslose finanzielle Lage Perus machte die Zustimmung aber unabdingbar, ging es doch darum, die internationale Kreditwürdigkeit des Landes wiederherzustellen.

Ein weiteres Beispiel war Brasilien, zu dem die Vereinigten Staaten seit der Unabhängigkeit 1822 gute Beziehungen pflegten. 1876 hatte Kaiser Pedro II. anlässlich der US-amerikanischen Jahrhundertfeiern sogar einen offiziellen Staatsbesuch durchgeführt. Die USA wurden in diesem Zeitraum als Aufnahmemarkt für brasilianischen Kaffee immer wichtiger. Außerdem wollten sich die Brasilianer aus der einseitigen Abhängigkeit von England lösen. Brasilien war daher 1891 das erste Land, das den neuen Handelsvertrag mit den USA abschloss. Allerdings erlebte Brasilien zwischen 1888 und 1893 mit der Befreiung der Sklaven und der Abschaffung der Monarchie auch radikalen Wandel und das politische System war alles andere als stabil.

Im Gefolge der politischen Unruhen wandte sich die brasilianische Regierung unter Floriano Peixoto an die Vereinigten Staaten, um eine eigene Flotte aufzubauen. In den USA kaufte man mittels des Kaufmannes Charles Flint Handelsschiffe, die mit modernen Waffen ausgerüstet wurden. Flint heuerte mit offizieller Erlaubnis auch Matrosen in den USA an. In Brasilien wurden Schiffe 1894 an Peixoto übergeben und umbenannt, um dann für die Regierung zu kämpfen. Als es gelang, die Rebellion im Süden im Juni 1894 niederzuschlagen, spielte „Flints Flotte" dabei eine wichtige Rolle und wurde dementsprechend mit großem Jubel empfangen. Dieser galt jedoch nicht dem US-amerikanischen Beitrag, sondern vielmehr der nationalen Flotte, denn als solche wurden die Schiffe nun wahrgenommen.

Die Vorgänge in Peru und Brasilien zeigten, dass die Regierung in Washington nicht immer bereit war, sich direkt in südamerikanische Konflikte einzumischen. Oft blieb man lieber am Rand oder intervenierte indirekt, indem Privatinteressen entweder unterstützt oder zumindest nicht behindert wurden. Letztlich ging es den Vereinigten Staaten darum, einen informellen bestimmenden Einfluss in der Region auszuüben.

Noch deutlicher wurde dies in einem Land, das durch seine geographische Lage im Karibikraum das besondere Interesse der Vereinigten Staaten auf sich zog. Venezuela wurde wie kein zweites Land um die Jahrhundertwende zum Objekt unterschiedlichster Typen von Interventionen und imperialistischer Rivalitäten. Seit Mitte des 19. Jahrhunderts hatten sich die Streitigkeiten zwischen Venezuela und Großbritannien um den Verlauf der Grenze zu Britisch Guayana zugespitzt. In richtiger Erkenntnis der Machtverhältnisse bat die venezolanische Regierung unter Antonio Guzmán Blanco (1829–1899) die USA mehrfach um Vermittlung. Doch zogen sich die diplomatischen Verhandlungen so lange hin, bis Venezuela 1887 die Beziehungen zu Großbritannien abbrach.

Interventionsrecht

Bis 1895 war das US-amerikanische Selbstbewusstsein dann so weit gewachsen, dass die venezolanischen Bitten um diplomatische Schützenhilfe endlich Gehör fanden, wenn auch nicht unbedingt im von Guzmán Blanco gewünschten Sinne. Im Juli 1895 ließ US-Außenminister Richard Olney (1835–1917) in einer berühmten Note an den US-amerikanischen Botschafter in London mit Bezug auf die britische Expansion im umstrittenen Grenzgebiet sinngemäß erklären, dass sich die Vereinigten Staaten ein Interventionsrecht vorbehalten für den Fall, dass die Integrität eines amerikanischen Staates durch einen nicht-amerikanischen Staat bedroht werde. Eine Aufteilung Lateinamerikas nach dem Vorbild Afrikas und Asiens wollten die USA laut Olney nicht dulden, sondern den Erhalt der Demokratie in der Hemisphäre garantieren. Grund für diese Note war allerdings nicht in erster Linie der Beistand für Venezuela, sondern die Vertretung der eigenen US-amerikanischen Interessen. Dazu zählte Olney enge politische und wirtschaftliche Beziehungen zu Lateinamerika. Olneys Note gipfelte in der Feststellung, dass die Vereinigten Staaten praktisch der Souverän des amerikanischen Kontinents seien. Dies war das Credo einer Weltmacht und damit eine entscheidende Weiterentwicklung der Monroe-Doktrin.

Die Engländer stellten sich zunächst stur und lehnten eine schiedsrichterliche Vermittlung ab. Als sich jedoch in den Vereinigten Staaten eine ernsthafte Kriegsstimmung breit machte, lenkten die Briten ein. Diese aggressive Haltung der US-Regierung war auf ihre innenpolitische Schwäche angesichts der Wirtschaftskrise von 1893 und die Angriffe der Opposition gegen die vermeintlich schwächliche Außenpolitik zurückzuführen. Die Olney-Note war die erste wichtige Maßnahme beim Ausbau der Monroe-Doktrin und zugleich ein offenes Bekenntnis zum Führungs- und Interventionsanspruch der Vereinigten Staaten auf Kosten der Europäer. Gebunden durch ihre Bündnisprobleme und die Auseinandersetzungen mit den Franzosen in Afrika lenkten die Briten, ein. 1897 einigte man sich mit Venezuela auf eine schiedsgerichtliche Regelung der Grenzfrage. Das Schiedsgericht, in dem unter anderem zwei Briten aber kein Venezolaner mitwirkten, tagte bis 1899. Der Schiedsspruch gewährte den Briten 94% der umstrittenen Gebiete. Immerhin erhielt die Venezuela die Orinokomündung zugesprochen.

Die Venezuelakrise und die Olney-Note führten in eine neue Ära der Beziehungen zwischen den Amerikas. Nach der Krise betrachteten die Vereinigten Staaten grundsätzlich jede europäische Intervention in der Region als ihre ureigenste Angelegenheit. Dabei ging es ihnen trotz der starken antiimperialistischen Stimmung in den USA nicht um eine Interessengemeinschaft. Vielmehr wollte Washington hier das Prinzip einer Schutz- und Polizeimacht und damit die eigene Hegemonie durchsetzen. Der Ruf „Amerika den Amerikanern" erhielt als Grundlage für eine neue Raumordnung damit eine neue bedrohliche Ausrichtung zumindest aus Sicht Lateinamerikas.

V. Imperium, 1898–1910

1898/99	Kubanisch-US-amerikanisch-Spanischer Krieg
1899–1902	US-Besatzung Kubas
1900	Foraker Act für Puerto Rico
1900	José Enrique Rodó: *Ariel*
1901	Hay-Pauncefote-Vertrag
1902	Platt Amendment zur kubanischen Verfassung
1902	Drago-Doktrin
1902/03	Zweite Venezuelakrise
1903	Hay-Herrán-Vertrag
1903–1904	„Revolution" und Unabhängigkeit Panamas
1904	*Roosevelt-Corollary*
1905	US-Kontrolle über Dominikanische Republik
1914	Bryan-Chamorro-Vertrag

Der Qualitätswandel in den interamerikanischen Beziehungen, der sich mit der Olney-Note bereits angebahnt hatte, sollte sich in der Folgezeit vertiefen. Mit dem Krieg gegen Spanien begann auch für die Vereinigten Staaten der imperialistische Wettlauf. Daran lässt die neuere Geschichtsschreibung keinen Zweifel. Der US-amerikanische Imperialismus fand sein Hauptbetätigungsfeld in diesem Zeitraum in Lateinamerika, das damit zum Labor für weitergehende, weltumgreifende Ansprüche der USA im 20. und 21. Jahrhundert wurde

1. Der Krieg von 1898

Bereits im 18. und im Laufe des 19. Jahrhunderts hatte sich die Vorstellung von der religiösen Superiorität der USA mit einem säkularem Messianismus verbunden, der mit rassistischen Argumenten unterfüttert wurde. Gegen Ende des Jahrhunderts kamen neue Elemente hinzu, die den Geist des US-amerikanischen Imperialismus begründeten. Nun wurde der universalistische Anspruch immer deutlicher, der mit der „offenkundigen Bestimmung" der Angloamerikaner verbunden war.

imperialistische Ideologie

In der spezifisch US-amerikanischen Variante der imperialistischen Ideologie lassen sich bestimmte prägende Merkmale ausmachen. Wichtig war zunächst die Feststellung des Endes der *frontier* laut dem Zensus von 1890. In einem berühmten Vortrag leitete der Historiker Frederick Jackson Turner (1861–1932) daraus ein Problem ab, da diese Grenze als offenes Expansionsventil nun fehle. Die US-amerikanische Energie, die den Nationalcharakter prägte, verlangte aber vermeintlich nach Expansion. Daher waren nun neue Grenzen notwendig. Eine solche konnte jenseits der Meere ausgemacht werden. Der Marinestratege Alfred Thayer Mahan (1840–1914) vertrat zum selben Zeitpunkt wie Turner eine neue Flottenideologie, wonach die Seemacht das bestimmende Element der Weltgeschichte gewesen sei.

Daraus leitete er die Forderung nach dem Ausbau der Flotte und nach strategischen Stützpunkten in Übersee ab. Junge Politiker wie Theodore Roosevelt (1858–1919) und Henry Cabot Lodge (1850–1924) folgten Mahan und betrieben ab 1890 den gezielten Aufbau einer Flotte für die beiden Ozeane.

Diese Männer teilten eine sozialdarwinistische Überzeugung, die eine wichtige Quelle des expansionistischen Dogmas war. Demnach waren Nationen wie Tiere dem „survival of the fittest" unterworfen. So schrieb etwa der Soziologe Brooks Adams, dass die Nation, die keine Fortschritte macht, zurückfalle. Die USA waren also zur Expansion verdammt, wollten sie nicht in Dekadenz verfallen. Eng damit verbunden war die Vorstellung des Anglo-Saxonismus. Nach diesem Selbstverständnis waren die Angloamerikaner die Inkarnation männlicher Zivilisiertheit, stoischer Selbstkontrolle und überlegter Zielgerichtetheit. Der US-amerikanische Philosoph John Fiske (1842–1901) appellierte an seine Landsleute, ihrer Verantwortung gerecht zu werden und die Arbeit der Kolonisierung durch die „englische Rasse", die in Nordamerika begonnen wurde, überall zu vollenden, wo nicht bereits eine alte Zivilisation vorhanden sei. Die Zivilisierungsmission wurde demnach als Rechtfertigung für den US-amerikanischen Imperialismus angesehen.

Unübersehbar war allerdings der Gegensatz zwischen der US-amerikanischen Beschwörung des Selbstbestimmungsrechts der Völker auf der einen Seite und des Drangs zur Teilnahme am imperialistischen Wettbewerb. In der Tat gab es um 1898 noch eine kräftige Gegenbewegung der Antiimperialisten um den Demokraten William Jennings Bryan (1860–1925). Sie befürchteten eine Untergrabung der Moral und diktatorische Zustände. Daher wurde die spezifisch US-amerikanische Form des Imperialismus diskursiv umgedeutet. Statt sich offen zum Imperialismus zu bekennen, nahm man eine paternalistische Haltung ein. Demnach waren die Vereinigten Staaten moralisch verpflichtet, ja geradezu von Gott damit beauftragt, die rückständigen Lateinamerikaner zur Zivilisation zu führen.

Ein wichtiges Element dabei war der Alteritätsdiskurs gegenüber Lateinamerika. Der vom Rassimus geprägte Diskurs des amerikanischen Anderen, bei dem die Lateinamerikaner in den Augen der *Yankees* als feminin weich und schwach, als kindlich wild und unzivilisiert, als barbarisch falsch und verlogen dargestellt wurden, die Angloamerikaner aber – auch in den Augen vieler Latinos – als männlich kraftvoll, stark und zivilisiert erschienen, sollte in diesem Zeitraum eine neue Dimension gewinnen. In diesen Jahren verdichteten sich die Wirtschaftsbeziehungen zwischen Nord und Süd vor allem durch das wachsende Engagement angloamerikanischer Investoren in der Region. Im akademischen Bereich wurden die Grundlagen eines Studentenaustauschs gelegt, der allerdings noch eine Einbahnstraße von Lateinamerika in die Vereinigten Staaten blieb. Angloamerikanische protestantische Missionare und der YMCA wurden nun in der Region aktiv. Außerdem begannen US-Presseagenturen damit, das europäische Nachrichtenmonopol in Lateinamerika zu untergraben. Aus dieser Intensivierung der Kontakte ergab sich aber noch kein grundsätzlicher Wandel der Alteritätsdiskurse. Alterität wurde nun noch stärker als zuvor mit einer rigiden Hierarchisierung verbunden, die durch die Verwendung und beständige Wiederholung von Stereotypen abgesichert wurde.

„Wildheit" und „Barbarei", das waren genau die Elemente, die in den Bildern in den Vordergrund rückten, die sich Angloamerikaner um die Jahrhundertwende von ihren südlichen Nachbarn machten. Das Selbstbewusstsein eigener Überlegenheit funktionierte vor der Folie der Unterlegenheit des anderen, animalischen und leidenschaftlichen südlichen Amerikaners, der seinen Leidenschaften ungehemmt frönt, sich nach den Vorstellungen der Zeit damit selber schwächt und sich die Möglichkeit nimmt, von der Stufe der Unterentwicklung bzw. des abhängigen Kindes zu der des vollwertigen Erwachsenen aufzusteigen. Durch die Erfindung und Wiederholung derartiger Stereotype wurde für die amerikanische Polarität von Nord und Süd der unanfechtbare Status eines Naturgesetzes konstruiert. Auf Basis dieser facettenreichen imperialistischen Ideologie hatten die Vereinigten Staaten die hegemoniale Ordnung, die sie anstrebten, mit einer scheinbar zwingenden Mission überhöht.

„Cuba libre"

Die Ideologisierung ging Hand in Hand mit der Ausweitung und gewaltsamen Durchsetzung des US-amerikanischen Hegemonialanspruchs in den Amerikas. Der Kubanisch-US-amerikanisch-Spanische Krieg von 1898/99 wurde dabei zur Wegscheide für die US-amerikanische Lateinamerikapolitik. Das endgültige Ende des Kolonialismus alter Prägung in Lateinamerika hatte sich bereits abgezeichnet, als in Kuba 1868 ein Aufstand gegen die spanische Herrschaft ausbrach, der jedoch nach zehn Jahren erfolglos abgebrochen wurde. Im Lauf der 1880er-Jahre stieg dann erneut die Unzufriedenheit mit dem Mutterland nicht zuletzt aufgrund der Verschärfung wirtschaftlicher Probleme. Exilkubaner in den USA, zu denen Veteranen des zehnjährigen Kriegs und der Intellektuelle José Martí (1853–1895) zählten, gründeten 1892 den Partido Revolucionario Cubano, der das Ziel des „Cuba libre" ausrief. 1895 brach der Unabhängigkeitskrieg mit voller Schärfe aus. Der Kampf, bei dem Martí bereits nach wenigen Monaten fiel, wurde dieses Mal als Vernichtungskrieg auf der gesamten Insel geführt und hatte furchtbare Wirkung.

In der zweiten spanischen Inselbesitzung Puerto Rico war es ebenfalls schon 1868 zu einem kleineren Aufstandsversuch gekommen, der schnell niedergeschlagen wurde. In den folgenden Jahrzehnten strebten die puertoricanischen Eliten einen friedlichen Wandel an. Im März 1898 wurden tatsächlich erstmals freie Wahlen unter einer neuen Autonomieverfassung von 1897 durchgeführt. Allerdings konnten sich die Puertoricaner nicht lange an ihrer Autonomie erfreuen und auch die Kubaner wurden um die Früchte ihres kurz bevorstehenden Sieges gegen die Spanier betrogen.

Die Vereinigten Staaten hatten die Entwicklungen in Kuba seit Ausbruch des Kriegs genau beobachtet. 1897/98 wurden in den USA die Rufe derjenigen immer lauter, die einen kriegerischen Eingriff befürworteten. Die Boulevardpresse überbot sich beim Anheizen der Kriegsbegeisterung. Zunächst stand dabei das Ideal der Befreiung Kubas im Vordergrund. Als Anfang 1898 klar war, dass sich Spanien nicht mehr lange halten konnte, drängte Präsident William McKinley (1843–1901) auf eine militärische Intervention. Als das US-Kriegsschiff *Maine* im April unter ungeklärten Umständen im Hafen von Havanna explodierte, wurde dies zum Vorwand für die Kriegserklärung genommen. Bereits einen Monat später wurde die spanische Flotte in der Bucht von Manila vernichtend geschlagen. Auf Kuba waren die schlecht vorbereiteten US-amerikanischen Bodentruppen dagegen weniger erfolgreich. Erst als die spanische Flotte am 3. Juli einen selbstmordartigen Angriff gegen die US-amerikanische Blockade startete und dabei unterging, war der Krieg entschieden.

Die US-amerikanische Presse und auch große Teile der späteren Geschichtsschreibung leugneten einen Beitrag der Kubaner zu diesem Krieg. Durch die übliche Bezeichnung „Spanisch-Amerikanischer Krieg" wurden die Kubaner diskursiv in den Hintergrund gedrängt. Ihr entscheidender Beitrag etwa bei der Landung der US-Truppen oder bei der Kapitulation der Stadt Santiagos fand lange Zeit keine Erwähnung. In der Tat waren auch die Beziehungen der US-amerikanischen Truppen und der kubanischen Freiheitskämpfer von Beginn an gespannt. An den Friedensverhandlungen durften die Kubaner gar nicht teilnehmen. Nach der Kapitulation im Juli räumten die Spanier bis Januar 1899 die Insel. Ihnen folgten US-amerikanische Besatzungstruppen auf dem Fuße. Der Friedensvertrag von Paris beendete im Dezember 1898 auch offiziell die spanische Kolonialherrschaft in Amerika. Vor den Augen der Weltöffentlichkeit hatten die Vereinigten Staaten klargemacht, dass sie nun die Kontrolle zumindest im nördlichen Lateinamerika ausüben wollten.

Teller-Amendment

Wie aber sollten die USA mit den „befreiten" Territorien umgehen? Der Kongress hatte Präsident McKinley zwar beauftragt, den Krieg zu führen, um Kuba zu befreien. Allerdings hatte er ihm durch das sogenannte Teller-Amendment, mit dem der Verzicht auf jegliche Kontrolle über die Insel festgelegt wurde, auch enge Grenzen für sein Handeln gesetzt. Grund dafür war die Außenwirkung, denn man wollte sich nicht den europäischen Vorwürfen aussetzen, die USA seien selbst imperialistisch. Das US-amerikanische Eingreifen sollte demgegenüber altruistisch sein. Trotz dieser bindenden Bestimmung war die US-Regierung nicht bereit, die Truppen nach Inkraftreten des Friedensvertrags gleich wieder abzuziehen. In diesem Vertrag behielt sie sich das Recht zur Überwachung vor, bis Kuba reif zur Selbstregierung sei. Mit dem Argument der „hemisphärischen Sicherheit" nahmen die Vereinigten Staaten für sich in Anspruch, auf Kuba für innere Ruhe und äußeren Schutz zu sorgen.

Platt-Amendment

So blieben Besatzungstruppen und ein Militärgouverneur im Land, während in Kuba eine verfassungsgebende Versammlung zusammentrat. In diesem Zusammenhang bestand Washington auf Garantien, die die kubanische Unabhängigkeit einschränken sollten. Als die kubanischen Vertreter dies ablehnten, ging der US-Kongress wieder in die Offensive. Ein Zusatz zum Armeegesetz von 1901, das so genannte Platt-Amendment, ermächtigte den Präsidenten, Kuba zum Protektorat zu machen. Der kubanischen Konstituante wurde mitgeteilt, dass die US-amerikanischen Truppen erst dann die Insel wieder verlassen würden, wenn das Platt-Amendment als Verfassungszusatz angenommen sei. Nachdem die Kubaner sich von Washington versichern ließen, dass damit keine Einschränkungen der Souveränitätsrechte zukünftiger kubanischer Regierungen beabsichtigt seien, wurde die Bestimmung 1902 mit denkbar knapper Mehrheit in die neue Verfassung aufgenommen. Als die US-Soldaten 1902 die Insel wieder räumten, wurde das Platt-Amendment noch zusätzlich in den neuen Freundschaftsvertrag zwischen Kuba und den Vereinigten Staaten aufgenommen.

Damit galt auf Kuba nun eine Verfassung, die den Vereinigten Staaten ein Interventionsrecht zur Aufrechterhaltung der Unabhängigkeit, zur Aufrechterhaltung der Regierung, oder zum Schutz von Leben und Eigentum im Fall innerer Unruhen einräumte und die Schuldenaufnahme der kubanischen Regierung ebenso einschränkte wie die Freiheit, Verträge mit anderen

Mächten abzuschließen. Die kubanische Souveränität war damit massiv eingeschränkt. Außerdem musste Kuba den Vereinigten Staaten Militärbasen und Kohlestationen abtreten. 1903 begann daher auch die US-amerikanische Herrschaft in der Bucht von Guantánamo. Ein Handelsabkommen als Reziprozitätsvertrag von 1902 ergänzte das Platt-Amendment. Zentral darin waren die Vorzugszölle für kubanischen Zucker und die Meistbegünstigung für US-Produkte in Kuba. Den USA brachte dies große Vorteile ein und den Kubanern die Abhängigkeit von der Monokultur des Zuckers, die Verhinderung der Industrialisierung und die Zunahme der US-Importe und Investitionen. Das vermeintlich unabhängige Kuba war so zum Protektorat geworden.

Die Kubaner wehrten sich gegen die Einschränkungen ihrer Souveränität. Es kam zu Massenprotesten. Die US-Regierung ließ sich jedoch nicht erweichen. In der Tat machten die USA von ihrem Interventionsrecht in den Folgejahren weidlich Gebrauch. So kam es nach der Regierungszeit des parteilosen Tomás Estrada Palma (1835–1908) 1906 zu seiner umstrittenen Wiederwahl. Nach Demonstrationen trat Estrada zurück. Gemäß dem Platt-Amendment intervenierten daraufhin die USA und besetzten bis 1909 die Insel erneut. Die nächste eigenständige Regierung Kubas erlebte 1912 eine erneute US-amerikanische Intervention, als ein Aufstand von Afrokubanern wegen eines sie treffenden Parteiverbots ausgebrochen war.

Foraker-Act

Im Fall Puerto Ricos war die Kolonialisierung noch offensichtlicher. Nach einer Militärbesatzung griff ab 1900 der so genannte Foraker-Act. Damit erhielt Puerto Rico den Status eines nicht-inkorporierten US-Territoriums. Damit waren die Einwohner weder US-Bürger, noch Bürger eines unabhängigen Staates. Die Zivilregierung stand unter einem vom US-Präsidenten bestimmten Gouverneur, der einem mehrheitlich von US-Amerikanern besetztem Exekutivrat vorstand. Die Gesetze des 35-köpfigen Parlaments unterlagen dem Veto des Gouverneurs und des US-Kongresses. Hinsichtlich der politischen Partizipationsmöglichkeiten war dies ein deutlicher Rückschritt gegenüber dem spanischen Autonomiestatus. Immerhin erfolgte 1917 mit dem Jones Act die Übertragung der US-amerikanischen Staatsangehörigkeit auf die 1,2 Mill. Einwohner Puerto Ricos.

Nach dem Selbstverständnis der USA handelte es sich bei den kolonialen Erwerbungen nicht um durch eine aggressive oder gar imperialistische Politik gewonnene neue Besitzungen, sondern eher um eine schicksalhafte und unvermeidbare Wendung. Dahinter stand die Vorstellung von Lateinamerikanern als wilden, unzivilisierten, quasi auf der Stufe von Kleinkindern stehenden Wesen. Dieses Bild vertiefte sich in der Folgezeit bis zum Ersten Weltkrieg durch die zunehmende Zahl der Interventionen weiter. Länder wie Kuba, in denen häufig interveniert wurde, wurden mit ungezogenen Kindern gleichgesetzt, die *Onkel Sam* zu züchtigen hatte. Auf der anderen Seite waren die Bilder ambivalenter. Zwar freuten sich viele Lateinamerikaner über die Vertreibung der Spanier durch die Vereinigten Staaten, andererseits fürchteten sie aber auch die Gefahren, die vom US-amerikanischen Expansionismus nun stärker denn je für sie ausgehen mussten.

Der Krieg von 1898 war ein entscheidender Meilenstein für den endgültigen Eintritt der USA in den imperialistischen Wettlauf, wenngleich mit leicht anderen Methoden als die Europäer. Was die US-Amerikaner in diesen Jahren aufbauten, entsprach dem Idealtyp eines Seeimperiums, das mit Handels- und Flottenstützpunkten nicht Räume, sondern strategische Verkehrs-

und Handelsströme beherrscht. Dies ging einher mit der Vertiefung der Bilder vom abhängigen Lateinamerika, das man um seiner selbst willen dominieren muss, und umgekehrt mit der zunehmenden Furcht vor den Auswirkungen des Expansionismus der USA.

2. Die Entscheidung in der Kanalfrage

Diese Furcht war durchaus begründet, wie die weiteren Entwicklungen im karibischen Raum und hinsichtlich der Kanalfrage zeigten. Während des Kriegs gegen Spanien waren die Probleme der US-Marine deutlich geworden, die jeweils einen enormen Zeitverlust für die Reise um Kap Hoorn in Kauf nehmen mussten. Die strategische Notwendigkeit eines Kanals war auch mit Blick auf die US-amerikanische Expansion im Fernen Osten, die sich durch den Erwerb der Philippinen und weiterer Pazifikinseln angebahnt hatte, äußerst erstrebenswert. Allerdings sollte dieser nach Auffassung Washingtons allein der Kontrolle der Vereinigten Staaten unterstehen.

Das widersprach aber dem Clayton-Bulwer-Vertrag von 1850 mit Großbritannien, der ja eine einseitige Kontrolle untersagte. Aus diesem Grund waren die USA darum bemüht, die Rechtslage zu verändern. In ihren Verhandlungen mit den Briten waren sie nicht zuletzt deshalb erfolgreich, weil diese nun die Zusammenarbeit mit den Nordamerikanern nicht mehr unnötig belasten wollten und sich ohnehin schon schrittweise von der Mosquitoküste Nicaraguas zurückgezogen hatten, ihrem ursprünglichen Stützpunkt für einen eigenen Kanalbau. 1901 wurden die diplomatischen Hindernisse durch den Hay-Pauncefote-Vertrag zwischen den USA und England aus dem Weg geräumt. In diesem Vertrag verzichteten die Briten auf ihre ursprünglichen Rechte und machten damit den Weg frei für die US-amerikanischen Pläne. England erkannte damit die US-amerikanische Führungsrolle in der Region an.

Panamakanal

1903 gelang es den US-Interessen darüber hinaus, die Kanalkonzession der Franzosen zu kaufen. Als man sich dann nach hartem Kampf der Lobbies innerhalb der USA letztlich für die Panamaroute entschieden hatte, wurde 1903 der Hay-Herrán-Vertrag mit Kolumbien geschlossen, der gegen Geldzahlungen die Pacht einer Kanalzone auf 99 Jahre vorsah. Der kolumbianische Kongress verweigerte dem Vertrag aber seine Zustimmung, weil er darin zu Recht die Aufgabe nationaler Souveränität witterte. In dieser Situation kam es Ende 1903 zur berüchtigten „Revolution" von Panama, wo es schon seit Längerem separatistische Strömungen gab. Unter aktiver Mithilfe der USA erklärte sich die Provinz von Kolumbien unabhängig und ihr Vertreter in den USA, der Franzose Philipe Bunau-Varilla schloss einen Vertrag, der den Vereinigten Staaten Rechte einräumte, die noch weit über den ursprünglich vorgesehenen Kontrakt hinausgingen.

Als Panama 1904 auch offiziell die Unabhängigkeit erlangte, sah die erste Verfassung ähnlich wie die kubanische ein Interventionsrecht der Vereinigten Staaten vor. Anders als in Kuba war diese Abhängigkeit in Panama aber gewollt, denn dadurch war der Schutz seitens der USA garantiert. Ähnlich wie in Kuba machten die Regierungen in Washington auch in Panama in der Folgezeit von ihrem Interventionsrecht wiederholt Gebrauch, wobei sie häufig von panamaischen Politikern ins Land gerufen wurden, um politische Gegner auszuschalten. Erst ab 1912 gab es seitens der Regierung Panamas Bemühungen, die direkten Interventionen einzuschränken.

Panama wurde ähnlich wie Kuba und Puerto Rico damit zum Protektorat der USA. Nach zehn Jahren Bauzeit war der US-amerikanische Kanal im August 1914, kurz nach Kriegsausbruch in Europa, fertig gestellt. Um ein für allemal die Gefahr eines rivalisierenden Kanals in Nicaragua – etwa durch deutsche oder japanische Investoren – auszuschließen, schloss die neue Regierung Woodrow Wilson (1856–1924) 1914 den so genannten Bryan-Chamorro-Vertrag, der den USA neben weitreichenden Interventionsrechten auch die Monopolkonzession für den Kanalbau in diesem Land gab. Nicaragua erhielt dafür eine 3 Mill. $-Anleihe, die größtenteils zur Schuldentilgung in den USA verwendet wurde. Die USA waren so zum alleinigen Kontrolleur und Besitzer der See- und Verkehrswege in dieser geostrategisch zentralen Region avanciert.

3. Interventionismus in „Bananenrepubliken"

Als der US-Amerikaner O. Henry (alias William S. Porter) in seinem Roman *Cabbages and Kings* von 1904, den er im Gefängnis niedergeschrieben hatte, seine eigenen Erfahrungen in Zentralamerika fiktionalisierte, schuf er mit dem Begriff der Bananenrepublik ein Bild, das sich bis in unsere heutige Zeit mit der Vorstellung der politisch instabilen, quasi willenlos dem mächtigen Nachbarn im Norden ausgelieferten Republiken im Raum des karibischen Meeres, des amerikanischen „Mare Nostrum", verbindet. Die Abwertung, die sich mit diesem Begriff verband, manifestierte sich in diesen Jahren durch die Anfänge eines nachgerade enthemmten Interventionismus, für den Präsident Theodore Roosevelt den Begriff „Big Stick Policy" oder „Politik des großen Knüppels" prägte.

„deutsche Gefahr"

Das Paradebeispiel dafür war Venezuela, wo seit 1899 mit Cipriano Castro (1859–1924) ein Mann regierte, gegen den sich sofort Widerstand regte. Auch mit den ausländischen Interessen überwarf sich Castro schon bald, weil er Zolltarife anheben und Schuldzahlungen einstellen ließ. Ab Dezember 1902 kam es daraufhin zu einer Seeblockade seitens Englands, Deutschlands und Italiens. Was zunächst nach einer Routineaktion aussah, wie sie europäische Mächte im Lauf des 19. Jahrhunderts immer wieder gegen säumige Schuldner in Lateinamerika durchgeführt hatten, gewann vor dem Hintergrund der imperialistischen Rivalitäten eine neue Dimension. Die deutsche Reichsleitung wurde zum Motor hinter der Blockade. Bald machte das Schlagwort von der „deutschen Gefahr" die Runde. Insbesondere in den Vereinigten Staaten stießen diese Anschuldigungen auf offene Ohren und die Regierung Roosevelt machte unter anderem durch Flottenmanöver klar, dass sie keine europäische Expansion in diesem Raum dulden würde. Auf den Druck der USA hin kam es im Februar 1903 es zu einer Einigung. Die dringendsten Forderungen der Alliierten wurden sofort aus dem Staatsschatz Venezuelas beglichen. Alle weiteren Ansprüche übertrug man dem noch jungen Haager Schiedsgerichtshof zur Verhandlung.

Den Vereinigten Staaten ging es dabei keineswegs um den Schutz Venezuelas. Sie verfolgten dabei vielmehr handfeste machtpolitische Interessen und sahen sich nun selbst als Kontrollmacht anstelle der Europäer. Allerdings waren aus Sicht der USA noch längst nicht alle Sorgen ausgeräumt. Erstens waren Großbritannien, Frankreich, die Niederlande und Dänemark noch als Kolonialmächte in der Karibik, Zentralamerika und in den Guayanas aktiv; zweitens bestand noch immer eine eindeutige englische Seeherrschaft, wobei auch das Aufholen der deutschen Marine Unruhe auslöste; drittens stimmten die Aufteilung Afrikas und Asiens in diesen Jahren nachdenklich. Dennoch markierte die Venezuelakrise von 1902/03 den Schlusspunkt des europäischen Interventionismus in Lateinamerika.

Die Venezuelakrise hatte weitreichende Folge. Auf dem Höhepunkt der Krise wandte sich mit Außenminister Luis Drago (1859–1921) erneut ein Völkerrechtler aus Argentinien mit einer diplomatischen Note an die Adresse der USA um der Calvo-Klausel, wenn auch in abgeschwächter Form, Geltung zu verschaffen. Drago wiederholte noch einmal die Forderung nach prinzipieller Gleichheit aller Staaten vor dem Völkerrecht und die Ablehnung des Rechts auf gewaltsame Intervention zur Eintreibung von Schulden. Ferner forderte Drago eine Multilateralisierung der Monroe-Doktrin, die er ausführlich lobte. Gemeinsam sollten Latein- und Angloamerikaner gegen den europäischen Interventionismus stehen und die Hemisphäre verteidigen. Dragos Note war repräsentativ für die Haltung der lateinamerikanischen Regierungen zum Interventionsrecht. In den USA stieß sie auf wenig Verständnis. Immerhin waren die Lateinamerikaner mit ihren völkerrechtlichen Vorstellungen insofern erfolgreich, als die Friedenskonferenz von Den Haag von 1907 das Interventionsrecht für den Fall einschränkte, dass der Schuldner freiwillig ein Schiedsgericht akzeptierte.

Dem Zweck, der internationalen Öffentlichkeit die lateinamerikanischen Vorstellungen eines modernen Völkerrechts nahezubringen, dienten auch die panamerikanischen Folgekonferenzen, von denen vor dem Ersten Weltkrieg noch drei stattfanden. So ging es 1901/02 in Mexiko, 1906 in Rio de Janeiro und 1910 in Buenos Aires immer wieder auch um die Frage der US-Interventionen und um die Aufnahme von Calvo- und Drago-Doktrin in das interamerikanische Recht. So entwickelten sich die Panamerikanischen Konferenzen zunehmend zu Bühnen, die den Lateinamerikanern die Möglichkeit gaben, ihre Beschwerden öffentlich zu äußern. Viel erreichen konnten sie damit freilich nicht.

Roosevelt-Corollary

Dass die Vereinigten Staaten nicht bereit waren, auf die völkerrechtlichen Vorstellungen der Lateinamerikaner einzugehen, zeigte sich schon als kurze Zeit nach der Venezuelakrise aufgrund einer ähnlich gelagerten Konstellation eine erneute Intervention europäischer Mächte in der Dominikanischen Republik drohte. In diesem Zusammenhang formulierte Präsident Roosevelt 1904 einen Zusatz zur Monroe-Doktrin, das so genannte *Roosevelt-Corollary*, wonach nur die Vereinigten Staaten das Recht hatten, als Polizeimacht in der Hemisphäre zu intervenieren, angeblich um der Gefahr einer europäischen Intervention vorzubeugen. Voraussetzung war „chronisches Fehlverhalten" der Lateinamerikaner. In dem Fall müssten die USA quasi gezwungenermaßen eingreifen. Roosevelt nahm in seiner Erklärung für die USA das Recht in Anspruch, in der so genannten westlichen Hemisphäre Polizist und Richter zugleich zu sein. In der Folgezeit wurden denn auch die zahlreichen

US-amerikanischen Interventionen in Zentralamerika und der Karibik mit dem *Roosevelt-Corollary* begründet. Den Anfang machten die USA 1905, als sie die Finanzkontrolle über die Dominikanische Republik übernahmen, um die regelmäßige Zahlung der Auslandsschulden gegenüber den ausländischen Gläubigern zu garantieren.

Dollardiplomatie

Damit begann die Ära der Dollardiplomatie in den Beziehungen zwischen den USA und Lateinamerika. Der Grundgedanke war dabei, den Ländern vor allem der Karibik und Zentralamerikas entweder durch Anleihen, oder durch die Übernahme des gesamten Finanzwesens wie in der Dominikanischen Republik und später in Haiti zu helfen, finanziell wieder auf die Beine zu kommen, damit sie ihre Schulden zahlen konnten und keinen Vorwand zur Intervention lieferten. Häufig nutzte Washington diese Politik aber, um die Interessen US-amerikanischer Investoren und Händler zu fördern. In der Regel waren beide Ebenen eng miteinander verzahnt. So war die Dollardiplomatie letztlich ein Element der Politik des informellen Imperialismus.

Großbritannien, die bisherige Vormacht, fügte sich aus strategischen Überlegungen in die neue Situation und erkannte die Monroe-Doktrin und ihre Erweiterung explizit als gültigen völkerrechtlichen Grundsatz an. Die lateinamerikanischen Staaten reagierten ablehnend auf die Neuinterpretation der Monroe-Doktrin, die implizit ihre staatliche Souveränität in Frage stellte. Unter dem Strich war die Sorge vor Interventionen aus dem Norden jetzt sogar noch größer als zuvor die vor europäischen Eingriffen. In der Tat zeigten die zahlreichen Beispielfälle, dass diese Sorge nicht unbegründet war. Die USA nutzten ihre geographische Nähe, ihre finanziellen Mittel und ihre zunehmende militärische Stärke, um ihre Konkurrenten aus Lateinamerika herauszudrängen.

Was Afrika für die Europäer war, das wurde – allerdings auf eine subtilere, da in der Regel nicht durch direkte Kolonialherrschaft abgesicherte Art und Weise – Lateinamerika für die Vereinigten Staaten: eine vom schicksalhaften Gang der Zivilisation vorbestimmte Last, die der „weiße Mann" zu schultern – i.e. in Besitz zu nehmen bzw. zu kontrollieren – hatte. Der andere Amerikaner brauchte nun nicht mehr als der abgrundtief böse Feind oft auch in propagandistischer Absicht abgewertet zu werden, weil er ja schon besiegt und wehrlos, ja gar nicht mehr ernst zu nehmen war. Die Niederlage und Wehrlosigkeit der Latinos aber vertiefte nur das Bild ihrer angeblich „rassisch" begründeten Minderwertigkeit, das mit stereotypen Darstellungen als trotziges Kind, als schwache Frau, als barbarischer Afroamerikaner, als anarchistischer Mischling etc. erzielt wurde.

4. „Unser Amerika"

In machtpolitischer und wirtschaftlicher Hinsicht konnten die lateinamerikanischen Staaten dem US-amerikanischen Imperialismus wenig entgegensetzen. Allerdings entwickelte sich eine Reaktion auf der geistigen Ebene, die unterschiedliche Formen annahm. So entwickelten junge lateinamerikanische Intellektuelle um die Jahrhundertwende eigene Identitätsentwürfe.

Die rassistischen Vorurteile vieler *Yankees* gegen die ethnische Vielfalt Lateinamerikas waren den lateinamerikanischen Eliten nur allzu bewusst. In einer Zeit, in der der Positivismus den Zeitgeist bestimmte, gab es weiterhin nicht wenige Intellektuelle, die das Stereotyp der „rassischen" oder andersartigen Unterlegenheit Lateinamerikas, des „kranken Kontinents" (Alcides Arguedas), und implizit der Überlegenheit der USA teilten. Daraus leiteten sie pessimistische Prognosen für das Schicksal der eigenen Nation ab. Schließlich wurde auch die internationale Diskussion um die Fehler und Versäumnisse vieler lateinamerikanischer Staaten auf dem Weg zu Fortschritt und Zivilisation sowie die daraus folgenden Forderungen nach einer Eroberung und Aufteilung des Subkontinents genau rezipiert. Der Venezolaner César Zumeta entwickelte als Antwort darauf den Aufruf zur Solidarität und gemeinsamen Verteidigung der Lateinamerikaner.

Gerade die Ereignisse des Jahres 1898 brachten eine Änderung im Identitätsdiskurs in Lateinamerika. Der Krieg von 1898 zeigte die Macht der Vereinigten Staaten mehr als deutlich und wurde daher als Zäsur verstanden, die ein Umdenken erforderlich machte. Vor diesem Hintergrund standen die außergewöhnlich heftigen Reaktionen, die die USA in Lateinamerika in diesen Jahren auslösten. Die Appelle zur Einheit konnten sich auf das hispanistische Denken mit seinem Bezug auf das einende Band der iberischen *raza* beziehen, die ein Gegengewicht zur Bedrohung des Nordens darstellen sollte. Allerdings wurde zu diesem Zeitpunkt ein weiterer Bezugspunkt denkbar. Die Entdeckung des eigenen Amerika und der Vielfalt seiner Ethnien als potenzieller Quelle der Kraft und des Selbstbewusstseins.

Nuestra América

Noch nachhaltiger war die von lateinamerikanischen Intellektuellen und Schriftstellern formulierte Kritik an den USA. Diese Kritik richtete sich nicht nur gegen den US-Imperialismus und die Konstruktion einer angeblichen Superiorität der angelsächsischen „Rasse", sondern auch gegen die als materialistisch eingeschätzte angloamerikanische Zivilisation, der eine genuin lateinamerikanische Identität, basierend auf dem lateinischen, spanischen und/oder indianischen bzw. afrikanischen Erbe, entgegengesetzt werden sollte. Vordenker dieser Bewegung eines Panamerikanismus genuin lateinamerikanischer Provenienz war der Kubaner José Martí, der lange Jahre in den Vereinigten Staaten gelebt hatte. Als Reaktion auf den neuen Panamerikanismus warnte er in seinem bekannten Essay *Nuestra América*, der 1891 in einer liberalen mexikanischen Zeitung erschien, vor dem Expansionismus der USA und forderte eine Rückbesinnung auf den eigenen Stolz. Mit diesem Aufsatz gab er einer Bewegung einen Namen und legte in diesem kurzen Werk die Grundgedanken dar, die Generationen von lateinamerikanischen Intellektuellen prägen sollten.

Vehement wandte sich Martí gegen die blinde Übernahme ausländischer Modelle bei gleichzeitiger Verachtung der eigenen Kulturen und der eigenen Geschichte. Nach Martí verstellte das importierte Gedankengut den Blick auf die eigenen Errungenschaften und Potenziale. Seines Erachtens war die Imitationswut schuld an den Misserfolgen Lateinamerikas und an seiner Schwäche, die sich am politischen Tagesgeschehen ablesen ließ. Martí beklagte, dass der formellen politischen Unabhängigkeit keine geistige Unabhängigkeit gefolgt sei. Allerdings erkannte Martí auch einen Hoffnungsschimmer am Horizont. Die Jugend Lateinamerikas, so meinte er, sei in einer Aufbruchstimmung und endlich bereit, sich auf die eigenen Möglichkeiten zu besinnen. Daher forderte Martí, eigene, den Bedingungen der amerikanischen Umwelt gemäße Regierungsformen zu entwickeln und die Masse der marginalisierten Menschen Amerikas, die Indigenen und Afroamerikaner, wahrzunehmen und zu fördern. Explizit warnte er vor den Folgen einer US-amerikanischen Expansion, sollten die Lateinamerikaner seinen Ruf ungehört verhallen lassen.

Q

José Martí: „Unser Amerika" (1891)
Aus: Martí, Unser Amerika. In: Angel Rama (Hg.): Der lange Kampf Lateinamerikas, Frankfurt 1982, S. 65–66.

... die Stunde ist nahe, zu der ein unternehmerisches, machtvolles Volk, das unser ihm unbekanntes Amerika verachtet, anrückt und enge Beziehungen fordert. Wir müssen uns darüber im klaren sein: die mannhaften Völker, die sich mit Gewehr und Gesetz aus sich selbst schufen, lieben ausschließlich Völker, die wie sie selbst mannhaft sind; die Stunde der hemmungslosen Herrschsucht [Nordamerikas]... ist selbst in den Augen des Furchtsamsten nicht so nahe, als daß keine Zeit mehr dafür bliebe, zurückhaltend, aber beständig unseren Stolz unter Beweis zu stellen, denn so könnte man Nordamerika die Stirn bieten und in andere Bahnen lenken. ...

Mit seinem Schlüsseltext sprach Martí Punkte an, die zwischen 1898 und 1914 zu den bestimmenden Themen der intellektuellen Debatten in Lateinamerika wurden. Zum einen die Abkehr von der Imitation der Vereinigten Staaten und Europas, die nicht den erhofften Fortschritt, sondern nur Stagnation gebracht hatte; zum anderen das Anprangern der fortschreitenden Desintegration zwischen den westlich orientierten Oberschichten und der breiten Masse der Bevölkerung; dann die Kritik an der kulturellen Abhängigkeit verbunden mit der Warnung vor der drohenden politischen Vereinnahmung; ferner das optimistische Vertrauen in die Regenerationsfähigkeit eines von ausländischen Einflüssen freien und wirklich unabhängigen Lateinamerikas; schließlich die Formulierung eines eigenständigen Identitätskonzeptes für ganz Lateinamerika.

Identitäten

Viele Intellektuelle und Literaten folgten Martís Spuren und entwickelten eigene Identitätsentwürfe. Wesentlich dezidierter als bei Martí wurde der Gegensatz zu den USA im vielleicht wirkungsmächtigsten Werk der lateinamerikanischen Literatur dieser Jahrzehnte ausgemalt und daraus ein Modell eigener Stärke abgeleitet. In seinem kulturkritischen Essay *Ariel* (1900) präsentierte der Uruguayer José Enrique Rodó (1872–1917) die Idee einer Antithese zwischen Nord- und Südamerika. Rodó übersetzte die in Europa geläufige kritische Definition des Begriffs ‚Amerikanismus' und präsentierte die USA in der Figur des Caliban, der Verkörperung des krassen Utilitarismus.

Q

José Enrique Rodó: Caliban bedroht Amerika (1891)
Aus: José Enrique Rodó: Ariel, Mainz 1994, S. 136–137.

Die enge Verbindung des Nützlichkeitsbegriffs als Idee menschlicher Bestimmung mit der Gleichheit im Mittelmaß als Norm der sozialen Verhältnisse bildet die Formel dessen, was man in Europa den Geist des Amerikanismus zu nennen pflegt. ... Wenn man vom Utilitarismus sagen konnte, er sei das Wort des englischen

> Geistes, so können die Vereinigten Staaten als die Fleischwerdung des Wortes vom Nutzen angesehen werden. Und das Evangelium dieses Wortes verbreitet sich dank der materiellen Wunder seines Triumphes über die Welt. Hispano-Amerika ist in dieser Hinsicht längst keine Diaspora mehr. Der mächtige Staatenbund überzieht uns mit einer Art moralischer Konquista. Die Bewunderung für seine Größe und Stärke schreitet mit Riesenschritten im Geiste unserer führenden Männer und, mehr noch vielleicht, in dem der Massen voran, die leicht vom Eindruck des Sieges geblendet werden. – Und von der Bewunderung ist es nur ein kleiner Schritt zur Nachahmung. ... Man ahmt den nach, an dessen Überlegenheit oder Ansehen man glaubt. – Viele die ein aufrichtiges Interesse an unserer Zukunft haben, träumen bereits von der Vision eines entlatinisierten Amerika ...

Ariel und Caliban

Dagegen stand Ariel – sprich Lateinamerika – für Idealismus, Ethik, Wissenschaft und Kunst, wurde aber von Caliban in seiner freien Entfaltung behindert. Rodó nannte auch positive Teilaspekte der Zivilisation der Vereinigten Staaten. Er wendete sich aber gegen die kritiklose Bewunderung und den Imitationsdrang, die „Nordomanie", zahlreicher Vertreter der lateinamerikanischen Mittel- und Oberschichten. Rodó mahnte eine Besinnung auf eigene Werte und die erst noch zu schaffende geistige Einheit Lateinamerikas an. Die Entwicklung der Antithese war keineswegs originell doch reflektierte und prägte Rodós *Ariel* wie kein anderes Werk den Zeitgeist in Lateinamerika und wurde zur Grundlage der Bewegung des ‚Arielismo' zu Beginn des 20. Jahrhunderts. Nicht mehr die Imitation, sondern die bewusste Konstruktion des idealisierten Authentischen und Eigenen wurde zum Gebot der Stunde.

Es kam zu idealistischen Identitätsentwürfen, die einen Kontrapunkt gegen den Materialismus der Nordamerikaner setzen wollten. Zu erwähnen ist etwa der nicaraguanische Dichter Rubén Darío (1867–1916), der in ästhetisierender Form das Erbe der präkolumbischen indianischen Hochkulturen anrief. Einen Schritt weiter gingen die frühen Anhänger des Indigenismus, die die autochthonen Kulturen als Urgrund der lateinamerikanischen Identität entdeckten, wie etwa der Bolivianer Franz Tamayo (1878–1956). Tamayo forderte in einem frühen Dokument von 1910 das Erwachen der Indios. Allerdings blieb dieser frühe Indigenismus noch stark dem romantischen Exotismus der Unabhängigkeitsphase verhaftet, als sich kreolische Eliten schon einmal auf die indigene Vergangenheit berufen hatten.

Eigene Identität in der Gegensätzlichkeit zu den Vereinigten Staaten zu erkennen, bedeutete aber weder bei Martí noch bei Rodó noch bei den vielen Autoren, die in ihre Fußstapfen traten, das Modell der USA völlig abzulehnen. Im Gegenteil, je klarer die tiefen sozialen und wirtschaftlichen Probleme nach einem Jahrhundert der Unabhängigkeit in den einzelnen Ländern erkannt und diskutiert wurden, desto genauer wurde auch der Erfolg der Vereinigten Staaten analysiert. Die Auseinandersetzung mit den Vereinigten Staaten in Lateinamerika blieb ambivalent. Man war nicht mehr bereit, die vorgegebene Rolle des minderwertigen Kindes zu akzeptieren. Andererseits führte der Weg zum Eigenen über das genaue Studium des anderen Amerikaners, der so vieles von dem erreicht hatte, was man selbst erst noch erstrebte. Nach diesem Verständnis befand sich Lateinamerika tatsächlich noch in einem frühen, jugendlichen Entwicklungsstadium. Für die Vereinigten Staaten wiederum waren die Perzeptionen der Lateinamerikaner die Bestätigung für das bereits Erreichte und für den Anspruch auf Vorherrschaft und vollwertige Mitgliedschaft im Konzert der Weltmächte.

Im Gegensatz zum europäischen Vorgehen in Afrika und Asien handelte es sich bei der US-amerikanischen Variante des Imperiums nicht um den Erwerb großer geschlossener Kolonialgebiete, sondern vielmehr um die Sicherung strategisch wichtiger Punkte zur informellen Kontrolle des karibischen Raums. Dennoch kann man durchaus von einem US-Imperialismus sprechen. Unterfüttert durch die rassistische Vorstellung der eigenen Überlegenheit und des eigenen Wirkens im Dienst der Zivilisation betrachtete man Lateinamerika nun klar als quasi natürliches Schutz- und Expansionsgebiet. Dazu trug eine auf einem breiten gesellschaftlichen Konsens beruhende Geisteshaltung bei, nach der es eine geradezu naturgesetzliche Notwendigkeit zur Expansion gebe. Allerdings sah man diesem Treiben in Lateinamerika keineswegs mehr tatenlos zu, sondern entwickelte erstmals dezidierte Konzepte zur Abwehr der Übermacht des „Kolosses des Nordens".

VI. Globale Gewalt, 1910–1918

1910	Beginn der Mexikanischen Revolution
1912–1925	US-Besatzung in Nicaragua
1914	US-Intervention in Veracruz
1914	Ausbruch des Ersten Weltkriegs
1915–1934	US-Besatzung in Haiti
1916	Pancho Villa greift Columbus (Texas) an
1916–1917	Strafexpedition unter General Pershing
1916–1924	US-Besatzung der Dominikanischen Republik
1917	Kriegseintritt amerikanischer Staaten
1917–1922	US-Besatzung in Kuba

Hatten die USA bis 1910 einen imperialen Raum in den Amerikas für sich geschaffen, so sollte dieser ab diesem Zeitpunkt durch zwei Ereignisse erschüttert werden, die am Beginn des 20. Jahrhunderts als Zeitalter globaler Gewaltausbrüche standen: die Mexikanische Revolution und den Ersten Weltkrieg. Beide Ereignisse stellten sich als große Herausforderung für die Dominanz der Vereinigten Staaten heraus. Beide sollten auch den interamerikanischen Beziehungen neue Richtungen weisen. In der Forschung ist insbesondere der Erste Weltkrieg häufig als Wendepunkt in der Geschichte der Beziehungen zwischen den Vereinigten Staaten und Lateinamerika dargestellt worden. Das wurde in der Regel damit begründet, dass einerseits die Vereinigten Staaten Europa während des Kriegs effektiv aus Lateinamerika verdrängten und andererseits Lateinamerika sich in wirtschaftlicher Hinsicht verstärkt auf sich selbst besonnen habe.

1. Die mexikanische Revolution und die USA

soziale Revolution

Als erste soziale Revolution in den Amerikas hatte die Mexikanische Revolution Rückwirkungen, die weit über die Grenzen Mexikos hinaus spürbar waren. Durch die Nachbarschaft zu den Vereinigten Staaten, die deren Interventionen geradezu unausweichlich erscheinen ließ, und die historisch besonders belasteten Beziehungen zwischen beiden Ländern hatte sie von Beginn an Auswirkungen auf die interamerikanischen Beziehungen.

Creelman-Interview

Unter der lang andauernden Diktatur von Porfirio Díaz (1876–1911) hatte Mexiko eine Phase wirtschaftlichen Wachstums auf der Basis einer hohen Auslandsverschuldung durchlebt und viele Investoren aus den USA angezogen. In der Tat galt Mexiko in den Vereinigten Staaten als lateinamerikanisches Vorzeigeland, was 1909 symbolisch durch den Besuch von William Howard Taft (1857–1930) bei Díaz in Ciudad Juárez, des ersten Mexiko-Besuchs eines US-Präsidenten, unterstrichen wurde. Doch hatte sich das Regime unter dem greisen Diktator zu diesem Zeitpunkt bereits überlebt. Díaz selbst äußerte sich im so genannten Creelman-Interview gegenüber einem US-amerikanischen Journalisten 1908 programmatisch zu seiner Nachfolge und stellte freie Wahlen in Aussicht, weil Mexiko unter seiner langjährigen Führung fast schon die Vereinigten Staaten und damit die zivilisatorische Reife für demokratische Verfahren erreicht habe. Gleichzeitig gab er an, 1910 nicht mehr kandidieren zu wollen.

Diese eigentlich nur für die Öffentlichkeit in den USA bestimmten Aussagen wurden aber auch in Mexiko bekannt und lösten eine Kettenreaktion aus, die in eine offene Opposition mündete. Mit Francisco Madero (1873–1913) übernahm ein liberaler Großgrundbesitzer aus dem Norden die Führung der Opposition, deren hauptsächliches Ziel es war, die Wiederwahl von Díaz zu verhindern. Als der alte Diktator dann 1910 dann durch Wahlfälschung seine Wiederwahl durchsetzte, Madero verhaften und dessen Anhänger verfolgen ließ, brach ein Aufstand aus. Die US-Regierung sprach ein Waffenembargo aus. Außerdem gewährte sie Madero, dem die Flucht gelungen war, relativ viel Bewegungsfreiheit.

Da Díaz auch aus US-amerikanischer Sicht bald nicht mehr als haltbar galt, zogen die USA im März 1911 an der Grenze Truppen zusammen und entsandten Kriegsschiffe in den Golf von Mexiko. Somit nahm der Druck auf den greisen Diktator nun auch von außen zu. Im Mai 1911 zog Díaz die Konsequenzen und setzte sich ins Exil nach Europa ab. Im Oktober wählten die Mexikaner Madero zum Präsidenten. Damit war das Ende der Revolution noch lange nicht erreicht. Madero galt in den USA schnell als unfähig, da es ihm nicht gelang, das Land zu befrieden. Seit Ausbruch der Revolution hatten sich die Spannungen zwischen den beiden Staaten durch Grenzverletzungen mexikanischer Revolutionstruppen verschlechtert. Insbesondere US-Botschafter Henry Lane Wilson (1857–1932) lehnte den neuen Präsidenten ab und intrigierte im Hintergrund. Als im Februar 1913 eine Militärrevolte gegen Madero ausbrach, war Wilson daran beteiligt, den zunächst loyalen General Victoriano Huerta (1854–1916) auf die Seite der Aufständischen zu ziehen. Wenig später wurde Madero festgenommen und ermordet.

Tobar-Prinzip

Mit der Wahl des Demokraten Wilson, einem dezidierten Gegner der Dollardiplomatie, zum US-Präsidenten begann 1913 eine neue Phase in der Politik gegenüber Mexiko. Wilson lehnte keineswegs den Interventionismus als solchen ab, verband diesen aber mit dem Willen, die Demokratie in Lateinamerika zu verankern. Nach Wilson sollten nur die Regierungen anerkennt werden, die auf legalem Weg also durch Wahlen an die Macht gekommen waren. Dabei konnte er sich auf ein Abkommen von 1907 beziehen. Damals hatte die Schlichtung eines Grenzkriegs zwischen den zentralamerikanischen Republiken Guatemala, Honduras und El Salvador zu einem Abkommen geführt, wonach in Zukunft Regierungen, die durch einen Putsch an die Macht gekommen waren, nicht mehr anerkannt werden sollten. Dieser völkerrechtliche Grundsatz wurde nach dem ekuadorianischen Juristen Carlos R. Tobar (1853–1920) Tobar-Prinzip genannt.

Der erste Testfall in der Praxis wurde nun Mexiko. In der Tat wurde Botschafter Henry Lane Wilson wegen seiner Einmischung abberufen und zunächst kein Ersatz entsandt. Präsident Wilson betrieb nun eine Politik des „watchful waiting“, d.h. die USA warteten ab, dass sich das revolutionäre Regime in Mexiko stabilisierte und demokratisch legitimieren ließ. Ultimativ ließ man Huerta wissen, dass Washington ihn nicht als Regierungsoberhaupt anerkennen werde. Dies lehnte der neue starke Mann ab, obwohl er innenpolitisch durch die Aufstände im Süden unter Emiliano Zapata (1879–1919) und im Norden unter Venustiano Carranza (1859–1920) zunehmend unter Druck stand.

US-Präsident Wilson reagierte heftig. Offen sprach man über eine Kriegserklärung. Anfang 1914 wurde das Waffenembargo aufgehoben, um Carranza zu unterstützen. Washington warnte die Europäer vor einer Einmischung und schickte Kriegsschiffe in den Golf von Mexiko. Im April 1914 spitzte sich die Lage zu, als US-amerikanische Matrosen bei einem Landgang in Tampico vorübergehend inhaftiert wurden. Die von den USA ultimativ verlangte Entschuldigung zu harten Bedingungen lehnte Huerta ab. Der Prozess gipfelte noch vor Ausbruch des Kriegs in Europa in der Besetzung der Hafenstadt Veracruz durch US-amerikanische Truppen im selben Monat, wo es zu unvermutet starkem Widerstand kam. Alle mexikanischen Nationalisten lehnten die Intervention ab.

ABC-Mächte

Argentinien, Brasilien und Chile ergriffen daraufhin die Initiative und vermittelten erstmals gemeinsam zwischen den Vereinigten Staaten und Mexiko. Im Mai und Juni 1914 kam es zu einer Konferenz in Niagara Falls. Da keine der beiden Streitparteien zum Einlenken bereit war, brachte die Zusammenkunft kein konkretes Ergebnis. Immerhin gewannen die Aufständischen unter Carranza dadurch Zeit, um ihre Waffenbestände aufzufüllen und Huerta schon im Juli 1914 außer Landes zu treiben. Allerdings kam es nun nicht wie erhofft zu einer Beruhigung der Lage in Mexiko. Vielmehr spaltete sich die siegreiche Anti-Huerta-Bewegung schnell auf und der Bürgerkrieg flammte Ende des Jahres erneut auf, wobei die Truppen Francisco ‚Pancho' Villas (1878–1923) im Norden und die mit ihnen verbündeten Zapatisten des Südens den Anhängern Carranzas gegenüberstanden.

Zu diesem Zeitpunkt war in Europa bereits der Erste Weltkrieg ausgebrochen. Das von der Revolution schwer erschütterte Mexiko, wurde ab August 1914 zum Aktionsgebiet eines Geheimkriegs, an dem sich Diplomaten, Agenten und Staatsbürger der europäischen Länder und der Vereinigten Staaten beteiligten. Mexiko war aus verschiedenen Gründen von besonderem Interesse: erstens wegen seiner geographischen Nähe zu den Vereinigten Staaten, zweitens wegen der strategischen Bedeutung der mexikanischen Ölquellen und drittens wegen der unsicheren innenpolitischen Verhältnisse der revolutionären Bürgerkriege. Insbesondere wurde Mexiko während des Kriegs zu einem Zentrum deutscher Untergrundarbeit. Die Reichsleitung war vor allem darum bemüht, die ohnehin vorhandenen Spannungen zu den USA zu fördern. Trotz seines grundsätzlichen Interesses an einer Kooperation mit den Deutschen war Carranza zurückhaltend, da er einen offenen Bruch mit den Vereinigten Staaten vermeiden wollte.

Der Weltkrieg hatte bereits 1915 direkte Auswirkung auf das Denken Präsident Wilsons. Die *Lusitania*-Katastrophe im Mai verdeutlichte, dass der Krieg näher rückt. Daher änderte Wilson seine Haltung gegenüber Mexiko. Eine Einmischung in die inneren Angelegenheiten sollte nun vermieden werden. Auch freie Wahlen schienen ihm nun nicht mehr opportun zu sein. Stattdessen wollte Wilson nun eine möglichst rasche Stabilisierung unter einem starken Mann. Nachdem der Versuch, Pancho Villa dazu machen, scheiterte und sich Carranza militärisch durchsetzen konnte, schien dieser starke Mann Carranza zu sein. Im Oktober 1915 erkannte Washington Carranzas Regierung offiziell an.

Pancho Villa

Villa, der weiterhin mit seiner Guerilla-Truppe tätig war, reagierte auf diesen aus seiner Sicht durch die USA begangenen Verrat mit antiamerikanischen Maßnahmen. Ab Januar 1916 kam es zu wiederholten Übergriffen auf US-amerikanische Staatsangehörige in Mexiko und am 9. März gar zum Angriff auf die US-Grenzstadt Columbus. Die im Wahlkampf befindliche US-Regierung reagierte demonstrativ hart und entsandte eine Strafexpedition unter General John J. Pershing (1860–1948), die bis Februar 1917 erfolglos Jagd auf Villa in Nordmexiko machte. Die Expedition löste in Mexiko eine Welle des Anti-Amerikanismus aus. Villa wurde geradezu zum Symbol des nationalen Widerstands.

Auch Carranza musste diesen Gefühlen Tribut zollen und zeigte seinerseits Härte. Am 21. Juni 1916 kam es zu einem Feuergefecht bei der mexikanischen Stadt Carrizal, bei dem 14 US-Soldaten den Tod fanden und 25 durch die Carranzisten gefangen genommen wurden. Nun stand die Lage auf Messers Schneide. Wilson spielte schon mit dem Gedanken einer Kriegserklärung, änderte dann aber doch noch seine Meinung. Als Carranza die Gefangenen umgehend wieder frei ließ, war der US-Präsident zu Verhandlungen bereit. Eine gemeinsame Untersuchungskommission wurde gebildet, die zwischen September 1916 und Januar 1917 tagte. Mit dem Wahlsieg in der Tasche und den Problemen des kurz bevorstehenden Kriegseintritts vollauf ausgelastet, rief Wilson die Pershing-Expedition im Februar 1917 wieder zurück. Carranza unterließ im Gegenzug weitere Verhandlungen mit dem Deutschen Reich. Die direkte Kriegsgefahr war abgewendet.

Jedoch war das Konfliktpotenzial damit keineswegs ausgeräumt. Carranza verfolgte nun einen aggressiv nationalistischen Kurs, um von seinem Sozialkonservativismus im Inneren abzulenken. Hauptstreitpunkt wurde Artikel 27 der Revolutionsverfassung von 1917, der die Nationalisierung der Bodenschätze bestimmte. Ebenfalls Anlass zur Sorge aus Sicht der US-amerikanischen Investoren gaben die Arbeiterschutzbestimmungen des Artikels 123. Für die US-amerikanischen Arbeitgeber waren etwa das Streikrecht oder der Acht-Stunden-Tag Ungeheuerlichkeiten. Der zweite wichtige Streitpunkt waren die Entschädigungsforderungen der von den revolutionären Wirren geschädigten US-Amerikaner, die sich auf astronomische Summen beliefen.

Diese Konfliktpotenziale kamen aber bis Kriegsende nicht mehr voll zum Ausbruch, da die Vereinigten Staaten einerseits mit dem Krieg in Europa vollauf ausgelastet waren und andererseits die Ausführungsbestimmungen zur mexikanischen Verfassung noch weitgehend fehlten. Außerdem benötigte das keineswegs gefestigte Carranza-Regime dringend Anleihekapital aus den Vereinigten Staaten. Allerdings formierten sich in den USA bereits die Interessenverbände der Wirtschaft und pochten mit Unterstützung des *State Department* auf ihre Rechte in Mexiko. Die Weichen für eine konfliktreiche Nachkriegszeit waren damit gestellt.

2. Kriegsausbruch und Neutralität, 1914–1917

Die europäische Julikrise von 1914 sollte nicht nur ein weiteres Beispiel für die schweren Krisen werden, die die Welt vor dem großen Krieg erschütterten. In der Tat hatten sich diese auch im fernen Amerika bemerkbar gemacht. Als es dann soweit war, als Anfang August in Europa der Krieg ausbrach, wollte man neutral abseits stehen und wartete und hoffte auf das schnelle Kriegsende, das die Strategen beider Kriegsparteien vollmundig ankündigten. Jedoch nahm der Krieg schon bald ungeahnte Ausmaße an. Weder konnten sich die Amerikas völlig aus dem Geschehen heraushalten noch war der Krieg rasch vorüber.

Tatsächlich war man in Amerika über die Vorgänge in Europa umfassend informiert. Den weitsichtigeren Beobachtern war schnell klar, dass es keine reinen Zuschauer in diesem Drama geben konnte, sondern dass die ganze Welt mehr oder weniger direkt vom europäischen Konflikt betroffen sein würde. In politischer Hinsicht bestand 1914 allerdings keine Notwendigkeit auf einer der beiden Seiten in den Krieg einzugreifen, wurde dieser doch zunächst als innereuropäische Auseinandersetzung geführt. Es lag im nationalen Interesse, die wirtschaftlichen Beziehungen mit allen Kriegsparteien so weit wie möglich durch eine neutrale Haltung aufrechtzuerhalten. Weder zu den Alliierten noch zu den Mittelmächten bestanden enge politische Verbindungen oder gar bündnisartige Verpflichtungen, die eine offene Parteinahme erforderlich oder wünschenswert gemacht hätten. Daher erklärten alle Staaten Amerikas ihre Neutralität.

obligatorische Streitschlichtung

Die lateinamerikanischen Staaten blieben angesichts der politischen Herausforderung und der darin steckenden Chance des Kriegs in Europa im Wesentlichen passiv. Sie fanden weder im Panamerikanismus US-amerikanischer Prägung noch durch die Kooperation untereinander zu einer gemeinsamen Stellungnahme zum Krieg oder zu Planungen für eine möglicherweise notwendige kollektive Verteidigung gegen Übergriffe auf die Neutralität und Souveränität im Verlauf der Kampfhandlungen. Dabei waren Ansätze zu einer Zusammenarbeit wie etwa in der Vermittlung des Konflikts zwischen den USA und Mexiko 1914 nach der Intervention in Veracruz durch Argentinien, Brasilien und Chile zunächst durchaus vorhanden. An der Konferenz von Niagara Falls zeigte sich das gewachsene völkerrechtliche Selbstbewusstsein einiger lateinamerikanischer Staaten. Eine Folge der Aktion war der zwischen den drei Staaten im Mai 1915 abgeschlossene so genannte ABC-Vertrag, der die obligatorische Streitschlichtung durch neutrale Kommissionen vorsah. Ziel des Abkommens war die Stärkung der Rechte der Neutralen, jedoch wurde es nicht ratifiziert und blieb daher nur eine Episode. Eine außenpolitische Eigenständigkeit oder gar eine Emanzipation vom Führungsanspruch der Vereinigten Staaten war so nicht zu erreichen.

Dass man aber in diesem Krieg mit neuartigen Dimensionen nicht einfach abseits stehen konnte, zeigte sich schon in den ersten Kriegsmonaten, als der Konflikt durch den Seekrieg bis vor die Küsten Amerikas getragen wurde. Die meisten lateinamerikanischen Staaten waren mit der Aufgabe überfordert, ihre Küsten effektiv zu überwachen und dafür zu sorgen, dass ihr Hoheitsgebiet nicht von den kriegführenden Mächten missbraucht wurde.

Mit ihrer Neutralität folgten die lateinamerikanischen Regierungen dem Vorbild der USA, die sich zunächst ebenfalls aus dem europäischen Krieg heraushalten wollten. Mit Blick auf Lateinamerika öffnete der Konflikt in Europa ungeahnte Möglichkeiten. Das strategische Interesse der USA an Lateinamerika war mit der Eröffnung des Panamakanals am 15. August 1914 noch gestiegen. Mit dem Argument des Schutzes des Kanals vor den Übergriffen der Kriegsgegner vertraten die Vereinigten Staaten ihren Anspruch als Hegemonialmacht der westlichen Hemisphäre nun offensiver.

Schon vor dem Krieg hatten die USA die Finanzkontrolle in vielen Staaten der Region übernommen und auch nicht mit der Entsendung von Marines gespart, wenn ihre Anweisungen dort nicht befolgt wurden, oder wenn die politische Instabilität in Staaten wie Nicaragua oder Kuba überhand nahm. So war der Übergang zur direkten militärischen Besetzung offiziell zum Schutz dieser Staaten nur ein kleiner Schritt. Trotz ihrer hohen moralischen Ansprüche war die Wilson-Administration in diesem Bereich nicht nur nicht zurückhaltender, sondern trat im Gegenteil noch aggressiver auf als viele ihrer Vorgänger.

So besetzten die Vereinigten Staaten während des Kriegs diverse Länder der Region und kauften 1917 die Virgin Islands von Dänemark. In Nicaragua waren US-Truppen schon seit 1912 stationiert, um einen Washington genehmen Präsidenten an die Macht zu bringen. Sie sollten bis 1925 bleiben. Auf der Dominikanischen Republik hatten die USA seit 1905 die Zollkontrolle inne, ohne für politische Stabilität sorgen zu können. 1916 entschloss man sich zu einer vollständigen militärischen Besatzung überzugehen, die acht Jahre andauern und viel Widerstand seitens der Dominikaner provozieren sollte. Bereits ein Jahr zuvor waren die Marines aufgrund politischer Unruhen auch auf Haiti gelandet. Dort übernahmen die USA vertraglich die Zollkontrolle und ließen sich unter Druck ein Interventionsrecht zusichern. Bis 1934 blieben die Truppen auf der Insel, was angesichts des offenen Rassismus vieler Soldaten zu großen Problemen führte. In Kuba war man die Eingriffe in die eigene Souveränität schon gewohnt, als 1917 erneut US-Marines dort stationiert wurden, die bis 1922 auf der Insel blieben. Andere Staaten wie Honduras und Panama erlebten in diesen Jahren Polizeiaktionen und Kriegsschiffdemonstrationen als Interventionsformen der USA.

Darüber hinaus war die Regierung Wilson darum bemüht, das lose panamerikanische System aus wirtschaftlichen und kulturellen Beziehungen unter US-amerikanischer Führung auszubauen. Schon in einer programmatischen Rede in Mobile (Alabama) vom Oktober 1913 hatte er das Ideal des Freihandels für den Warenaustausch innerhalb der Amerikas beschworen. Auch politische Initiativen zielten in diese Richtung. So erbat Washington – allerdings erfolglos – die Zustimmung der lateinamerikanischen Staaten zu einem *Pan American Pact* als kollektives panamerikanisches Sicherheitssystem mit Schiedsgerichtspflicht. Angesichts der vielen Interventionen bestand im Süden allerdings Misstrauen und man war nicht bereit, die Bindungen an Europa aufzugeben. Gerade Länder wie Chile wollten keine Einmischung in ihre äußeren Angelegenheiten dulden.

Wirtschaftskrieg

Die stärkste Beeinträchtigung der Neutralität der Amerikas ergab sich weniger auf dem politischen als auf dem wirtschaftlichen Terrain. In der Tat wurde der Krieg zum Weltkrieg, weil er von Beginn an als Wirtschaftskrieg geführt wurde. Die wichtigste Maßnahme der Alliierten war die im Lauf der Kriegsjahre zunehmend verschärfte See- und Handelsblockade, die durch so genannte „schwarze Listen" mit deutschen Unternehmen ergänzt wurde. Die deutsche Seite reagierte auf diesen umfassenden Angriff auf ihre weltweiten Handelsinteressen mit der Ausweitung des U-Boot-Kriegs. Die Versenkung der beiden Passagierdampfer *Lusitania* und *Arabic* im Mai und August 1915 führte zu schweren Spannungen mit den Vereinigten Staaten und einige Monate später auch mit Brasilien, als im April 1916 der Dampfer *Rio Branco* von einem deutschen U-Boot versenkt wurde. Die Einschränkung des U-Boot-Kriegs seitens der Reichsleitung schuf dann aber bis Anfang 1917 eine Atempause.

Ein wichtiges Ergebnis des Wirtschaftskriegs war die Tatsache, dass die US-amerikanische Wirtschaft die Entwicklung ausnützen und sich an die erste Stelle des Außenhandels in zahlreichen Ländern setzen konnte. Mit Unterstützung der Regierung, die durch gesetzgeberische Maßnahmen die Voraussetzungen schuf, wurde die europäische Konkurrenz – wenn auch zum Teil nur vorübergehend – verdrängt. Vielfach wurde durch die Gewährung von Staatsanleihen der Weg für Direktinvestitionen und Handel geebnet. Die Abhängigkeit der lateinamerikanischen Staaten von den Vereinigten Staaten wurde außer auf dem finanziellen Sektor auch im Handelsaustausch durch den Weltkrieg deutlich verstärkt. Unverzichtbare Rohstoffe wie vor allem Brennstoffe mussten nach dem Ausfall der europäischen Lieferanten, die diese Waren für ihre Kriegsanstrengungen benötigten, vom Nachbarn im Norden bezogen werden, der sich darüber hinaus durch den Ausfall wichtiger Absatzmärkte etwa in Mitteleuropa zum eindeutig wichtigsten Abnehmer für viele lateinamerikanische Exportprodukte entwickelte.

3. Der Krieg kommt nach Amerika, 1917–1918

1917 war in vielerlei Hinsicht ein welthistorisch bedeutsames Wendejahr. Für manche Betrachter war dies gar der eigentliche Beginn des 20. Jahrhunderts. Auch die Amerikas konnten sich diesem Sog nicht entziehen. Die Erklärung des unbeschränkten deutschen U-Boot-Kriegs am 1. Februar 1917 brachte einen radikalen Wandel. Diese beantworteten die Vereinigten Staaten mit dem Abbruch der diplomatischen Beziehungen. In den folgenden Monaten ergab sich in den USA eine kontrovers geführte öffentliche Diskussion über einen Kriegseintritt an der Seite der Alliierten. Dabei trat unter anderem ein lateinamerikanisches Land in den Mittelpunkt, das schon seit Längerem als Achillesferse eingeschätzt wurde, Mexiko. Bereits am 13. Januar hatte nämlich der deutsche Staatssekretär des Äußeren, Arthur Zimmermann (1864–1940), eine wichtige verschlüsselte Botschaft an den deutschen Gesandten in Mexiko gesandt, die der britische Nachrichtendienst entschlüsseln konnte.

Q

Das Zimmermann-Telegramm (1917)
Aus: Martin Nassua: „Gemeinsame Kriegführung, gemeinsamer Friedensschluss“: Das Zimmermann-Telegramm vom 13. Januar 1917 ..., Frankfurt a.M. 1992, S. 16f.

Wir beabsichtigen, am 1. Februar uneingeschränkten U-Boot Krieg zu beginnen. Es wird versucht werden, Amerika trotzdem neutral zu halten.
Für den Fall, daß dies nicht gelingen sollte, schlagen wir Mexico auf folgender Grundlage Bündnis vor: Gemeinsame Kriegführung. Gemeinsamer Friedens-

> schluß. Reichlich finanzielle Unterstützung und Einverständnis (eine Garantie wird dadurch nicht ausgesprochen) unsererseits, daß Mexico in Texas, NeuMexico, Arizona (Californien dürfte für Japan zu reservieren sein) früher verlorenes Gebiet zurückerobert. ...
> Euer Hochwohlgeboren wollen Vorstehendes Präsidenten streng geheim eröffnen sobald Kriegsausbruch mit Vereinigten Staaten feststeht und Anregung hinzufügen, Japan von sich aus zu sofortigem Beitritt einzuladen und gleichzeitig zwischen uns und Japan zu vermitteln.
> Bitte Präsidenten darauf hinweisen, daß rücksichtslose Anwendung unserer U-Boote jetzt Aussicht bietet, England in wenigen Monaten zum Frieden zu zwingen.

Der Inhalt des Telegramms mit dem Angebot weitreichender territorialer Zugewinne für Mexiko im Fall eines Kriegs gegen die USA war ungeheuerlich. Allerdings war er auf ein mexikanisches Bündnisangebot von Ende 1916 zurückzuführen. Nachvollziehbar wird er nur vor dem Hintergrund der starken Spannungen zwischen den USA und Mexiko. Das so genannte Zimmermann-Telegramm ist vor allem deshalb in die Geschichte eingegangen, weil seine Veröffentlichung am 1. März in der US-amerikanischen Presse für ein politisches Erdbeben sorgte und eine der Grundlagen für den Kriegseintritt der Vereinigten Staaten am 6. April 1917 wurde.

Der starke diplomatische und militärische Druck den die Regierung Wilson daraufhin gegen Mexiko geltend machte, bestärkte Carranza in seinen Versuchen, eine Annäherung an Deutschland zu erreichen, um die Großmächte gegeneinander auszuspielen. Anstatt gegen den U-Boot-Krieg zu protestieren, sprach seine Regierung den USA nach deren Kriegseintritt nur ihr Bedauern darüber aus, dass eine friedliche Lösung des Streits mit Deutschland nicht möglich war. Allerdings vermieden die USA aufgrund der Kriegsanstrengungen in Europa die weitere Verschärfung des Konflikts mit Mexiko, so dass ein wichtiges Ziel der deutschen Mexikopolitik nicht erreicht wurde. Trotz des Scheiterns des deutschen Bündnisangebots vom März 1917 behielt Mexiko aber seinen besonderen Stellenwert für die deutschen Aktivitäten in den Amerikas nach dem Kriegseintritt der USA. Noch ausgeprägter als zuvor wurde das Land zum Koordinationszentrum der Spionage- und Sabotageaktivitäten sowie zur – allerdings nur mäßig erfolgreichen – Ersatzbasis einer deutschen Funkverbindung nach dem Ausfall der Stationen in den USA.

US-Kriegseintritt

Wie reagierten die anderen lateinamerikanischen Staaten auf den Kriegseintritt der USA? Die Gefährdung ihrer Neutralität, die die deutsche Erklärung des uneingeschränkten U-Boot-Kriegs mit sich brachte, war bereits beim Rio Branco-Zwischenfall von 1916 deutlich geworden. Die Regierung Wilson drückte unmittelbar nach dem Abbruch der Beziehungen zu Deutschland die Hoffnung aus, dass andere neutrale Regierungen ihrem Schritt folgen würden. Tatsächlich löste der US-amerikanische Kriegseintritt erwartungsgemäß eine gewisse Kettenreaktion in Lateinamerika aus. Es handelte sich im Wesentlichen um drei, je nach Einzelfall unterschiedlich bedeutsame Ursachen, auf die die Entscheidung lateinamerikanischer Regierungen zum Bruch mit Deutschland zurückgeführt werden kann: die wirtschaftliche Zwangslage; den politischen Druck der Vereinigten Staaten; die Auswirkungen des deutschen U-Boot-Kriegs.

So folgten Zentralamerika und die Karibikstaaten mehr oder weniger schnell und bereitwillig 1917/18 dem Vorbild der Vereinigten Staaten. Von wichtigen Ausnahmen abgesehen, reagierten die südamerikanischen Staaten weniger bereitwillig auf den US-amerikanischen Appell an die kontinentale Solidarität. Nur im Fall Brasiliens und Perus führte der U-Boot-Krieg zum Bruch mit Deutschland. Nach dem brasilianischen Abbruch der diplomatischen Beziehungen zu Deutschland kam es zu schweren Ausschreitungen gegen Deutschstämmige und deren Eigentum. Die Regierung in Rio de Janeiro reagierte auf die Versenkung brasilianischer Schiffe mit einer Verschärfung ihrer Haltung, bis sie im Oktober den Krieg mit dem Deutschen Reich feststellte.

Insgesamt waren damit acht lateinamerikanische Staaten dem Beispiel der USA gefolgt und hatten Deutschland den Krieg erklärt; fünf weitere hatten zumindest die diplomatischen Beziehungen abgebrochen. Acht Staaten – darunter Argentinien, Chile und Mexiko – blieben jedoch neutral; dies jedoch weniger aus „Germanophilie“, wie viele Zeitgenossen unterstellten, sondern um die eigene Unabhängigkeit von den Vereinigten Staaten zu unterstreichen. Argentinien und Mexiko, die eine Führungsrolle im Subkontinent beanspruchten, entwickelten denn auch Ideen zur Schaffung eines Blocks der Neutralen. Carranza machte im Februar einen Vorschlag zur Friedensvermittlung durch die amerikanischen Staaten. Die Vereinigten Staaten wandten sich jedoch entschieden gegen diese Bestrebungen, die den von ihnen dominierten Panamerikanismus in Frage stellten, und konnten sich damit auch durchsetzen.

Durch die Mexikanische Revolution und den Ersten Weltkrieg wurden die Beziehungen zwischen den Amerikas in den ersten großen Zyklus globaler Gewalt eingebunden, der das 20. Jahrhundert prägte. Die Revolution war wichtig für die Beziehungen zwischen den Amerikas insgesamt, weil Mexiko zum Vorbild werden sollte und weil insbesondere von der nationalistischen Revolutionsverfassung viele ähnlich gelagerte Bewegungen in Lateinamerika ausgingen. Das gestiegene Selbstbewusstsein der Lateinamerikaner zeigte sich auch daran, dass viele Staaten der Region eben nicht bereit waren, dem Ruf der Vereinigten Staaten zu folgen und an deren Seite in den Ersten Weltkrieg einzutreten. Vor dem Hintergrund globaler Einflüsse wurde die Nation nun zum räumlichen Hauptbezugspunkt.

VII. Nationen und Nationalismus, 1919–1933

1919	Gründung des Völkerbunds
1923	Bucareli-Abkommen der USA mit Mexiko
1925	José Vasconcelos: La raza cósmica
1926	Rückkehr der US-Marines nach Nicaragua
1927–1934	Augusto César Sandinos Kampf in Nicaragua
1928	Panamerikanische Konferenz von Havanna
1929	Börsenkrach in New York
1930	Smoot-Hawley-Tarif
1931	Stimson-Rede

Mit dem Ende des Ersten Weltkriegs war die europäische Rolle in den Amerikas zunächst kaum noch der Rede wert, während die Vereinigten Staaten als eigentlicher Sieger aus dem Konflikt hervorgingen. Die wirtschaftliche und politische Hegemonie der USA sollten nun eine kulturelle Ergänzung erhalten. Allerdings blieb fraglich, ob die lateinamerikanischen Staaten, die nun immerhin auch Mitglieder im Völkerbund wurden, diese Hegemonie tatenlos akzeptieren würden. Angesichts des weltweiten Aufstiegs der Nationalismen brachten die 15 Jahre zwischen Weltkrieg und Weltwirtschaftskrise eine neue Ausrichtung der interamerikanischen Beziehungen.

1. Der Tanz der Millionen

Eine direkte Folge des Kriegs war der Anstieg des US-amerikanischen Wirtschaftsengagements in ganz Lateinamerika. Man sprach in diesem Zusammenhang auch vom „Tanz der Millionen" ausgelöst durch geborgte US-amerikanische Dollars. In wirtschaftlicher Hinsicht waren die Vereinigten Staaten auch in Lateinamerika die Sieger des Ersten Weltkriegs, hatten sie doch die Europäer aus zentralen Bereichen verdrängt. Sie stellten das neue Finanzzentrum der Welt dar, versorgten mit ihrer starken neuen Handelsflotte die Märkte und hatten ein umfassendes Auslandsbanksystem errichtet, das ihren Außenhandel unterstützte. Mit dem Aufbau von internationalen Draht- und Funkdiensten beendeten sie die europäische Dominanz auch in diesem Bereich. Während die Europäer noch lange unter den kriegsbedingten Zerstörungen zu leiden hatten, wuchsen US-amerikanische Industrieproduktion und Investitionskapital weiter an.

Lateinamerika sollte die Folgen der neuen Vorherrschaft der Vereinigten Staaten in der Weltwirtschaft direkt zu spüren bekommen. Schon in den ersten Monaten nach Kriegsende war die US-Regierung darum bemüht, das von den privaten Wirtschaftsinteressen errungene Terrain auch für die Friedenszeit zu sichern. In Mexiko und Zentralamerika war dieses Ziel problemlos zu erreichen, denn die USA konnten ihre Führungsposition unangefochten behaupten. In Südamerika gelang dies jedoch nicht in allen Ländern. So eroberten sich die Briten in Argentinien ihre Marktanteile zurück, während die US-Interessen etwa in Chile, Peru und Brasilien erfolgreich waren.

Die US-Unternehmen eroberten sich einen wachsenden Anteil am Absatz moderner Produkte wie Erdöl, Chemikalien, Metalle, Elektroartikel, Telefone, Automobile und Maschinen jeder Art. Gleichzeitig nahmen sie den Großteil der Exporte von Bergbauprodukten auf. Aus dem Norden kam eine zunehmend bunter werdende Produktpalette von Fertiggütern. Hatte die konsumkräftige traditionelle Oberschicht vor dem Krieg noch einseitig die europäischen Waren bevorzugt, so setzten sich US-amerikanische Produkte während und nach dem Krieg verstärkt durch, obwohl die europäische Konkurrenz schon bald wieder präsent war. Die Konsumgüter aus den USA prägten nicht nur die Haushalte und das Freizeitverhalten vieler Chilenen, auch die Arbeitswelt wurde dadurch tief greifend verändert. Junge Frauen fanden dank der Schreibmaschinen von Underwood neue Arbeitsplätze. Traktoren von Fordson ersetzten das Zugvieh auf den Haziendas. Gegen Ende der 1920er-Jahre wurden Flugzeuge aus den Vereinigten Staaten eingeführt. Das mit Abstand wichtigste moderne US-Produkt dieser Jahre war das Automobil. Nach dem Ersten Weltkrieg wurden die Vereinigten Staaten zum führenden Automobilproduzenten der Welt. Die US-Modelle galten als technisch und ästhetisch unübertroffen.

Investitionsboom

Auch die US-amerikanischen Investitionen entwickelten sich in der Dekade der 1920er explosionsartig. 1924 waren bereits 44% aller US-amerikanischen Auslandsinvestitionen in Lateinamerika angelegt. Ob Plantagen in Zentralamerika und Kolumbien oder Bergbaubetriebe in Chile, Bolivien und Peru, überall waren die USA marktbeherrschend, auch weil sie das Kapital für neue Maschinen und modernste Verfahren hatten. Neben den Aktivitäten im Bergbau waren die Kapitalanleihen der am dynamischsten wachsende Sektor der US-Investitionen. Vor dem Krieg war Anleihekapital vor allem aus Großbritannien geflossen. Das änderte sich in den 1920er-Jahren rasant. Die USA waren nach Kriegsende die einzige mögliche Geldquelle. So verdrängte New York im Lauf weniger Jahre die City als Hauptquelle von Anleihekapital. Fast alle lateinamerikanischen Staaten verschuldeten sich in diesem Zeitraum in beängstigendem Maß. Das Geld wurde z.B. benötigt, um die Eisenbahn zu erneuern, um Verluste der öffentlichen Einnahmen auszugleichen und um neue Infrastrukturprojekte zu finanzieren.

Die zahlreichen US-amerikanischen Direktinvestitionen, die sich in dieser Zeit in Lateinamerika ansiedelten, kamen in direkten Kontakt mit weiten Teilen der Bevölkerung. Die Unternehmen wurden als Präsenz der Vereinigten Staaten im eigenen Land gesehen und schufen somit die Gelegenheit zu direkten Begegnungen mit dem *Yankee*. In der Presse wurden die Qualität, Größe, Effektivität und hohen technologischen Standards der US-Firmen sowie ihre Dienstleistungsangebote und Produkte bewundert. Von modernen Bauunternehmen bis hin zur Massenproduktion von Schuhen waren die US-Amerikaner binnen kürzester Zeit plötzlich in vielen ehedem von nationalen Anbietern kontrollierten Branchen aktiv. Außerdem führten sie, so schien es zumindest, in Form von neuartigen und innovativen Produkten die Moderne ein, elektrifizierten ganze Länder und schufen Telefonnetze.

Die unzähligen Manager der US-Tochterunternehmen blieben nun für mehr oder weniger lange Zeitspannen in Lateinamerika und personifizierten den Erfolg. Das technische Wissen und die organisatorischen Fähigkeiten dieser Fachleute beeindruckten die öffentliche Meinung in Lateinamerika. In den Produktionsstätten US-amerikanischer Konzerne, die sie leiteten, wurden vorgefertigte Teile oder Rohstoffe zu Endprodukten zusammengesetzt. So konnte man die steigenden Einfuhrzölle umgehen und Transportkosten verringern. Die Arbeiter in diesen Produktionsstätten waren in der Regel Lateinamerikaner.

Insbesondere die Ford-Werke erregten großes Aufsehen in Lateinamerika, galten sie doch als Musterbeispiele technologischen Fortschritts und modernster Produktionsmethoden. Die lateinamerikanischen Mitarbeiter erfreuten sich vergleichsweise guter Sozialleistungen und der 5- beziehungsweise 5,5-Tage-Woche, deren Einführung durch Ford geradezu revolutionär erschien. Außerdem zahlte Ford Minimallöhne, die mehr als doppelt so hoch wie vergleichbare Löhne in Lateinamerika waren. Aus der Sicht des US-Unternehmens bedeutete dies immer noch ein sehr gutes Geschäft, denn die Summe lag deutlich unter den Minimallöhnen, die die Arbeiter in Detroit erhielten. Unternehmen wie Ford führten neue Vermarktungsstrategien ein. Die Ratenzahlung erleichterte den Erwerb der heiß ersehnten Waren. Wie die Medien berichteten, änderten sich durch den Konsum auch die Verhaltensweisen. In der Zwischenkriegszeit waren es allerdings in der Regel die städtischen Mittel- und Oberschichten, die sich die neue Konsumentenmentalität aneigneten, da sie über die notwendigen finanziellen Mittel verfügten. Die große Masse der Bevölkerung, die Industrie- und Landarbeiter sowie die Tagelöhner, blieb von dieser neu entstehenden Konsumgesellschaft zunächst noch ausgeschlossen.

Aber selbst, wenn sie sich keine neuen Konsumgüter leisten konnten, hatten doch diejenigen Armen, die in den Städten lebten – und das war ein rapide wachsender Prozentsatz der Bevölkerung –, zumindest die Möglichkeit indirekt am Konsum teilzuhaben und Konsumträume zu entwickeln, denn sie wurden zunehmend mit Werbung in öffentlichen Räumen konfrontiert. Gegen Ende der 1920er war diese nicht mehr nur tagsüber zu sehen, sondern wurde durch Elektrifizierungskampagnen, auch in die Nacht hinein transportiert. Im Lauf der 1920er-Jahre transportierten die Medien zunehmend Botschaften moderner Lebensstile. Frauen waren dabei eine besonders wichtige Zielgruppe.

„American way of life"

Die Veränderungen, die der Konsum im US-amerikanischen Stil implizierte, waren am stärksten in den Städten sichtbar. Allerdings blieben sie nicht darauf beschränkt. In den US-amerikanischen Bergbau- und Plantagenenklaven in oft abgelegenen Landesteilen machten die Arbeiter eigene Erfahrungen mit der Arbeitsethik und mit den Moralvorstellungen der US-Amerikaner. Lateinamerikanische Regierungen überließen diese Enklaven lange Zeit sich selbst. Kontakte zu den Autoritäten beschränkten sich hauptsächlich auf die Anrufung der Hilfe des Militärs oder der Polizei, um Arbeiterunruhen zu unterdrücken. Gesetzliche Bestimmungen, die ihre Tätigkeit einschränkten, gab es kaum, und auch die Steuern und Abgaben waren niedrig. Manager, Ingenieure, moderne Maschinen und sonstige Ausrüstung kamen fast ausschließlich direkt aus den Vereinigten Staaten.

In den 1920er-Jahren wurden die Enklaven von lateinamerikanischen Beobachtern oft noch wegen ihrer Größe und Modernität gelobt. Allerdings gab es auch dunkle Seiten der Enklaven, die vor allem linken Kritikern auffielen. So wurden immer wieder Fälle von Diskriminierung, Segregation und offenem Rassismus bekannt. Die Diskriminierung hatte aber viele Dimensionen. Die Aufsichts- und Leitungsfunktionen waren in allen US-amerikanischen Bergbauunternehmen auf US-Bürger und einige Europäer beschränkt. Ungleichbehandlung herrschte etwa im Hinblick auf Löhne und Gehälter. Die Enklavensiedlungen entsprachen nicht immer hohen Ansprüchen. Betriebsunfälle waren an der Tagesordnung. Besonders ärgerlich waren die weitreichende Reglementierungen aller Aspekte des Lebens in den Enklavenstädten. Die US-amerikanischen Gesellschaften schreckten auch nicht davor zurück, die Bürgerrechte ihrer Arbeiter zu missachten. So wurden Briefe geöffnet, Veröffentlichungen zensiert, schwarze Listen von Gewerkschaftern angelegt und bei geringsten Verdachtsmomenten Wohnungen durchsucht. Die Interessengegensätze von US-amerikanischen Arbeitgebern und Arbeitern fanden ihren Niederschlag häufig in Streiks, die in vielen Fällen blutig endeten. Der Fortschritt war teuer erkauft.

2. Konfliktfelder und Interventionismus

Die USA waren durch den Ausfall Europas während des Ersten Weltkriegs in politischer Hinsicht zur unumstrittenen Hegemonialmacht in Lateinamerika geworden. Den europäischen Mächten war es letztlich wichtiger, sich mit dem mächtigen „Koloss des Nordens" gut zu stellen, als sich die Sympathien der „Zwerge des Südens" zu sichern. Die Lateinamerikaner waren also im Wesentlichen auf sich allein gestellt, wenn sie sich den Übergriffen widersetzen wollten.

In der Tat kam es in den 1920er-Jahren zu einem erneuten Höhepunkt des US-Interventionismus. Viele dieser Eingriffe hatten bereits während des Kriegs begonnen. Nach Kriegsende dominierte jedoch eine neue Rhetorik von internationaler Zusammenarbeit, Frieden und Streitschlichtung den Diskurs. Daher waren die militärischen Auslandseinsätze jetzt eher peinlich für die USA und lösten innenpolitische Diskussionen aus. Der Rassismus und die Gewalttaten der US-Besatzungstruppen gegen Haitianer und Dominikaner führten zur Schaffung einer Untersuchungskommission durch den US-Senat, deren Erkenntnisse die Öffentlichkeit erschütterten. Angesichts dieser Enthüllungen begann man selbst in Regierungskreisen an der Interventionspraxis zu zweifeln. Doch dauerte es lange, bis daraus ein Politikwandel entstand. Zumeist hielt man wie im Fall Kuba an blutigen Diktatoren fest, solange sie sich den Forderungen der USA gegenüber gefügig zeigten.

Augusto Sandino

Im Fall der Dominikanischen Republik einigte man sich immerhin schon 1922 auf einen Übergangsprozess, der 1924 in freie Wahlen und in den Abzug der Marines münden sollte. Die US-Kontrolle über die Zolleinnahmen blieb jedoch noch bis 1941 erhalten. Dafür tat sich in Nicaragua ein neuer Konfliktherd auf. Zwar verließen die US-Truppen im August 1925 das Land, jedoch ohne eine innenpolitisch stabile Lage zu hinterlassen. Der Kampf zwischen Konservativen und Liberalen ging daher weiter und bereits nach 12 Monaten kamen erneut Marines nach Nicaragua. Allerdings war einer der Anführer der Liberalen, Augusto Sandino (1895–1934), nicht bereit, sich dem Diktat der US-Besatzer zu beugen und nahm im Juli 1927 den bewaffneten Kampf auf. Schnell gewann Sandino in der Weltöffentlichkeit das Image eines „Robin Hood“. Die US-Diplomaten stellten Sandino dagegen als Banditen mit kommunistischen Ideen dar, die er aus Mexiko mitgebracht haben soll und begründeten damit das harte Vorgehen.

Antiimperialismus in den USA

Allerdings kam es nun auch innerhalb der USA zu Protesten. Erstmals bildeten sich Solidaritätsgruppen, die das Vorgehen des eigenen Landes verurteilten. Dazu zählte das *Committee on Cultural Relations with Latin America*. Außerdem beteiligten sich antiimperialistische Medien und Journalisten an der Kampagne. Daran zeigte sich die neue Begeisterung für die Nachbarn im Süden, die zumal in den 1920er-Jahren von einer Welle von US-amerikanischen Touristen entdeckt wurden. Bei manchen dieser Grenzgänger standen mexikanische Volkskultur, Tänze und Kunst besonders hoch im Kurs. Dies blieb jedoch auf ein linksliberales vor allem akademisches Milieu begrenzt, das sich selten von exotisierenden Vorstellungen vom südlichen Nachbarn löste. Da die US-amerikanischen Touristen „typisch mexikanische“ Dinge suchten, wurden diese vor Ort in Mexiko so hergestellt, dass sie dem Geschmack der *Gringos* entsprachen. Hier ergänzten sich Bilder und Erwartungshaltungen zwischen Nord und Süd wiederum wechselseitig.

Auch im US-Kongress kam es zu harten Auseinandersetzungen um Nicaragua. Die US-Regierung reagierte, indem sie 1928 eine Änderung des Wahlgesetzes in Nicaragua durchsetzte. Als am Anfang 1929 ein neuer Präsident eingeführt wurde, wollte man sich zurückziehen. Ein ungelöstes Problem war jedoch der Aufbau neuer Sicherheitskräfte. So entschied man sich die Marines im Land zu belassen, und bei Aufbau und Ausbildung der *Guardia Nacional* zu helfen. Auf Vorschlag der US-Verantwortlichen wurde die Truppe dem Befehl von Anastasio Somoza (1925–1980) unterstellt. Während dessen führte man den Kampf gegen Sandino weiter. Anfang 1933 wurde mit Juan Sacasa ein neuer Präsident gewählt und die US-Marines verließen das Land. Allerdings gelang es Somoza die Stellung Sacasa auszuhöhlen und Sandino, den er in einen Hinterhalt gelockt hatte, 1934 ermorden zu lassen. Nach Sacasas Rücktritt 1936 übernahm Somoza selbst die Herrschaft, die er 20 Jahre lang diktatorisch ausüben sollte.

Bucareli-Abkommen

Neben den direkten militärischen Interventionen wendeten die Vereinigten Staaten auch wieder diplomatischen Druck an, etwa wenn es galt diverse Grenzkonflikte in Zentralamerika zu regeln. Im Falle Mexikos funktionierte das alte Mittel der Nicht-Anerkennung. Hier galt es Entschädigung für die Revolutionsschäden einzufordern und die Umsetzung von Artikel 27 der Revolutionsverfassung zu verhindern. Als Carranza im Mai 1920 einem Attentat zum Opfer fiel, erkannte Washington seinen Nachfolger Álvaro Obregón (1880–1928) erst an, als dieser 1923 das so genannte Bucareli-Abkommen unterzeichnete, in dem Mexiko den USA große Zugeständnisse machte. Unter der Regierung von Plutarco Elías Calles (1877–1945) kam es in der zweiten Hälfte der 1920er-Jahre dann erneut zu Spannungen, die sich erst auflösten, als mit Dwight Morrow ein US-Botschafter nach Mexiko kam, der sich ernsthaft um gute Beziehungen bemühte. Insgesamt hatte der US-Interventionismus zahlreiche Dimensionen, blieb aber unter dem Strich genauso intensiv wie vor dem Krieg.

3. Der Aufstieg der lateinamerikanischen Nationalismen

Völkerbund

Die meisten lateinamerikanischen Staaten wurden 1919 Mitglieder des Völkerbunds. Die Erfahrungen auf der internationalen Bühne zeigten, dass diese Staaten nicht mehr widerspruchslos bereit waren, den Führungsanspruch der Europäer und US-Amerikaner zu akzeptieren. Dahinter stand ein neues Selbstbewusstsein, das sich aus der Schwächung Europas durch die Selbstzerfleischung des Ersten Weltkriegs ergab. Dieses neue Selbstbewusstsein wurde von Gruppierungen getragen, die sich selbst als Nationalisten bezeichneten. In Lateinamerika gab es aber Nationalismus – verstanden als bevorzugte Förderung der wie auch immer definierten Interessen der Nation – durchaus schon früher. Der neue Nationalismus der Nachkriegszeit, um den es nun geht, setzte neue Schwerpunkte.

Durch die Ratifikation des Versailler Vertrags waren die ehemaligen deutschen Kriegsgegner Gründungsmitglieder des Völkerbunds. Das galt auch für die neutralen Staaten, die der Einladung nachkamen, die Völkerbundssatzung zu ratifizieren. Nur im Fall Mexikos lehnten Großbritannien und die USA eine Einladung zur Mitgliedschaft 1919 ab. Gründe waren die Haltung während des Kriegs und die Frage der Entschädigung für englische und US-amerikanische Staatsbürger. Wichtiger noch war das Fernbleiben der Vereinigten Staaten. Daraus ergab sich ein Gegensatz zwischen dem Universalitätsanspruch des Völkerbunds und dem von den USA dominierten Panamerikanismus als regionalem Sicherheitssystem.

Die Haltung Lateinamerikas zur Hegemonialmacht USA, zur Monroe-Doktrin und zum Panamerikanismus war jedoch auch im Völkerbund von Bedeutung. Forderungen nach einer grundsätzlichen Annullierung bzw. Neudefinition der Monroe-Doktrin sowie die Opposition gegen den Interventionismus der USA in Lateinamerika wurden bereits auf der Friedenskonferenz in Paris deutlich zur Sprache gebracht. Die Vertreter von Honduras und Panama erklärten die Monroe-Doktrin und vor allem den *Roosevelt Corollary* von 1905 in der Plenarsitzung der Friedenskonferenz Ende April 1919 wegen der Gründung des Völkerbunds für überflüssig. Damit wandten sie sich offensiv gegen den Artikel 21 der Völkerbundssatzung, der gerade mit Blick auf die besondere Rolle der USA in Lateinamerika sogenannte „friedenssichernde regionale Übereinkommen" als mit dem Völkerbund kompatibel ansah. Durch die Aufnahme dieses Artikels erkannten die europäischen Mächte die Monroe-Doktrin und damit den Führungsanspruch der Vereinigten Staaten in Amerika an und schränkten damit auch den Anspruch des Völkerbunds auf globale Verantwortlichkeit ein. Honduras und Panama konnten sich mit ihrem Diskussionsbeitrag nicht durchsetzen. Wenig später griff Argentinien den Punkt erneut erfolglos auf.

Allerdings trugen derartige Angriffe auf die Monroe-Doktrin dazu bei, in den USA die Vorbehalte gegen die Weltorganisation zu stärken und wurden von interessierten Kreisen dort auch entsprechend ausgeschlachtet. Die US-Regierung war nicht bereit, diese Grundlage ihrer Lateinamerikapolitik aufzugeben, wie die zahlreichen militärischen Interventionen zeigten. Die Hoffnungen der Lateinamerikaner, den Völkerbund gegen die US-amerikanischen Übergriffe zu mobilisieren, erfüllten sich nicht. Es blieb bei Protesten, die verhallten, da die Vereinigten Staaten durch den Krieg zur unumstrittenen Hegemonialmacht der Amerikas aufgestiegen waren.

1928 erreichte der Unmut einen Höhepunkt. Erneut stand die Monroe-Doktrin im Mittelpunkt der Kritik und wurde nun als einseitige und damit nicht dem Sinn des Artikels 21 der Völkerbundssatzung gerecht werdende Erklärung bezeichnet. Durch eine Anfrage Costa Ricas war der Völkerbund zu einer Stellungnahme in der Sache gezwungen. Das hatte die für den Völkerbundsrat unangenehme Konsequenz, sich offiziell zu diesem heiklen Thema äußern zu müssen. In geheimen Sitzungen des Völkerbundsrats wurde Ende August 1928 über die Formulierung der Antwortnote beraten. Während die europäischen Großmächte zu einer ausweichenden Stellungnahme tendierten, um die Empfindlichkeit der Vereinigten Staaten zu schonen, warnten die lateinamerikanischen Vertreter vor den Konsequenzen für die Haltung Lateinamerikas zum Völkerbund im Allgemeinen. Man einigte sich auf eine Kompromissformel. Dieser Kompromiss schuf die Voraussetzung dafür, dass die lateinamerikanischen Staaten Genf treu blieben und der Bund damit nicht zu einem europäisch-asiatischen Bündnis reduziert wurde.

Durch ihre Mitgliedschaft im neu gegründeten Völkerbund gewannen die lateinamerikanischen Staaten eine neue Bedeutung auf der internationalen Bühne der Nachkriegszeit. Die Rolle Lateinamerikas im internationalen System wurde im Wesentlichen durch vier Veränderungen definiert: erstens entfiel die Bedrohung durch europäische Mächte; zweitens wurde die Hegemonie der Vereinigten Staaten in dieser Region durch den Kriegsausgang gefestigt; drittens erlaubte der Völkerbund den lateinamerikanischen Staaten eine stärkere Aktivität in den internationalen Beziehungen; viertens konnten sich zumindest bis zur Weltwirtschaftskrise auch innerhalb der westlichen Hemisphäre Ansätze zur friedlichen Schlichtung von Konflikten stärker durchsetzen. In der Außenwirkung aber galt der Völkerbund in Lateinamerika als schwaches, eurozentrisches Instrument, das sich in entscheidenden Fragen zu wenig für die Interessen der Lateinamerikaner engagierte. Die Austritte von insgesamt elf lateinamerikanischen Staaten zwischen 1920 und 1938 verdeutlichen, dass der Völkerbund letztlich nicht die Erwartungen erfüllte.

Eine zusätzliche Bühne war der Panamerikanismus. Auf der Fünften Panamerikanischen Konferenz in Santiago de Chile „feierte“ man 1923 100 Jahre Monroe-Doktrin. Damals gab es angesichts der Schwäche Europas durchaus Hoffnung auf einen Wandel. Im Jubiläumsjahr hoffte man in Lateinamerika auf ein großzügiges Zeichen der US-amerikanischen Außenpolitik. Die Reden von *Secretary of State* Charles E. Hughes (1862–1948) in Santiago riefen allerdings Enttäuschung und offene Kritik hervor, bedeuteten sie doch nicht nur eine Absage an Reformen, sondern sogar einen Schritt zurück in die Ära der *Big Stick*-Diplomatie. Deutlicher als je zuvor griffen Kommentatoren den unilateralen Charakter der Doktrin nun ebenso an wie das selbst angemaßte Recht der Vereinigten Staaten, die lateinamerikanischen Republiken zu „beschützen“.

Die Kommentare zur Monroe-Doktrin in der Nachkriegsdekade spiegelten im Wesentlichen zwei Strömungen wider. Im Lager der Moderaten, die die Doktrin aufgrund des gemeinsamen Schicksals der Amerikas anerkannten, waren Experten der Auffassung, dass eine völlige Isolierung von den Vereinigten Staaten schon aus wirtschaftlichen Erwägungen unmöglich sei.

Die Doktrin müsse jedoch auf ihren ursprünglich defensiven Sinn reduziert und eine neue Basis von Gleichheit, Vertrauen und Zusammenarbeit gefunden werden. Das Lager der Radikalen lehnte die Gültigkeit der Monroe-Doktrin angesichts des Endes der europäischen Gefahr grundsätzlich ab. Ohne diese Bedrohung war die Doktrin für die Souveränität Lateinamerikas gefährlich. Daher erschien der Panamerikanismus vielen Beobachtern als hohler Slogan, der falsche Hoffnungen weckte. Es wirkte zynisch, wenn die US-Amerikaner im panamerikanischen Rahmen zur Verbrüderung aufriefen, gleichzeitig aber große Teile Zentralamerikas mit ihren Truppen besetzten.

Karikaturen

Kritiker wie der argentinische Intellektuelle José Ingenieros (1877–1925) stimmten darin überein, dass der Wahlspruch „Amerika den Amerikanern" seit der Unabhängigkeit eine neue Bedeutung gewonnen hatte, die die semantische Verengung des Amerika-Begriffs widerspiegelte, der nun nur noch für den nördlichen Teil des Doppelkontinents verwendet wurde. Das „Go West" hatte sich damit in ein „Go South" verwandelt. Diese Gemengelage trug zur Verdichtung des Bildes vom gierigen *Onkel Sam* bei, der ganz Lateinamerika vergewaltigen und versklaven wollte. Das geschah nicht zuletzt durch die medienwirksame Popularisierung des abstoßenden *Yankees* durch Karikaturen und andere visuelle Darstellungen.

Q

José Ingenieros und die Monroe-Doktrin (1922)
Aus: José Ingenieros: „Por la Unión Latino Americana", in: Revista de Filosofía 8 (Nov. 1922), S. 439.

Wir sind keine Panamerikaner und wollen und können keine mehr sein. Die berühmte Monroe-Doktrin, die ein Jahrhundert lang die Garantie unserer politischen Unabhängigkeit gegen die Bedrohung europäischer Eroberungen zu sein schien, hat sich nach und nach als Erklärung des amerikanischen Rechts herauskristallisiert, uns zu beschützen und sich in unsere Angelegenheiten einzumischen. ... Unter den herrschenden Schichten dieses großen Staates hat sich ein Drang nach Expansion und Eroberung zu einem solchen Grad herausentwickelt, dass das klassische ‚Amerika den Amerikanern' heute ‚Amerika – unser Lateinamerika – den Nordamerikanern' bedeutet.

Die Kritik an einer „friedlichen Penetration" Lateinamerikas durch die Investitionen und Dollaranleihen des großen angloamerikanischen Nachbarn wurde begleitet durch die damit einhergehende Verbreitung der Populärkultur aus den Vereinigten Staaten. Im Zusammenspiel mit der Urbanisierung und dem Aufstieg der Mittelschicht führte der Wohlstand mancherorts zu Ansätzen einer Konsumgesellschaft, durch die breitere Bevölkerungsschichten in engeren Kontakt mit den Erzeugnissen der US-amerikanischen Zivilisation kamen. Die Zahl der Grenzgänger, die beispielsweise durch den Genuss US-amerikanischer Jazz-Musik oder Kinofilme in symbolischen Kontakt mit den USA kamen, nahm dadurch bisher unbekannte Ausmaße an und wuchs beständig. Damit traten Elemente in den lateinamerikanischen Bildern von den Vereinigten Staaten in den Vordergrund, die in der Forschung aufgrund der einseitigen Konzentration auf den antiimperialistischen Diskurs oft vernachlässigt wurden.

Lateinamerikanischer Antiimperialismus

Die nationalistischen Kritiker, die diese Tendenzen kritisierten, wenngleich sie selbst oft daran teilhatten, waren Teil einer neuen intellektuellen Elite, deren Mitglieder der neuen städtischen Mittelschicht entstammten und vergleichsweise jung waren. Diese Gruppierung bildete eine transnationale Gelehrtenrepublik, deren gemeinsamer Nenner ein mehr oder weniger ausgeprägter Antiimperialismus war. Seit der Russischen Revolution von 1917 war eine zunehmende Anzahl von Mitgliedern dieser Gruppierung zutiefst von sozialistischen und kommunistischen Gedanken geprägt.

Die Begeisterung für die Russische Revolution fiel in der rumorenden Universitätslandschaft und vor dem Hintergrund der wirtschaftlichen Krisen auf fruchtbaren Boden. Schon 1918/19 waren etwa in Argentinien und Mexiko kommunistische Parteien entstanden, die bald an den Kongressen der Dritten Internationale teilnahmen. An der ersten Konferenz lateinamerikanischer Kommunisten in Buenos Aires nahmen 1929 bereits Delegierte aus 15 Ländern teil. Damit kam ein neues ideologisches Element in die Beziehungen zwischen Lateinamerika und den Vereinigten Staaten, denn die Mitglieder der Internationale unterwarfen sich den Anordnungen aus Moskau und wurden so quasi zum verlängerten Arm einer europäischen Macht in Lateinamerika.

Langfristig sollte das erheblichen Einfluss auf die politischen Entwicklungen in der Region haben. Kurzfristig wurde der gegen die USA gerichtete Antiimperialismus zu einem wichtigen Element, mit dem die Kommunisten Aufmerksamkeit erringen konnten. Was sie mit den anderen Nationalisten verband, war der Aufruf an die Gemeinsamkeit und Solidarität, die alle Völker Lateinamerikas in Abgrenzung gegen die USA miteinander verbinden sollte. Der argentinische Sozialist Manuel Ugarte (1875–1951) setzte sich für die Gründung einer Lateinamerikanischen Union in Buenos Aires als Antwort auf die Panamerikanische Union in Washington ein. 1925 wurde diese Vision verwirklicht. Die Kommunisten engagierten sich in der Antiimperialistischen Liga für Lateinamerika mit Sitz in Mexiko, die von der Komintern finanziert wurde.

Der wichtigste Stein des Anstoßes war das Vorgehen der USA in Nicaragua. Die linken und rechten Nationalisten verklärten Sandino als romantischen Helden. Sie verlangten die Aufstellung einer hispanoamerikanischen Legion für Nicaragua. Als wenige Monate nach der Invasion 1928 die Sechste Panamerikanische Konferenz in Havanna zusammentrat, erreichte die Kritik ihren Höhepunkt. Die Idee einer antiimperialistischen Front Lateinamerikas gegen die USA nahm in diesen Monaten Gestalt an.

kultureller Nationalismus

Ergänzt wurden die politischen Proteste durch den kulturellen Nationalismus. Mehr denn je forderten Intellektuelle und Schriftsteller eine grundlegende geistig-kulturelle Erneuerung als Voraussetzung für eine eigenständige Entwicklung Lateinamerikas. Eine wichtige Weiterentwicklung, der bereits seit Martí und Rodó bestehenden Denkschulen war die Rassenidee des Mexikaners José Vasconcelos (1882–1959). Vasconcelos behauptete, dass die Mischung der Rassen nicht zur Dekadenz, sondern im Gegenteil zu einer Perfektion, zur „kosmischen Rasse“ führe. Andere Stimmen entdeckten nun die gesellschaftliche Wirklichkeit unter Einbeziehung der ethnischen Heterogenität. Sie plädierten für eine neue Wertschätzung der autochthonen Kultur. Besonders in den Ländern mit einer hohen indigenen Bevölkerung traten indigenistische Bewegungen auf. Damit einher geht eine Absetzung von den USA.

Der Nationalismus hatte auch eine wirtschaftliche Ebene. Ein zentrales Argument des Antiimperialismus war der Hinweis auf die Gefahr der wirtschaftlichen Ausbeutung durch ungleichen Handel und Enklavenbildung. Radikale Nationalisten forderten vollständige Abkehr und eine Politik der Autarkie, das heißt Selbstversorgung und Lösung aus der internationalen wirtschaftlichen Abhängigkeit. In der Tat veränderte sich die Entwicklungsphilosophie. Eine Wirtschaftspolitik, die man viele Jahre nach dem Dogma der „Entwicklung nach außen" betrieben hatte, erschien nun angesichts der internationalen Rahmenbedingungen von Schutzzöllen und Währungschaos als überholt und nicht mehr praktikabel. So wurde die Wirtschaft zu einem zentralen Element des nationalistischen Diskurses. Allerorten wurde die Forderung nach Emanzipierung der lateinamerikanischen Volkswirtschaften von ausländischer Kontrolle laut. Die Diskussionen fanden ihre Umsetzung in einer neuen protektionistischen Politik.

Arbeiterschutzgesetze, die auch für ausländische Unternehmen galten, Regulierungen der ausländischen Unternehmen, Besteuerung von Ausländern, Schutz und Privilegierung der Einheimischen – all dies schien angesichts der langen Tradition des Laisser-faire revolutionär. Zum heißesten Eisen wurde in den 1920er-Jahren das Erdöl. Dieser Rohstoff kam in größeren Mengen in Mexiko und Venezuela vor, und man vermutete darüber hinaus große Lagerstätten in Argentinien, Peru, Kolumbien und auch im umstrittenen Chaco-Gebiet. Da Erdöl während des Ersten Weltkriegs bereits zum modernen Brennstoff avanciert war, schien sich hier eine Quelle unerhörter Reichtümer aufzutun. Das Problem, wie man den Rohstoff ohne das Knowhow und das Kapital der US-Amerikaner bzw. Europäer ausbeuten sollte, ließ sich allerdings nicht befriedigend lösen.

Die „Tentakel des US-Imperialismus" wurden häufig von denen angegriffen, die ein Interesse daran hatten, das politische System und die Machtverteilung zu kritisieren. Der Vorwurf der Kollaboration mit dem *Yankee*-Kapital wurde zu einem politisch mächtigen Argument im täglichen Kampf um die öffentliche Meinung. Die extremen Parteien und Bewegungen der Linken und der Rechten, aber auch moderate Nationalisten, Konservative und Linksliberale konnten ihn dazu verwenden, die Regierung und die wirtschaftlichen Führungsschichten zu kritisieren und politische Opponenten zu diskreditieren. In dieser Hinsicht war die Vorstellung von der wirtschaftlichen „Penetration" der *Yankees* nicht nur gefürchtet, sondern auch beliebt. Die Dramatisierung der „amerikanischen Gefahr" blieb jedoch keineswegs nur auf den wirtschaftlichen Aspekt begrenzt.

4. Die Weltwirtschaftskrise

Der Spielraum zur Durchsetzung des wirtschaftlichen Nationalismus war nicht zuletzt wegen der weltwirtschaftlichen Krisen der 1920er-Jahre begrenzt, die einzelne lateinamerikanische Länder phasenweise bereits schwer trafen. Allerdings ließen sich bis 1929 viele der grundsätzlichen Probleme noch durch den Anleiheboom aus den USA überdecken. Mit dem Beginn der neuen Dekade sollten sich die wirtschaftlichen Probleme in bisher ungekanntem Maße verschärfen und eine grundsätzliche Neuorientierung notwendig machen.

Dass die USA zum Zentrum der Weltwirtschaft geworden war, sollte sich nach dem New Yorker Börsenkrach vom Oktober 1929 weltweit negativ bemerkbar machen. Die Weltwirtschaftskrise traf mit dem Fall der Rohstoffpreise insbesondere auch die exportabhängigen Wirtschaften in Lateinamerika. In ihrer frühen Phase 1930/31 beeinträchtigte die Weltwirtschaftskrise vor allem den Handelsaustausch. Mit der Finanzkrise seit Mitte 1931 setzte sich durch den Abzug kurzfristiger Kredite aus den Schuldnerstaaten, die Einführung von Außenhandelsbeschränkungen, Währungsabwertungen, Zollerhöhungen und Devisenbewirtschaftungen sowie durch die Bilateralisierung der Wirtschaftsbeziehungen und die weitere Abnahme des Welthandels bis 1932 die Desintegration der Weltwirtschaft fort. Der Preisverfall für die lateinamerikanischen Exportprodukte zog enorme wirtschaftliche und soziale Probleme nach sich.

„Entwicklung nach innen"

Für Lateinamerika war die Weltwirtschaftskrise ganz wesentlich eine Exportkrise. Die Wahrnehmung der damit verbundenen Probleme vertiefte den Prozess des Umdenkens, durch den langfristig das Modell der „Entwicklung nach außen" abgelöst wurde durch eine „Entwicklung nach innen". Diese Trends zeigten sich vor allem an den wirtschaftlichen Beziehungen. Die schwerwiegenden Nachteile der internationalen Arbeitsteilung im liberalen Weltwirtschaftssystem wollten viele lateinamerikanische Regierungen nun dadurch ausgleichen, dass sie die Binnenwirtschaft etwa durch Industrialisierungsprogramme gezielt förderten. Eine weitere bedeutende Folge der Krise war der Aufstieg populistischer Regierungen wie z.B. Getúlio Vargas in Brasilien (1930–45), Lázaro Cárdenas in Mexiko (1934–40), der Movimiento Nacional Revolucionario in Bolivien ab 1940 oder Alfonso López Pumarejo (1934–38) in Kolumbien. Was diese Bewegungen einte, war die neuartige Massenbasis, die Bedeutung der Mittelschichten und der in Gewerkschaften organisierten Arbeiter.

Das Ergebnis dieser Entwicklungen für die Beziehungen zu USA war ein katastrophaler Rückgang des Handels. Das lag nicht nur an den Lateinamerikanern, sondern vor allem auch am Protektionismus der US-Amerikaner. Schon der so genannte Fordney-McCumber-Tarif von 1921 hatte eine erhebliche Belastung für die lateinamerikanischen Exporte nach den USA gebracht. Während der Weltwirtschaftskrise zogen die US-Gläubiger dann ihre Kredite wieder ab, was in den lateinamerikanischen Schuldnerländern zu Geldknappheit führte. Durch den Smoot-Hawley-Tarif von 1930 wurde der Protektionismus der USA geradezu prohibitiv. Die Vereinigten Staaten verloren dadurch an Boden in Lateinamerika.

Anti-US-Amerikanismus

Hinzu kam, dass durch die destruktive Wirtschaftspolitik die Xenophobie allerorten anstieg. Der Antiimperialismus wandelte sich angesichts der Hungerkrisen nun in vielen Fällen in eine aggressive Fremdenfeindlichkeit, von der in erster Linie die *Yankees* betroffen waren. Der eher unspezifische Anti-Imperialismus, wandelte sich in einen expliziten Anti-US-Amerikanismus, denn man sah die US-Amerikaner als Verursacher der Katastrophe. Vielerorts gehörte es bald zum guten Ton der *political correctness,* seine Kritik an den Vereinigten Staaten möglichst radikal zu äußern. Viele lateinamerikanische Regierungen reagierten denn auch mit ultranationalistischen Maßnahmen auf den Protektionismus der USA. Allerdings ließ sich dies nicht konsequent durchführen, denn die wirtschaftliche Not löste politisches Chaos aus, das sich in zahlreichen Umstürzen niederschlug.

Der Anti-US-Amerikanismus wurde in dieser Zeit zu einem breitenwirksamen Phänomen. In illustrierten Zeitschriften, im Radio und im Kino fand die Kritik an den USA Verbreitung. Karikaturisten nahmen sich dankbar der Thematik an und prangerten die Ausbeutung durch die *Yankees* an. Die Begegnungen mit den Nordamerikanern in Lateinamerika zeigten sich 1931/32 von ihrer hässlichsten Seite. Der populäre Anti-US-Amerikanismus bildete nicht nur das zentrale Element in den politischen Diskursen, sondern führte direkt zu xenophoben Ausschreitungen gegen US-amerikanische Einrichtungen und Personen. Diese Entwicklung baute auf dem Antiimperialismus der 1920er-Jahre auf. Allerdings war Letzterer ein, von den Geschehnissen in den Enklaven abgesehen, wenig greifbares ideelles Konstrukt geblieben, während der neue Anti-US-Amerikanismus sich aus den direkten Erfahrungen, den Enttäuschungen und der Wut einer Vielzahl von Lateinamerikanern aus allen Gesellschaftsschichten speiste.

In den Vereinigten Staaten vertieften diese Entwicklungen den Umdenkprozess, der in einen Politikwechsel münden sollte. Schon vor Amtsantritt hatte Hoover Lateinamerika 1928 besucht und dabei den Begriff der „guten Nachbarschaft" geprägt. Schon im selben Jahr hatte Staatssekretär J. Reuben Clark (1871–1961) in einem Memorandum festgestellt, dass der ursprüngliche Sinn der Monroe-Doktrin nicht darin bestanden hatte, Lateinamerika zu kontrollieren. Im Gegenteil, so Clark, war es dem damaligen US-Präsidenten Monroe nur darum gegangen war, Europa von weiteren Übergriffen in den Amerikas abzuhalten. Keineswegs aber habe sich die Doktrin auf die inneramerikanischen Beziehungen bezogen. Sie könne nicht als Rechtfertigung der eigenen Interventionen herangezogen werden. Erst nach Amtsantritt Hoovers hatte die US-Regierung den Mut, dieses Memorandum 1930 zu veröffentlichen. Im Februar 1931 widerrief Außenminister Henry L. Stimson (1867–1950) in einer Rede das Interventionsrecht der USA und das *Roosevelt Corollary* dann ausdrücklich. Zwei Jahre später zogen die USA ihre Truppen aus Nicaragua ab. US-Investoren wurden angewiesen, in Problemfällen erst lateinamerikanische Gerichte anzurufen. Eine militärische Schuldeintreibung sollte es nicht mehr geben. Präsident Herbert Hoover (1874–1964) war auch in der Anerkennungsfrage zu Zugeständnissen bereit. Eine Regierung sollte akzeptiert werden, wenn sie die völlige Kontrolle erlangt hatte und ihren internationalen Verpflichtungen nachkam.

Durch den Aufstieg der lateinamerikanischen Nationalismen und die Weltwirtschaftskrise hatten die US-amerikanisch-lateinamerikanischen Beziehungen einen Tiefpunkt erreicht. Der Anti-US-Amerikanismus der Straße bot einen Vorgeschmack auf das, was während des Kalten Kriegs fast schon zur Regel werden sollte. Mitten in der Krise wurden jedoch in politischer Hinsicht seitens der Hoover-Administration die Weichen neu gestellt. „Gute Nachbarschaft" hieß das neue Zauberwort in den interamerikanischen Beziehungen. Was sich dahinter verbarg, sollte sich ab 1933 zeigen.

VIII. Verteidigung der Hemisphäre, 1933–1945

1933 Abzug der US-Truppen aus Nicaragua
Roosevelts Rede zur guten Nachbarschaft
Panamerikanische Konferenz in Montevideo
1934 Beendigung des Platt-Amendments
Reciprocal Trade Agreement Act
1936 Hull-Alfaro-Vertrag
Panamerikanische Konferenz in Buenos Aires
1938 Enteignung der Ölgesellschaften in Mexiko
Panamerikanische Konferenz in Lima
1939 Erstes Treffen der Außenminister
1940 Coordinator of Inter-American Affairs
1941 Kriegseintritt amerikanischer Staaten
1942 Washington-Pakt
Außenministertreffen von Rio de Janeiro
Gründung des *Inter-American Defense Board*
1945 Gründungskonferenz der Vereinten Nationen
Akte von Chapultepec

Die Dekade der 1930er sollte zu einer Phase der Rückbesinnung auf die heimsphärische Solidarität werden. Die Ausgangslage war durchaus vergleichbar mit der einem Jahrhundert zuvor. Doch stand dieses Mal keine neue Monroe-Doktrin als Programm bereit, sondern das Schlagwort der guten Nachbarschaft, das Präsident Hoover erfunden, das aber erst unter seinem Nachfolger mit politischen Inhalten gefüllt wurde. In den 1940er-Jahren kam es dann erneut zum Ernstfall als die amerikanischen Staaten, ob sie es wollten oder nicht, wiederum in die Wirren des Zweiten Weltkriegs hineingezogen wurden.

1. Die „gute Nachbarschaft" bis 1939

„Politik der guten Nachbarschaft"

Der Demokrat Franklin Delano Roosevelt (1882–1945) war in den 1920ern einer von den Politikern, die die amtierende republikanische Regierung wegen ihres fehlenden Fingerspitzengefühls in Lateinamerika kritisiert hatte. Insbesondere griff Roosevelt den Interventionismus scharf an, wenngleich er als Unterstaatssekretär der Marine unter Präsident Wilson selbst für Eingriffe in Haiti, der Dominikanischen Republik und Mexiko verantwortlich gezeichnet hatte. Mit seiner Wahl zum Präsidenten sollte eine neue Lateinamerikapolitik unter dem Schlagwort der *Good Neighbor Policy* zum Maßstab aller Dinge werden. Am Pan-Amerikanischen Tag 1933 bezog er sich in seiner Rede vor der Pan American Union dann ausdrücklich auf Lateinamerika. Dabei beschwor er die brüderliche Gemeinschaft aller Amerikaner aus dem Geist des Panamerikanismus und der nachbarschaftlichen Zusammenarbeit. Er forderte Verständnis und Sympathie für die Perspektive der Anderen. Die Monroe-Doktrin, so Roosevelt, war nur als Dogma der Verteidigung gegen nicht-amerikanische Mächte gedacht. Wachstum war nach Meinung des Präsidenten nur durch das gemeinsame Wachstum der Zivilisation und nicht auf Kosten anderer möglich. Daher wollte er die Abschaffung aller Barrieren, die den Handel zwischen den Völkern Amerikas behinderten. Rhetorisch wandte sich Roosevelt also vom Interventionismus ab und setzte dabei auf Freihandel als Mittel und Ziel.

Q

Franklin Delano Roosevelt: Die Politik der guten Nachbarschaft (1933)
Aus: Holden und Zolov, S. 142.

Die grundlegenden Qualitäten eines echten Panamerikanismus müssen dieselben sein, die einen guten Nachbarn ausmachen, nämlich gegenseitiges Verständnis und durch dieses Verständnis eine freundliche Bewertung der Meinung des Anderen ... In diesem Sinn kommen die Völker aller Republiken auf unserem Kontinent zu der tiefen Überzeugung der Tatsache, dass die Monroe-Doktrin, über die seit mehr als einem Jahrhundert so viel geschrieben und gesprochen wurde, war und ist nur darauf ausgerichtet, die Unabhängigkeit der Völker dieses Kontinents aufrechtzuerhalten. Sie richtete sich und richtet sich noch immer gegen den wie auch immer gearteten Erwerb von zusätzlichem Territorium in dieser Hemisphäre durch nicht-amerikanische Mächte.
Gemeinsam mit dieser panamerikanischen Doktrin der Selbstverteidigung sehen die Völker der amerikanischen Republiken im Lauf der Zeit immer klarer, dass die Unabhängigkeit einer jeden Republik die Unabhängigkeit aller anderen Republiken anerkennen muss. Wir alle müssen durch den Fortschritt der Zivilisation und des sozialen Wohlstands wachsen, nicht durch den Erwerb von Territorium auf Kosten eines Nachbarn.

In der Folgezeit intensivierten die USA ihre panamerikanischen Bemühungen. Im Dezember 1933 nahm mit Cordell Hull (1871–1955) erstmals ein *Secretary of State* persönlich an einer panamerikanischen Konferenz teil. In Montevideo gab es erneut viel Kritik am Interventionismus seitens der Lateinamerikaner. Einer gemeinsamen Erklärung, nach der kein Staat mehr das Recht haben sollte, sich in die inneren und äußeren Angelegenheiten eines anderen einzumischen, schlossen sich die Vereinigten Staaten an. Allerdings arbeiteten sie einen Vorbehalt für militärische Interventionen im Notfall ein. Viele Lateinamerikaner blieben daher zunächst skeptisch. Da allerdings auch die Enttäuschung über den Völkerbund wuchs und es zu zahlreichen Völkerbundsaustritten kam, bot eine Neuausrichtung des Panamerikanismus immerhin eine Chance.

gemeinsame Verteidigung

Auf der Panamerikanischen Konferenz von Buenos Aires im Dezember 1936 diskutierte man die vom nationalsozialistischen Deutschen Reich ausgehende Gefahr ausführlich und beschloss die gemeinsame Verteidigung. Dabei ging man ausdrücklich von der Interdependenz der Hemisphäre. Die Verteidigung der Demokratie gegen den Faschismus stellte erstmals eine gemeinsame Aktion gegen einen äußeren Feind dar. Die lateinamerikanischen Delegierten beargwöhnten jedoch noch die Vorschläge der US-Regierung zur Institutionalisierung der Verteidigungszusammenarbeit und lehnten sie ab. Man einigte sich immerhin auf Konsultationen falls sich ein Staat von außen bedroht fühlte. Damit gingen die Delegierten in Buenos Aires einen entscheidenden Schritt in Richtung Multilateralisierung der Monroe Doktrin und interamerikanische Solidarität. Dies unterstrich man durch ein Zusatzprotokoll, in ein absolutes Interventionsverbot festgelegt wurde.

kontinentale Solidarität

Ende 1938 fand in Lima die 8. Panamerikanische Konferenz statt. Sie stand ganz unter dem Eindruck des Münchner Abkommens. Daher beschloss man nun doch die Institutionalisierung der regelmäßigen Konsultationen der Außenminister. Nur die Argentinier zeigten sich wenig verhandlungsbereit, da sie ihre enge Bindung an Europa nicht aus Spiel setzen und sich deshalb nicht vollständig in das ihres Erachtens von den USA dominierte System einbinden lassen wollten. In der Abschlusserklärung der Konferenz, der sich bis auf Argentinien und Chile alle Delegationen anschlossen, beschwor man erneut die kontinentale Solidarität, die gemeinsame Verteidigung und verständigte sich auf regelmäßige Außenministertreffen.

Skepsis hinsichtlich der Umsetzung der Rhetorik der guten Nachbarschaft in der direkten Politik hegten nicht nur die Argentinier und Chilenen. Immerhin war der Truppenabzug aus Nicaragua noch unter Hoover im Januar 1933 ein positives Signal, denn damit war eine schwere Hypothek bereits aus dem Weg geräumt. Ein Jahr später zogen sich die Marines auch aus Haiti zurück. Jedoch blieb die Oberaufsicht über die Steuererhebung und damit das Finanzprotektorat in diesem Inselstaat noch bis 1941 bestehen. Auch auf Kuba hatte die Weltwirtschaftskrise ein innenpolitisches Chaos ausgelöst, auf das die US-Regierung mit der Entsendung von Kriegsschiffen reagierte. 1933 wurde Diktator Gerardo Machado (1871–1939) zum Rücktritt gezwungen. Seine beiden Nachfolger konnten sich nur kurz an der Macht halten, ehe sich 1934 mit Oberst Fulgencio Batista (1901–1973) ein neuer starker Mann herauskristallisierte, der im Hintergrund die Fäden in der Hand hielt und die Opposition unterdrückte, ehe er sich 1940 selbst zum Präsidenten wählen ließ. Die USA ließen die Entwicklungen in Kuba laufen, gewährten Vorzugszölle für kubanischen Zucker und akzeptierten sogar die Beendigung des viel kritisierten Platt-Amerndments 1934. Nur die Marinebasis auf Guantánamo sollte weiterhin vom besonderen Einfluss der Vereinigten Staaten auf Kuba zeugen.

Militärstützpunkte

Schritte des Entgegenkommens machte die Roosevelt-Regierung auch gegenüber Panama. Dies gipfelte 1936 im Hull-Alfaro-Vertrag, der das Ende des US-amerikanischen Interventionsrechts außerhalb der Kanalzone sowie eine Erhöhung der jährlichen Pachtgebühren beinhaltete. Allerdings behielten sich die USA in dieser strategisch wichtigen Zone das Recht zu Manövern im Krisenfall und zur Errichtung von Militärstützpunkten vor. Besonders problematisch war die Lage in Mexiko. Der Prozess zur Nationalisierung des Erdöls durch die Regierung von Lázaro Cárdenas war von lautem Protest der US-amerikanischen Investoren begleitet, die ein energisches Eingreifen ihrer Regierung forderten. Als das oberste mexikanische Gericht im März 1938 die Enteignung der ausländischen Ölgesellschaften für rechtens erklärte, schien eine schwere Krise in den Beziehungen unvermeidbar. Allerdings war die Regierung in Washington angesichts des neuen Kurses in der Lateinamerikapolitik und der zunehmenden Bedrohung durch Deutschland und Japan nicht bereit zu intervenieren. Stattdessen einigte man sich nach langen Verhandlungen 1941 auf Entschädigungszahlungen.

Reciprocal Trade

Die Politik der guten Nachbarschaft hatte auch eine wirtschaftliche Dimension, die angesichts der Weltwirtschaftskrise von besonderer Bedeutung war. Im Gegensatz zu den republikanischen Vorgängerregierungen verfolgte

Präsident Roosevelt eine Politik des Freihandels. Dabei ging man richtigerweise davon aus, dass die USA als modernste Wirtschaft der Region letztlich am meisten von freien Märkten profitieren würden. Freihandel und freies Unternehmertum erhielten unter Roosevelt quasi den Status von Glaubenssätzen, mit denen er den totalitären Ideologien begegnen wollte. Ließ sich dieser radikale Kurswechsel in Montevideo 1933 noch nicht durchsetzen, so erhielt der Präsident 1934 durch den *Reciprocal Trade Agreement Act* das Recht, Handelsverträge ohne Zustimmung des Kongresses abzuschließen und dabei bis zu 50% Zollnachlass für entsprechende Gegenleistungen zu gewähren. Ziel war die weltweite Durchsetzung der Liberalisierung des Handels durch eine Politik der offenen Tür. In der Folgezeit schlossen die US-Regierung zahlreiche Abkommen mit lateinamerikanischen Staaten. Aus Sicht der Vereinigten Staaten war dies eine positive Entwicklung, die angesichts des erschreckenden Anstiegs der deutschen Interessen in der Region auch bitter nötig war. Für die lateinamerikanischen Partner waren die Abkommen jedoch ein zweischneidiges Schwert, vertieften sich doch ungleichen Handelsstrukturen und die Monoproduktion. Außerdem verhinderten sie Ansätze zur Industrialisierung.

Die US-Regierung federte ihre Handelsinitiativen durch die Vergabe von Krediten an die lateinamerikanischen Staaten ab. Eine Schlüsselrolle dabei spielte die 1934 gegründete Export-Import-Bank. Sie wurde zu einem außenpolitischen Instrument der USA, da sie Kredite auch zur Stärkung der Verteidigungsanstrengungen der Region vergab und in militärisch wichtige Rohstoffe investierte. Insgesamt war auch die Export-Import-Bank dazu gedacht, engere Bindungen der lateinamerikanischen Volkswirtschaften an die USA zu schaffen. Die Bankkredite waren Teil eines neuen Konzepts der Entwicklungspolitik, das sich in diesen Jahren erstmals andeutete. Der von Roosevelt 1940 zum Koordinator der interamerikanischen Angelegenheiten ernannte Millionärsspross Nelson Rockefeller (1908–1979) erkannte, dass der Wohlstand Lateinamerikas auch für die Interessen der USA wichtig war. Ansätze auf dem Gebiet der technischen Hilfe oder der Hygiene zielten in eine Richtung, die nach Kriegsende an Bedeutung gewinnen sollte.

2. Das neutrale Amerika

Der deutsche Überfall auf Polen 1939 löste in Amerika allgemein Sympathieerklärungen seitens der politischen Eliten für die Polen aus und führte zu einer ebenso breiten Verurteilung des deutschen Angriffs. Jedoch erklärten die amerikanischen Staaten wie schon 1914 zunächst ihre Neutralität. Gleichzeitig bemühten sich diverse lateinamerikanische Regierungen wie die von Kolumbien und Argentinien um gemeinsame Neutralitätserklärungen und die Abstimmung der Politik. Schon Ende September kam es zu einem ersten Konsultativtreffen der amerikanischen Außenminister in Panama. Die US-Regierung nutzte dies, um diverse Maßnahmen zum Schutz der Neutralität in den Amerikas vorzuschlagen. So erklärte man eine 300-Meilen-Sicherheitszone in der keine Schiffe der Kriegführenden geduldet werden sollten. Allerdings ließ sich diese Bestimmung angesichts der enormen Länge der amerikanischen Küstenlinien kaum kontrollieren.

Jedoch blieben die Lateinamerikaner auch um die Wahrung ihrer Souveränität bemüht und waren daher zu keinen weiteren Zusagen zur gemeinsamen Verteidigung bereit. Nur in bilateralen Abmachungen konnten die Vereinigten Staaten weitergehende Formen der Zusammenarbeit durchsetzen. So gelang es, die zentralamerikanischen Regierungen zu einem härteren Vorgehen gegen die deutschen diplomatischen Vertreter zu bewegen. Die Dominikanische Republik gestand den USA aufgrund der Gerüchte über deutsche U-Boot-Stationen in der Karibik Militärbasen zu. Eine weitere Maßnahme, die den deutschen Einfluss zurückdrängen und gleichzeitig den US-amerikanischen Zugriff auf einzelne lateinamerikanische Staaten stärken sollte, war die stärkere Kontrolle und spätere Übernahme oder Schließung der deutschen bzw. vermeintlich deutschen Luftlinien z. B. in Kolumbien.

japanische Handelsoffensive

Zu Kriegsbeginn kam es ferner zu einer japanischen Handelsoffensive in Lateinamerika. Die Japaner versuchten, den Ausfall der Europäer auszunutzen und schlossen bilaterale Austauschabkommen u. a. mit Mexiko. Darauf reagierten die USA mit dem Kauf lateinamerikanischer Rohstoffe, um die dortigen Absatzprobleme zu mildern und um sich Kriegsreserven anzulegen. Außerdem vergab man strategische Kredite, z. B. für den Bau des brasilianischen Stahlwerks in Volta Redonda, das ursprünglich die deutsche Firma Krupp hatte bauen sollen. Ziel der US-Politik war eindeutig die Verdrängung der Achsenmächte und der japanischen Interessen aus Amerika.

Welteroberungspläne Hitlers

Nach den Erfolgen des so genannten Blitzkriegs im Sommers 1940 stieg die Kritik in Lateinamerika am nationalsozialistischen Deutschland. Die Angst vor Hitler wuchs insbesondere nach der Veröffentlichung der spanischen Übersetzung von Hermann Rauschnings sensationellen *Gesprächen mit Hitler* (1940), in denen der ehemalige Danziger Senatspräsident von Welteroberungsabsichten Hitlers berichtete, die sich dezidiert auch auf Lateinamerika bezogen hätten. Die Sorge bestand nicht zuletzt deshalb, weil einige der nun von deutschen Truppen besetzten Länder wie Dänemark, Frankreich oder die Niederlande über Kolonialbesitz in der Karibik und im nördlichen Südamerika verfügten. Würde das siegreiche Deutsche Reich diese Besitzungen für sich beanspruchen und diesen Anspruch durchsetzen? Immer wieder kamen Gerüchte auf, wonach deutsche Invasionstruppen den Machtanspruch etwa in den Guayanas oder Curaçao und Aruba geltend machen wollen.

Die amerikanischen Außenminister reagierten darauf, als sie bei ihrem zweiten Konsultativtreffen in Havanna im Juli 1940 das „No-Transfer"-Prinzip der Monroe-Doktrin erneuerten. Ferner kam es zu einer Solidaritätserklärung für den Fall des Angriffs auf eines der Partnerländer. Die USA konnten ferner den Ausbau ihrer Militärbasen in Lateinamerika wenngleich nur mit Zivilpersonal durchsetzen. Auch die Notmaßnahmen Washingtons mit Blick auf die europäischen Territorien in der Karibik wurden geduldet. Diese nahmen allerdings zum Teil absurde Formen an, als etwa in Martinique ein Vichy-treuer Gouverneur, von den Briten blockiert wurde, die wiederum unter der Überwachung der US-Amerikaner standen.

Im Einzelnen unterschied sich die Haltung der lateinamerikanischen Staaten teilweise erheblich voneinander. Argentiniens Regierung unter Präsident Roberto Marcelino Ortiz machte anfangs in den panamerikanischen Konsultationen sogar den Vorschlag, die Neutralität aufzugeben und den Status von nicht-kriegführenden Mächten anzunehmen. Dadurch wäre man nicht mehr an die Neutralitätsbestimmungen gebunden gewesen, ohne direkt am Krieg beteiligt zu sein, und hätte England begünstigen können. In der Tat wurde der Krieg am Río de la Plata durch die Seeschlacht zwischen Engländern und Deutschen und die Versenkung der *Graf Spee* im Dezember 1939 vor Montevideo besonders handgreiflich. Allerdings gab es gegen den Vorschlag Widerstände innerhalb Argentiniens und auch die USA wollten sich zu Kriegsbeginn noch nicht so weit kompromittieren.

Die Haltung der brasilianischen Regierung von Getúlio Vargas (1883–1954) war dagegen ambivalent. Einerseits legte Vargas Wert auf das traditionelle Bündnis mit den USA. Andererseits verstand sich das Regime des *Estado Novo* selbst als autoritären Staat und sympathisierte mit den Achsenmächten. Noch 1940 verurteilte Vargas mehrfach den Parlamentarismus und Liberalismus als schädlich und verhandelte mit dem deutschen Botschafter über zukünftige Handelsbeziehungen Außerdem lehnte er sich rhetorisch eng an die propagandistischen Vorgaben der faschistischen Regimes an, etwa wenn er die Notwendigkeit der Körperertüchtigung betonte oder seine Massenaufmärsche koordinierte. Ein Jahr später ging Vargas dann aber auf die US-amerikanischen Wünsche nach Luftbasen in Brasilien ein und konzessionierte auch die Fluggesellschaft *Panair do Brasil*, die die von Deutschen kontrollierten Luftlinien zurückdrängte. Die Fluggesellschaft Condor wurde 1942 in eine brasilianische Fluglinie verwandelt, womit man einer weiteren Forderung der US-Amerikaner entsprach.

Nationalisierung des Erdöls

Die Regierung Mexikos unter Cárdenas nutzte die angespannte Lage in Europa wie gesehen schon 1938 zur Nationalisierung des Erdöls, was den Abbruch der diplomatischen Beziehungen seitens Englands nach sich zog. Daher richtete sich Mexiko in handelspolitischer Hinsicht auf die Achsenmächte aus und schloss entsprechende Abkommen. Andererseits war Mexiko aber auch ein lautstarker Kritiker der autoritären Regimes. Viel dezidierter als die anderen Lateinamerikaner hatte sich das Land auch offiziell auf die Seite der spanischen Republik gestellt und diese durch Erdöllieferungen unterstützt. Das Franco-Regime erkannte die mexikanische Regierung nicht an und nahm demgegenüber zahlreiche Flüchtlinge aus Spanien auf. Insgesamt zeigte die mexikanische Haltung, dass bei aller antifaschistischen Rhetorik ein blindes Befolgen der US-amerikanischen Vorgaben weiterhin nicht in Frage kam.

Besonders gefährlich erschien aus Sicht der USA das Wirken der Auslandsdeutschen und insbesondere der nationalsozialistischen Auslandsorganisation. So meinte man in Uruguay 1939/1940 in der so genannten Führmann-Affäre eine reale Bedrohung zu erkennen. Angeblich gab es Staatsstreichpläne einer großen Nazi-Organisation in Uruguay, die von dem „Reichsdeutschen" Arnulf Führmann geleitet wurde. Im April 1940 wurde das Komplott aufgedeckt und es kam zu Verhaftungen. Die USA, Argentinien und Brasilien boten der uruguayischen Regierung daraufhin Militärhilfe zum Schutz des Landes an. Eine ähnliche Bedrohung schien aus Sicht der US-Interessen die deutsche Fluggesellschaft SCADTA in Kolumbien darzustellen. 1940 nutzte die US-Fluggesellschaft Pan American die günstige Gelegenheit, um die verbliebenen deutschen Angestellten zu entlassen. Die kolumbianische Regierung erhielt 40% der Aktien der Gesellschaft und man schuf ein neues halbstaatliches Unternehmen mit dem Namen AVIANCA, das wie schon die Vorgängerin aus wirtschaftlichen Gründen eng mit der Pan American kooperieren musste. Der strategisch wichtige Luftverkehr in der Nähe der Panamakanalzone war nun auch offen unter der Kontrolle der US-amerikanischen Interessen.

Trotz dieser Erfolge folgten keineswegs alle Regierungen blind den Vorgaben Washingtons. Selbst in Panama, einem Land, das wie kein anderes als Appendix der USA galt, wurde dies deutlich. Hier regierten bereits seit 1931 die nationalistischen Arias-Brüder, die Zugeständnisse von den USA forderten und mit dem Freundschaftsvertrag von 1936 auch erfolgreich waren. Nach der Wahl von Arnulfo Arias (1901–1988) zum Präsidenten 1940 war die neue Regierung nicht bereit, die US-amerikanischen Pläne zum Ausbau der Militärstützpunkte mit dem Ziel des besseren Schutzes des Kanals zu akzeptieren. Arias galt bald als Freund der Achsenmächte. Als er im Oktober 1941 nach Havanna reiste, kam es zu einer Palastrevolte. Der neue Präsident Ricardo de la Guardia (1899–1969) ließ die Arias-Anhänger verfolgen und machte die gewünschten Zugeständnisse an die Vereinigten Staaten.

Unter anderem ließ der Präsident auch die Deutschen im Land internieren. Damit folgte er der US-amerikanischen Internierungspolitik, die diese auch in anderen lateinamerikanischen Ländern durchsetzte, wo insgesamt rund 4000 Deutsche in Lagern zusammengezogen wurden. Doch nicht alle Deutschen in Lateinamerika waren Nationalsozialisten. Im Laufe des Kriegs fanden sich teilweise selbst jüdische Flüchtlinge plötzlich in Lagern wieder, wo sie mit Nationalsozialisten zusammenleben mussten.

jüdische Flüchtlinge

In der Tat hatten sich Teile der jüdischen Flüchtlingswelle nach Lateinamerika gerichtet, denn die Vereinigten Staaten waren wie viele andere Staaten nicht bereit, ihre Einwanderungsbestimmungen zu lockern und jüdische Flüchtlinge aufzunehmen. Die von Roosevelt organisierte Flüchtlingskonferenz im französischen Evian von 1938 brachte da wenig Änderung. Dort waren nämlich nur ganz wenige Länder wie etwa – aus propagandistischen Gründen – die Dominikanische Republik unter ihrem Diktator Rafael Trujillo (1891–1961) bereit, sich zur Aufnahme jüdischer Flüchtlingskontingente zu verpflichten. Grundsätzlich bestanden auch in Lateinamerika rassistische Vorbehalte gegen Juden. Länder wie Argentinien und Brasilien reagierten daher mit einer Verschärfung ihrer Einwanderungspolitik. Allerdings waren die argentinischen und brasilianischen Behörden inoffiziell bereit, illegale Einwanderer aus den Verfolgungsgebieten zu dulden. Argentinien wurde damit zum Hauptaufnahmeland für Verfolgte aus Deutschland. Mexiko und Brasilien nahmen ebenfalls zahlreiche jüdische Flüchtlinge auf, während Chile, Uruguay, Kuba und Bolivien kleinere Kontingente zuließen.

Um das Jahr 1941 hatte sich herausgeschält, dass letztlich die Haltung der USA ausschlaggebend für die Politik Lateinamerikas dem Krieg gegenüber sein würde. Schon das „Zerstörer für Stützpunkte"-Abkommen vom September 1940, das den USA 99-jährige Anrechte auf Marine- und Luftstützpunkte auf den britischen Karibikinseln einbrachte, hatte eine unmissverständliche militärische Kooperation mit England bedeutet. In Lateinamerika stieß das Abkommen durchaus auf Kritik, da man eine erneute Welle des US-Expansionismus im karibischen Raum befürchtete. Nach der Wiederwahl Roosevelts im November 1940 kam es dann schon Anfang 1941 zum Lend-Lease-Abkommen, d.h. zur leihweisen Überlassung von Kriegsmaterial an Nationen deren Verteidigung in vitalem Interesse der USA lag. Damit war auch Lateinamerika gemeint. Die USA machten damit einen entscheidenden Schritt von der Neutralität hin zum Status einer „nicht kriegführenden" Macht.

In der Folgezeit wurde die aktive Unterstützung für England weiter ausgebaut. Außerdem weiteten die USA ihre Interpretation des Gebiets der „westlichen Hemisphäre" aus. Gleichzeitig stieg der US-amerikanische Druck auf die lateinamerikanischen Staaten, die noch existierenden deutschen Militärmissionen und Fluglinien zu schließen. 1941 reagierte man in Peru, Bolivien und Ecuador positiv auf diese Forderungen. Derweil weiteten die Vereinigten Staaten ihre Wirtschaftshilfe für die Region aus, indem sie massenhaft lateinamerikanische Exporte aufkauften. Nach dem deutschen Überfall auf die Sowjetunion im Juni 1941 erließen die USA dann eine schwarze Liste gegen Handelsinteressen in Lateinamerika, die mit Angehörigen der Achsenmächte Geschäfte machten. Ferner gab man britischen Konvoys Geleitschutz. Die offizielle Kriegserklärung war damit nur noch eine Frage der Zeit.

Zieht man ein Fazit, so lässt sich feststellen, dass die Solidarisierungsbemühungen angesichts der faschistischen Bedrohung lange Zeit halbherzig blieben. Die Sorgen vor einem US-amerikanischen Wirtschaftsimperialismus blieben bestehen. Staaten wie Argentinien legten Wert auf ihre Beziehungen zu Europa. Nach Kriegsausbruch war man mit Blick auf die militärische Bedrohung, die die Expansion der Achsenmächte in den Augen der meisten Lateinamerikaner darstellte, auf die USA angewiesen. Daher kam es schon 1940/41 zu Maßnahmen, die die Aktivitäten der Achsenmächte stark einschränkten. Diese Maßnahmen zeichneten sich oft dadurch aus, dass sie – wie etwa bei den Nationalisierungen der Fluglinien – vor allem den nationalen Interessen zugute kamen aber indirekt eben auch die europäischen auf Kosten der US-amerikanischen Einflüsse zurückdrängten.

3. Der Kriegseintritt

Der Ernstfall trat im Dezember 1941 ein, als japanische Flugzeuge den US-Flottenstützpunkt Pearl Harbor angriffen. Die Reaktionen in Lateinamerika glichen denen von 1917. In kürzester Zeit folgten die Kriegserklärungen Kubas, der Dominikanischen Republik und Haitis sowie die der sechs zentralamerikanischen Republiken. Diese Staaten hatten große Summen zur Stabilisierung ihrer Wirtschaft aus den Vereinigten Staaten erhalten. Nun boten sie großzügig militärische Stützpunkte an. Selbst britische Beobachter sprachen davon, dass sich Washington die Solidarität dieser Länder erkauft habe. Dabei war es den Außenpolitikern der USA egal, ob sie Diktatoren wie Jorge Ubico (1878–1946) in Guatemala, Trujillo in der Dominikanischen Republik oder Somoza in Nicaragua unterstützten, auch wenn diese in ihrer Politik den von Präsident Roosevelt Anfang 1941 verkündeten „Vier Freiheiten" klar widersprachen. Wichtig war Washington nur, dass die politischen Systeme dieser Länder stabil blieben.

Die drei großen Karibikanrainer Mexiko, Kolumbien und Venezuela traten zwar nicht sofort in den Krieg ein, brachen aber noch im Dezember

1941 die diplomatischen Beziehungen zu den Achsenmächten ab. Auch in diesen Ländern hatten die engen wirtschaftlichen Beziehungen zu den Vereinigten Staaten die Entscheidungen beeinflusst. Im Falle Mexikos war die Erdölfrage zwar noch offen, doch kam 1940 mit Manuel Avila Camacho (1897–1955) ein neuer Präsident an die Macht, der einen Versöhnungskurs mit den USA steuerte und problemlos an die betont antifaschistische mexikanische Außenpolitik der 1930er-Jahre anknüpfen konnte. Ende 1941 nahm dann auch die britische Regierung die diplomatischen Beziehungen zu Mexiko wieder auf, obwohl die Frage der Enteignung der Erdölfirmen aus ihrer Sicht noch keineswegs geklärt war. In diesen Ländern wurden Deutsche nun planmäßig interniert, deutsche Unternehmen und Guthaben beschlagnahmt. Außerdem baute man die militärische Kooperation mit den Vereinigten Staaten weiter aus. Die Länder südlich des Äquators blieben demgegenüber noch neutral.

Die neun zentralamerikanischen und karibischen Kriegsteilnehmer der ersten Stunde zählten am 1. Januar 1942 zu den Staaten, die gemeinsam mit GB, der Sowjetunion, China und 13 weiteren Staaten die Alliierte Koalition bildeten und den Washington-Pakt unterzeichneten. Für ganz Lateinamerika wichtig war darüber hinaus das Konsultativtreffen von Rio de Janeiro, zu dem die amerikanischen Außenminister am 15. Januar 1942 als Reaktion auf den US-amerikanischen Kriegseintritt zusammenkamen. Trotz der Vorbehalte Argentiniens wegen seiner traditionell guten Beziehungen zu Deutschland und Italien sowie der chilenischen Sorge vor einem japanischen Angriff einigten sich die Außenminister, die Empfehlung zum Abbruch der diplomatischen Beziehungen auszusprechen. Noch einmal wiederholte man den bereits auf der Konferenz von Havanna 1940 formulierten Satz, wonach jeder Angriff eines nicht-amerikanischen Staates auf einen amerikanischen Staat als Aggression gegen alle amerikanischen Staaten gewertet würde. Kurze Zeit später gründete man den *Inter-American Defense Board* in Washington, der die Ausrüstung und Ausbildung der lateinamerikanischen Armeen stärker auf den Standard des US-Militärs ausrichten sollte.

U-Bootkrieg

Die Regierungen Uruguays, Paraguays, Perus, Boliviens und Brasiliens folgten noch während des Treffens in Rio de Janeiro der Empfehlung und brachen die Beziehungen zu den Achsenmächten ab. Später folgten Ekuador und Venezuela. Kolumbien verhielt sich demgegenüber zunächst neutral. Nach der Versenkung eines kolumbianischen Schiffs im November 1943 stellte man aber den Kriegszustand mit Deutschland fest. In der Tat wurde Amerika nun in zunehmenden Maß zum Kriegsgebiet. In der Karibik hielt seit Dezember 1941 der deutsche U-Bootkrieg Einzug und die Region wurde zur höchsten Gefahrenzone. Es kam unter anderem zu Angriffen auf die Erdölraffinerien auf Aruba. 1942 werden 336 Schiffe versenkt. Als Reaktion darauf erlaubten die meisten Regierungen den US-Einheiten Zugang zu ihren Häfen. Das US-Militär übernahm Patrouillenfunktion und ging dazu über, vor Ort Militärs auszubilden. Vor allem in Panama und in der Kanalzone fand eine große Truppenkonzentration statt. 1943 hatte man die U-Boot-Gefahr dann aber durch entsprechende Gegenmaßnahmen und die Verlagerung der Gewichte in Europa weitestgehend gebannt.

Sturz von Diktatoren

Auch in innenpolitischer Hinsicht machten sich die Einflüsse der USA in Lateinamerika zunehmend bemerkbar. Angespornt durch die Rhetorik von Freiheit und Demokratie kam es 1944 zu Aufständen gegen die Diktatoren

Maximiliano Hernández Martínez (1882–1966) in El Salvador und Ubico in Guatemala. Hier konnten sich neue Regierungen durchsetzen. Die Gewaltregimes von Somoza und Trujillo blieben dagegen an der Macht, weil es ihnen gelang, Aufstandsbewegungen brutal zu unterdrücken. Dabei profitierten sie von der US-amerikanischen Wirtschaftshilfe und dem Erwerb von Waffen aus Lend-Lease-Geschäften.

Im Fall Ecuadors, Perus und Paraguays erfolgten die Kriegserklärungen im Februar 1945 mit Blick auf die Ausgangsposition bei den bevorstehenden Friedensverhandlungen. Auch Uruguay trat erst spät in den Krieg ein, war aber von Beginn ein besonders klarer Befürworter der Alliierten und hatte daher die diplomatischen Beziehungen schon früh abgebrochen. Eine besondere Bedeutung hatten erneut die Beziehungen zwischen den Vereinigten Staaten und Mexiko. Die mexikanische Regierung hatte sich wie kaum eine andere schon vor Kriegsbeginn deutlich gegen den Faschismus positioniert. Nach der Versenkung mehrerer mexikanischer Schiffe und der rüden Ablehnung der mexikanischen Proteste erklärte Mexiko Deutschland im Mai 1942 den Krieg. Auch hier kam es zur Enteignung der deutschen Firmen sowie zur Schließung deutscher Schulen und Vereine. Insgesamt wurden die Deutschen in Mexiko nun schärfer überwacht.

mexikanische Gastarbeiter

Ein Kriegsbeitrag des Nachbarlandes, der aus US-amerikanischer Sicht noch wichtiger war, waren die vielen Mexikaner, die sich für die US-Armee rekrutieren ließen. Außerdem beschlossen die Regierungen 1942 ein Gastarbeiterprogramm. Zehntausende ungelernte Arbeiter – die so genannten *braceros* – holte man für landwirtschaftliche und Eisenbahnarbeiten ins Land, um US-Staatsbürger für den Kriegsdienst freizustellen. Trotz entgegen lautender Bestimmungen kam es in diesem Zusammenhang immer wieder zu Diskriminierung und sogar Gewalt gegen Mexikaner. Als Konsequenz verbot die mexikanische Regierung die Auswanderung ungelernter Arbeiter nach Texas zwischen 1943 und 1947.

Q

Das *Bracero*-Programm (1942)
Aus: Holden und Zolov, S. 166.

Um ein befriedigendes Abkommen zu bewerkstelligen, wonach mexikanische Landarbeiter für die Verwendung in den Vereinigten Staaten bereit gestellt werden und gleichzeitig Maßnahmen getroffen werden, mit denen diese Arbeitskräfte adäquat geschützt werden, während sie außerhalb Mexikos sind, werden die folgenden Bestimmungen vorgeschlagen:
Es versteht sich, dass Mexikaner, die für die Arbeit in den Vereinigten Staaten kontraktiert sind, nicht für Militärdienste abgestellt werden.
Mexikaner, die aufgrund dieses Abkommens in die USA kommen, sollen keinerlei diskriminierenden Akten unterliegen …
Mexikaner, die aufgrund dieses Abkommens in die USA kommen, sollen die Garantien für Transport, Lebensunterhalt und Rückführung nach Art. 29 der mexikanischen Arbeitsgesetze genießen.
Mexikaner, die aufgrund dieses Abkommens in die USA kommen, sollen nicht angestellt werden, um andere Arbeiter zu ersetzen oder um Löhne herabzusetzen, die zuvor Bestand hatten.

US-Kulturpropaganda

In der Tat war Mexiko eines der Hauptzielländer einer US-amerikanischen Kulturoffensive für Lateinamerika. Mit Unterstützung aus Regierungskreisen sollte die Annäherung zwischen den Amerikas durch Reisen und den Transfer von Produkten der Populärkultur wie Hollywood-Filmen, Schlagermusik und Tänzen gefördert werden. Die mexikanische Regierung nahm diesen Gedanken durchaus auf und funktionierte ihn im eigenen Sinn um, indem sie für Tourismus warb. Die Überwindung der Grenzen durch zunehmende direkte Kontakte – zum Beispiel durch Reisen – oder indirekte Berührungen – beispielsweise durch die US-amerikanische Massenkultur – führte jedoch nur scheinbar dazu, dass sich die Vorstellung von gegensätzlichen, klar voneinander abgegrenzten Welten entscheidend gewandelt hätte.

Q

Benjamín Subercaseaux und das fremde Amerika (1943)
Aus: B. Subercaseaux: Retorno de U.S.A. Santiago, 1943, S. 231–232.

Nur wenn die Völker wieder untereinander Kontakt aufnehmen, kann ein echtes Verständnis zwischen dem Mann von der Straße und jenem anderen Mann von der Straße entstehen, die sich vorher nicht kannten. ... Es kommt aber vor, dass, während wir zuvor voneinander getrennt waren, weil wir uns wenig kannten, wir uns heute noch mehr voneinander entfernen, weil wir uns nur zu gut kennen.

Auch Brasilien kam in den strategischen Planungen Washingtons aufgrund seiner geographischen Lage hohe Bedeutung zu. Nach der Versenkung diverser brasilianischer Schiffe und daraus resultierenden Massenprotesten erklärte Vargas im August 1942 den Kriegeintritt des Landes. Daraufhin der Tat erhielt das Regime rund 70% der gesamten Lend-Lease-Hilfe für Lateinamerika. Dabei war es Washington egal, dass es sich dabei um eine Diktatur handelte. Umgekehrt bezogen die Vereinigten Staaten aus Brasilien viele kriegswichtige Rohstoffe. Ab 1944 war Brasilien das einzige lateinamerikanische Land, das Truppen nach Europa schickte. Es handelte sich um drei Divisionen, die in Italien kämpften und von den USA ausgerüstet und befehligt wurden. Insgesamt erfuhr das Land eine hohe außenpolitische und militärische Aufwertung. Mit modernen Flugplätzen und modernster Militärtechnik ausgerüstet ging Brasilien aus dem Krieg hervor.

Bolivien erklärte den Achsenmächten im April 1943 als zweites südamerikanisches Land nach Brasilien den Krieg. Hintergrund war der Versuch, sich eine günstige diplomatische Ausgangssituation mit Blick auf die zukünftigen Friedensverhandlungen zu schaffen und dann auch die Frage des Zugangs zum Meer durch die Anfechtung der chilenischen Territorialansprüche neu aufzurollen. Durch den Ausfall Südostasiens kam Bolivien als Zinnproduzent besondere Bedeutung zu. Daher erhielt die bolivianische Regierung schon ab 1941 Lend-Lease-Unterstützung. Außerdem entsandten die USA eine Wirtschaftsmission zur Verbesserung der Infrastruktur durch Straßenbau. Die Lage änderte sich durch den Putsch von Gualberto Villaroel (1908–1946) im Dezember 1943. Im Ausland betrachtete man Villaroel, der durch den *Movimiento Nacional Revolucionario* unterstützt wurde, als faschistisch inspiriert. Bis auf Argentinien erkannte kein amerikanisches Land die neue Regierung an. Die Junta war in der Folgezeit bemüht, ihren guten Willen zu zeigen, indem sie besonders eifrig Deutsche internierte.

wirtschaftlicher Kriegsbeitrag

Nicht nur Bolivien, sondern alle genannten lateinamerikanischen Staaten sollten nach Ansicht Washingtons einen wirtschaftlichen Beitrag zum Krieg leisten. Die dort vorkommenden Rohstoffe wie Mangan oder Kupfer waren kriegswichtig. Auch die Landwirtschaft Lateinamerikas wurde für die Kriegsanstrengungen eingespannt. Insgesamt richteten sich die Außenwirtschaften Lateinamerikas zunehmend einseitig auf die USA aus. Dabei waren die Nordamerikaner durchaus auch bemüht, die verbündeten Engländer von den Märkten zu verdrängen. Andererseits leisteten die USA aber auch wertvolle Hilfe für den Ausbau der Infrastruktur und vor allem für die Regelung der Altschuldenfrage. Mexiko und Brasilien etwa konnten sich ihrer Altlasten vollständig entledigen. Zahlreiche weitere Staaten erreichten immerhin Moratorien.

Mit der Kriegserklärung an die Achsenmächte ging in der Regel auch die offizielle Wiederaufnahme der Beziehungen zur Sowjetunion einher. Die USA drängten ihre Nachbarn seit Ende 1941 geradezu, die Beziehungen zu ihrem neuen Verbündeten wieder aufzunehmen und die Lateinamerikaner folgen bis 1945 diesem Aufruf.

Im Gegensatz zu den bisher besprochenen Ländern, die alle entweder 1941/42 mehr oder weniger schnell an der Seite der USA in den Krieg eintraten, schlugen Argentinien und Chile einen anderen Kurs ein. Aus der Sicht Chiles sprach die schier endlose Küste, die auch die USA nicht effektiv schützen konnten, gegen die Aufgabe der Neutralität. Die Chilenen argumentierten, dass sie durch die Lieferung kriegswichtiger Rohstoffe, mehr für die Alliierten tun konnten als durch die Kriegserklärung. Im Januar 1943 brach man die Beziehungen zur Achse dann doch ab. Maßnahmen gegen die deutschen Einrichtungen setzte man aber nur halbherzig um. Erst als im Dezember 1944 klar wurde, dass nur die Kriegsteilnehmer mit einer Beteiligung an der großen Nachkriegskonferenz rechnen durften, erklärte Chile im Februar 1945 Japan den Krieg.

Argentinien hielt ebenfalls lange an der Neutralität fest, was nicht zuletzt mit den innenpolitischen Problemen der Regierung Ramón Castillo (1873–1944) zusammenhing. 1943 kam es zu einem Militärputsch. Das folgende Militärregime galt aufgrund des Festhaltens an der Neutralität bald als Nazi-freundlich. Als das Regime dann auf Druck der USA im Januar 1944 doch die Beziehungen zur Achse abbrach, empörten sich die achsenfreundlichen Kreise unter den Militärs. Im Januar 1944 stürzte ein Geheimbund jüngerer Offiziere den Präsidenten. Unter dem neuen Regierungschef General Edelmiro Farrell (1887–1980) wurde Juan Domingo Perón (1895–1974) zum Verteidigungsminister. Die USA reagierten mit der diplomatischen Isolierung Argentiniens. Angesichts dieses Drucks sah sich die Regierung im März 1945 gezwungen, den Kriegsbeitritt zu erklären.

4. Der Weg zum Frieden

Finanzkonferenz von Bretton Woods

Der mexikanische Präsident Avila Camacho erklärte schon Mitte 1943, dass die neue panamerikanische Gemeinschaft in eine umfassendere Weltgemeinschaft eingebettet werden müsse, um den Frieden dauerhaft zu sichern. An der ersten Konferenz der Vereinten Nationen im Mai 1943 nahmen bis auf Argentinien denn auch bereits alle lateinamerikanischen Staaten teil. Sie waren Mitunterzeichner der gemeinsamen Erklärung über Nothilfe und Wiederaufbau vom November 1943, in der die Bekämpfung der Mangelernährung zum gemeinsamen Ziel erklärt wurde. Dieses Ziel stand auf der Finanzkonferenz von Bretton Woods im Juli 1944, die hauptsächlich der Regelung der Nachkriegswirtschaft diente, erneut auf der Tagesordnung. Die lateinamerikanischen Delegierten wiesen auf die Notwendigkeit der Hilfe nicht nur für Kriegsopfer, sondern auch für Unterentwickelte hin. Immerhin gestand man der Region zwei der 12 Direktorenposten im neu gegründeten Internationalen Währungsfonds zu.

Als die Großmächte in Dumbarton Oaks 1944 über die politische Nachkriegsordnung verhandelten, waren die Lateinamerikaner dagegen nicht dabei. Bei der Schaffung der Vereinten Nationen schlug Roosevelt zunächst auch Brasilien als Mitglied des ständigen Sicherheitsrats vor. Dies ließ sich aber gegen den Widerstand der Sowjetunion nicht durchsetzen. Als der Sieg der Alliierten Anfang 1945 absehbar war, drängten die USA wie gesehen alle lateinamerikanischen Staaten zum Kriegseintritt, um an der Gründungskonferenz der Vereinten Nationen in San Francisco teilnehmen zu können. In Lateinamerika stieß dieses Vorgehen auf Unverständnis und löste vielerorts Verbitterung aus. Mit Recht fühlte man sich ausgeschlossen und herumgestoßen, vor allem weil die USA die Lateinamerikaner vor Dumbarton Oaks nicht konsultiert hat.

Akte von Chapultepec

Im interamerikanischen Rahmen funktionierte die Kooperation dagegen noch gut. Anfang 1945 fand die Panamerikanische Konferenz über Probleme von Krieg und Frieden in Mexiko statt. Das Ergebnis war die Akte von Chapultepec, die eine wichtige Grundlage der interamerikanischen Beziehungen der Nachkriegszeit werden sollte. Darin verpflichteten sich die Unterzeichner dazu, keine Kriegsverbrecher aufzunehmen. Gleichzeitig brachten die lateinamerikanischen Delegierten Vorschläge zur Verbesserung der Vereinten Nationen ein. Dazu zählte das Prinzip, dass interamerikanische Probleme in interamerikanischen Organisationen gelöst werden sollten. Das war ein Richtungswechsel im Vergleich zur Vorkriegszeit, denn nun waren es die Lateinamerikaner, die auf den Regionalismus pochten. Ein Hintergedanke dabei war, sich wirtschaftliche Vorteile auf der Basis der besonderen Beziehungen zu den USA zu sichern. Das war allerdings nicht im Sinne Washingtons, das für die Nachkriegswelt Freihandel anstrebte, während die Lateinamerikaner eine nationalistische und staatlich gelenkte Wirtschaftspolitik betrieben. Dennoch kamen auf der Gründungskonferenz der Vereinten Nationen in San Francisco im April 1945 von den 46 Teilnehmern immerhin 19 aus Lateinamerika, das damit bis auf Argentinien vollständig erschienen war. Es gelang ihnen, die Artikel 51 und 52 der UN-Charta durchzusetzen, die die Schaffung regionaler Organisationen vorsahen. Mit ihrer Ablehnung des exklusiven Sicherheitsrats für die Großmächte standen sie allerdings allein.

Die Politik der „guten Nachbarschaft" war nicht uneigennützig, denn sie stand im Kontext der Sorge der Vereinigten Staaten vor der Bedrohung durch den europäischen Faschismus, die sich gerade in wirtschaftlicher Hinsicht auch in Lateinamerika bemerkbar machte. Während des Zweiten Weltkriegs gelang es den USA, die lateinamerikanischen Staaten besonders durch wirtschaftliche Hilfsprogramme und durch Propaganda zu gemeinsamen Maßnahmen zu bewegen. Das nährte Hoffnungen darauf, dass die beiden Sphären sich auf dieser Grundlage lernfähig zeigen und dem Mythos von Amerika als einer neuen und besseren Welt, als echter Hemisphäre, realen Gehalt verleihen würden. Der Rhetorik der politischen Gleichberechtigung stand jedoch die Vertiefung der wirtschaftlichen Abhängigkeit gegenüber.

IX. „Zentrum“ und „Peripherie“ im Kalten Krieg, 1945–1969

1946 Wahl Peróns in Argentinien
1947 Rio-Pakt
1948 Gründung der OAS
1954 Sturz von Arbenz in Guatemala
1958 Nixon-Reise nach Lateinamerika
1959 Kubanische Revolution
1961 Invasionsversuch an der *Playa Girón*
Alliance for Progress
1962 Kuba-Krise
1963 *School of the Americas*
1964 Flaggenunruhen in Panama
1965 US-Eingriff in der Dominikanischen Republik
1966 Gründung der Trikontinentale in Havanna
1967 Erschießung „Che“ Guevaras in Bolivien
1969 Konsens von Viña del Mar

Trotz der vermeintlich „guten Nachbarschaft“, die während des Krieges immer wieder beschworen wurde, änderte sich an den grundlegenden Wahrnehmungen und Strukturen zwischen den Räumen in Amerika nur wenig. In den USA blieben anti-katholische und rassistische Vorstellungen bestimmend. Lateinamerika war demnach „schwarz“ oder „braun“ und stand einem Angloamerika gegenüber, in dem viele Meinungsführer weiterhin auf die Überlegenheit der „Weißen“ Wert legten. Lateinamerika war nach Auffassung dieser US-Amerikaner unfähig, sich selbst zu regieren und produktiv zu arbeiten. Kurz: Man sah sich selbst unkritisch als Zentrum und Lateinamerika als Peripherie. In Lateinamerika bestanden 1945 dagegen große Hoffnungen auf Kooperation mit den USA in der Nachkriegszeit. Auf der Basis der Gleichberechtigung sollten Wohlstand und Demokratie gedeihen. Allerdings gab es auch von Beginn an Misstrauen gegenüber den Vereinigten Staaten und ihrer Dominanz nicht nur seitens der lateinamerikanischen Kommunisten. Schnell sollten sich die Skeptiker bestätigt sehen. Den Kalten Krieg erlebten viele Lateinamerikaner in einem Inferno der Gewalt. Bis 1969 gelangten die Beziehungen zwischen den USA und Lateinamerika an einen Tiefpunkt.

1. Enttäuschte Hoffnungen

wirtschaftliche Abhängigkeit

Insbesondere die wirtschaftliche Abhängigkeit wurde in Lateinamerika gegen Kriegsende kritisch diskutiert. Da das gemeinsame Ziel der Verteidigung gegen die Aggression der Achsenmächte erreicht war, traten die grundsätzlich unterschiedlichen Interessen zwischen den USA und Lateinamerika nun wieder offen zu Tage. Durch die Neuausrichtung der US-amerikanischen Nachkriegspolitik auf Europa geriet Lateinamerika an den Rand des Interesses. Auch die Förderung der Demokratie in den Amerikas, die in einigen Ländern in den 1940er-Jahren durchaus erfolgreich gewesen war, erlahmte bald. Unter dem Eindruck des beginnenden Kalten Krieges unterstützte Washington Diktaturen, solange diese die US-amerikanischen Interessen schützten und antikommunistisch waren. Das führte bereits Ende des Jahrzehnts in vielen Ländern zu einem eindeutigen Rechtsruck. In diesem Zusammenhang standen auch die Bemühungen zur Schaffung eines interamerikanischen Sicherheitssystems mit antikommunistischer Ausrichtung.

Demokratisierungsansätze

Der Sieg über den Totalitarismus in Europa hatte schon seit 1944 große Hoffnungen genährt. Errungenschaften der USA wie freie Wahlen, Bürgerrechte und das Recht auf freie Meinungsäußerung sollten nun auch nach Lateinamerika kommen. In der Tat gab es vielerorts Ansätze zur Demokratisierung. Viele Menschen organisierten sich in Gewerkschaften und Reformparteien und forderten nachdrücklich Wandel und das Ende der Diktaturen. Von 1944 bis 1946 stieg die Zahl der repräsentativen Demokratien unter den zwanzig lateinamerikanischen Staaten von vier auf fünfzehn. Allerdings brachte der Beginn des Kalten Kriegs eine Neuausrichtung der US-Außenpolitik. Das Demokratie-Versprechen der USA stellte sich bald als hohl heraus. Parallel zum Demokratiediskurs stand die Politik der Eindämmung des Kommunismus und das bedeutete, dass man zu diesem Zweck in Washington bereit war, Methoden anzuwenden, die den demokratischen Grundrechten widersprachen. Die Einforderung sozialer Rechte seitens der Armen Lateinamerikas galt schon bald als verdächtig.

Rio-Pakt

Um sich ganz auf den Kampf gegen den Kommunismus konzentrieren zu können, brauchten die USA jedoch den Rückhalt „ihrer" Hemisphäre. Daher war man nun um Abkommen über kollektive Sicherheit bemüht. So wurde am 2. September 1947 von den USA und 18 lateinamerikanischen Staaten in Rio de Janeiro das „Interamerikanische Abkommen über gegenseitigen Beistand", auch bekannt als „Rio-Pakt", unterzeichnet und trat am 3. Dezember 1948 in Kraft. Hauptanliegen des von Washington initiierten Paktes war eine Beistandsverpflichtung im Falle eines Angriffs von außen. Dabei berief man sich auf das Selbstverteidigungsrecht in Artikel 51 der Charta der Vereinten Nationen. Die Unterzeichner sollten Konflikte erst innerhalb Amerikas zu lösen versuchen, ehe sie sich an die Vereinten Nationen wandten. Mit diesem Regionalabkommen sicherten die USA ihre Hegemonie ab und konnten vermeiden, interamerikanische Angelegenheiten vor den Vereinten Nationen unter den Augen der Sowjetunion verhandeln zu müssen.

Die lateinamerikanischen Delegierten, die in Rio gehofft hatten, dass ihr Zugeständnis mit wirtschaftlicher Unterstützung entgolten werden würde, sahen sich getäuscht. Die Einführung des Marshall-Plans bedeutete, dass der Wiederaufbau Europas nun Priorität hatte und Lateinamerika demgegenüber ins zweite Glied rücken musste. An Wirtschaftshilfe war unter diesen Umständen nicht zu denken. Die Zahlungen aus den USA an Lateinamerika sanken auf ein Minimum. Das entsprach den Gedanken der Modernisierungstheorie, die führende US-amerikanische Sozialwissenschaftler vertraten. Demnach halfen die Vereinigten Staaten Lateinamerika indirekt durch die Diffusion ihres Wirtschaftsmodells vor allem mittels privater Direktinvestitionen, die Know-how und moderne Technologien in die Region mitbrachten. Die USA und ihre lateinamerikanischen Nachbarn ergänzten sich hervorragend, so die Ansicht der „Diffusionisten". Wenn sich die Erfolge nicht sofort einstellten, so lag das am Einfluss reaktionärer Eliten, die um den Erhalt ihres sozialen Status willen kein Interesse an einer Steigerung der Produktivität hatten. Am besten, so Rostow, sollte der Staat in Lateinamerika die Wirtschaft dem freien Spiel der Marktkräfte überlassen.

Anti-Kommunismus

Noch vor Inkrafttreten des Rio-Paktes gründeten 21 Länder am 30. April 1948 auf der Panamerikanischen Konferenz in Bogotá die Organisation Amerikanischer Staaten (OAS). Die Organisation war der Nachfolger der Panamerikanischen Union. Neben der OAS-Charta wurden in Bogotá auch die „Interamerikanische Erklärung der Menschenrechte" und der „Amerikanische Vertrag über friedliche Streitschlichtung" (Bogotá-Pakt) unterzeichnet. Die OAS-Charta dehnte das Prinzip der kollektiven Sicherheit aus, so dass es auch andere Formen der Intervention umfasste. Damit waren in erster Linie kommunistische Unterwanderungsversuche gemeint. Das erschien adäquat, denn just während der Tagung wurde der Präsidentschaftskandidat Jorge Eliecer Gaitán (1903–1948) in Bogotá ermordet. Die US-Delegierten nutzten dies, um die Kommunismusangst zu schüren.

Q

Die Erhaltung und Verteidigung der Demokratie in Amerika (1948)
Aus: Holden und Zolov, S. 193.

Um den Frieden zu schützen und den gegenseitigen Respekt zwischen den Staaten zu erhalten, erfordert es die derzeitige Weltlage, dass dringende Maßnahmen getroffen werden, um die Praxis totalitärer Herrschaft zu ächten, die mit der Tradition amerikanischer Nationen unvereinbar ist, und um zu verhindern, dass der internationale Kommunismus oder irgendeine andere totalitäre Doktrin den wahren und freien Willen der Völker dieses Kontinents zu verzerren versucht.
... Durch ihren anti-demokratischen Charakter und ihre interventionistischen Tendenzen ist die politische Aktivität des internationalen Kommunismus oder irgendeiner anderen totalitären Doktrin unvereinbar mit der Idee der amerikanischen Freiheit, die auf zwei unleugbaren Grundsätzen beruht: die Menschenwürde des Individuums und die Souveränität des Nationalstaats.

Die Sorgen schienen durchaus berechtigt zu sein, wie der Sieg der Kommunisten im chinesischen Bürgerkrieg von 1949 und der Korea-Krieg wenig später unter Beweis stellten. In den Augen US-amerikanischer Außenpolitiker wie George F. Kennan (1904–2005), der 1950 auf einer Reise den Anti-US-Amerikanismus am eigenen Leib erlebte, galt Lateinamerika als gefährdete Region. Kennan und viele andere so genannte „Realisten", die die Nationale Sicherheitsdoktrin der USA beeinflussten, kamen daher zur Auffassung, dass es besser sei, antikommunistische Diktatoren zu unterstützen als sich auf liberale Experimente einzulassen. Die USA pflegten denn auch enge Beziehungen zu Batista in Kuba oder Trujillo in der Dominikanischen Republik und sie hatten keine Probleme damit, aus Militärputschen hervorgegangene neue Diktatoren wie Marcos Pérez Jiménez (1914–2001) in Venezuela diplomatisch anzuerkennen.

Unterstützung für Diktatoren

In diesem Kontext war man in Washington ab 1951 auch bereit, großzügige Militärhilfe nach Lateinamerika zu transferieren. Lateinamerikanische Diktatoren lernten schnell, dass es sich lohnte, die „rote Gefahr" nachdrücklich an die Wand zu malen, um die Zuschüsse zu steigern. Allerdings war dieses Geld nicht für die reguläre Kriegsführung gedacht, sondern die Gelder sollten für die Abwehr innerer Aufstände eingesetzt werden. Zu diesem Zweck entsandten die Vereinigten Staaten Militärmissionen in fast alle Länder der Region und hatten schon 1946 ein Trainingscenter für lateinamerikanische Militärs in der Panamakanalzone geschaffen, das nun ausgebaut wurde. Aus der Perspektive Washingtons war diese Politik sehr erfolgreich, denn 1954 stand wieder ein Großteil Lateinamerikas unter der Herrschaft USA-treuer Diktatoren.

Imperialismuskritikern zufolge war die Verbreitung der US-Populärkultur in Lateinamerika Teil einer friedlichen Unterwanderung, die die politische und wirtschaftliche Hegemonie ergänzte. In der Tat gab es solche Ansätze durch die *U.S. Information Agency*, deren Aufgabe es war, das USA-Bild in Lateinamerika durch positive Propaganda zu verbessern. Neuere Forschungen haben aber gezeigt, dass es sich beim Kulturtransfer nicht um eine Einbahnstraße handelte und dass das Publikum in der Lage war, sich selbständig eine Meinung zu bilden. So verstärkten sich die bereits in den 1920er-Jahren begonnenen Trends und der Konsum von US-Produkten stieg in Lateinamerika während und nach dem Zweiten Weltkrieg weiter an. Erfrischungsgetränke und Rockmusik US-amerikanischer Herkunft ergänzten die zahlreichen Angebote, die lateinamerikanische Kunden schon kannten und schätzten. Hinzu kam der dank des billiger werdenden Flugverkehrs ansteigende Tourismus vor allem nach Mexiko und in die Karibik. Hier entstanden neue Kontaktzonen, die auch neue Probleme aufwarfen. Umgekehrt kamen lateinamerikanische Kulturgüter, z.B. Musik und Tänze, über Reisende und Einwanderer mehr denn je in die Vereinigten Staaten. Gerade die steigende Zahl der Einwanderer aus Mexiko und der Semi-Kolonie Puerto Rico führte dazu, dass man sich etwa im Hollywood-Kino oder in der populären Musik stärker mit der neuen Realität von so genannten „Latinos" in den USA beschäftigte. Leonard Bernsteins Broadway-Musical *West Side Story* (1957) war dafür nur ein Beispiel.

2. Gegenstimmen aus der „Peripherie"

CEPAL

Die kulturellen Verflechtungen und die Zwischenräume, die dadurch entstanden, konnten nicht überdecken, dass sich die erhofften Entwicklungserfolge nach Kriegsende in Lateinamerika nicht nur nicht einstellen wollten, sondern sich die Armut noch vertiefte. Daher kam schon bald Kritik am diffusionistischen Modell auf. Ausgehend von der UN-Wirtschaftskommission für Lateinamerika (*Comisión Económica para América Latina*, CEPAL) unter dem argentinischen Ökonomen Raúl Prebisch (1901–1986) und zahlreichen anderen Wissenschaftlern wie etwa Fernando Henrique Cardoso aus Brasilien entwickelte man in Lateinamerika die so genannte Theorie der Abhängigkeit, die Dependenztheorie. Ihre Anhänger verstanden Unterentwicklung als Ergebnis einer von äußeren Mächten, im Falle Lateinamerikas seit 1898 insbesondere von den USA, dominierten Geschichte und sahen Entwicklung und Unterentwicklung, Reichtum und Armut, Tradition und Moderne nicht als sich ausschließende Gegensätze an, sondern als Elemente von Strukturen, die von Zentren beherrscht wurden und die Peripherien in Abhängigkeit hielten. Diese Grundidee verband die Dependenztheoretiker, wenngleich es innerhalb dieses Gedankengebäudes durchaus unterschiedliche, etwa marxistische und nationalistische, Strömungen gab.

Perón oder Braden

Einer der ersten Politiker, die aufbauend auf einer importsubstituierenden Industrialisierung und einer nationalistischen Sozialpolitik einen neuen Kurs umsetzen wollte, war Perón, der bis Kriegsende zum starken Mann Argentiniens aufgestiegen war. Wahlen im Februar 1946 sollten ihm die Präsidentschaft sichern. Perón hatte es geschickt verstanden, eine Massenbasis in der Arbeiterschaft aufzubauen. Aufgrund seiner Sympathien für Nazi-Deutschland war er aus US-Sicht gefährlich. Ohnehin galt Argentinien durch den späten Kriegseintritt als Nazi-freundlich. Eine von den USA unterstützte Mitte-Links-Koalition ging mit dem Slogan von „Demokratie oder Faschismus" in den Wahlkampf gegen Perón. Als der US-Diplomat Spruille Braden (1894–1978), der kurz zuvor noch Botschafter in Buenos Aires gewesen war, ein „Blaubuch" über die Nazi-Kontakte der Regierung veröffentlichte, ging dieser Versuch, den Gegnern Peróns zu helfen, nach hinten los. Perón brandmarkte diese Einmischung in die inneren Angelegenheiten Argentiniens als *Yankee-Imperialismus* und ging mit dem Slogan „Perón oder Braden" siegreich aus dem Wahlkampf hervor.

Peróns Versuch eine unabhängige Mittelposition zwischen dem US-Imperialismus und dem Sowjet-Kommunismus, den er ebenso strikt ablehnte, einzunehmen, war jedoch zum Scheitern verurteilt. Seine Haltung fand unter den lateinamerikanischen Nachbarn keine Verbündeten, denn die hofften zu diesem Zeitpunkt noch auf Wirtschaftshilfe aus den Vereinigten Staaten. Der Wirtschaftsnationalismus Peróns brachte ebenfalls nicht die erhofften Erfolge. Insbesondere auf dem Militärsektor blieb Argentinien von den USA abhängig und schon 1947 zeigte sich Perón Washington gegenüber wieder kompromissbereit. Der Versuch eines nationalistischen dritten Wegs zwischen den Blöcken war damit gescheitert.

Die faktische Macht der US-Dollars zeigte sich auch in einem anderen auf den ersten Blick ähnlich gelagerten Fall. Auch in Bolivien war während des Kriegs mit dem *Movimiento Nacional Revolucionario* (MNR) eine politische Gruppierung wichtig geworden, die als Nazi-freundlich galt und ebenfalls einen wirtschaftsnationalistischen Kurs verfolgte. Als der Anführer des MNR, Víctor Paz Estenssoro (1907–2001), 1951 zum Präsidenten gewählt wurde, wollte die Armee den Amtsantritt verhindern. Doch ein Aufstand der Zinnarbeiter ließ den Putschversuch scheitern. Paz enteignete daraufhin große Unternehmen des Zinnbergbaus und setzte eine Landreform in Gang. Darauf reagierte Washington allergisch, denn der Schutz des Privateigentums von US-Bürgern blieb ein zentrales außenpolitisches Ziel. Allerdings war das bolivianische Militär so weit geschwächt, das man keinen Hebel zum Eingreifen hatte. Daher entschied sich die US-Regierung, einen Kompromiss mit den neuen Machthabern anzusteuern, um die Machtübernahme durch die Kommunisten zu verhindern. Präsident Paz erklärte sich bereit, die US-Unternehmen zu entschädigen. Dafür erhielt er die diplomatische Anerkennung und umfangreiche Wirtschaftshilfe. Ende der 1950er-Jahre finanzierten die USA rund ein Drittel der bolivianischen Staatsausgaben.

Nicht kompromissbereit waren die Vereinigten Staaten dagegen, als mit Guatemala ein Staat aus ihrem „Hinterhof“ den Weg zur Sozialreform ernsthaft beschreiten wollte. 1944 war nach dem Sturz Ubicos mit Juan José Arévalo (1905–1990) ein Reformer an die Macht gekommen, der erste Schritte in diese Richtung unternahm. Guatemala war damit nur ein Beispiel für die Demokratisierungswelle im karibisch-zentralamerikanischen Raum gegen Kriegsende, die in Kuba Ramón Grau San Martín (1887–1969), in Venezuela Rómulo Betancourt (1908–1981) und in Costa Rica José Figueres (1906–1990) an die Macht gebracht hatte. Gemeinsam bemühten sich diese Regierungen durch die Bildung einer „Karibischen Legion“ um den Sturz von Trujillo, des brutalsten Diktators der Region, der sich aber nicht zuletzt dank der US-Hilfe noch bis 1961 an der Macht halten konnte.

Arévalos Nachfolger im Präsidentenamt ab 1951, Jacobo Arbenz (1913–1971), vertiefte die Reformmaßnahmen und wollte eine echte Landreform umsetzen, um die extrem ungleiche Verteilung des Bodens in einem der ärmsten Länder Amerikas zu bekämpfen. Mit der *United Fruit Company* (UFCO) war eine US-amerikanische Gesellschaft mit besten Beziehungen zu Regierungskreisen in Washington der größte Landbesitzer und Arbeitgeber des Landes. Als Arbenz 1953 ankündigte, große Teile der der UFCO gehörenden aber brachliegenden Landreserve gegen Entschädigung zu enteignen, waren Probleme absehbar.

Sturz von Arbenz

Die US-Regierung unter Präsident Dwight D. Eisenhower (1890–1969) und seinem Außenminister John Foster Dulles (1888–1959) setzte eine Destabilisierungskampagne in Gang, die vor allem der CIA durchführte. Man unterstützte Oberst Carlos Castillo Armas (1914–1957), der in Honduras eine Widerstandsbewegung aufbaute, und diffamierte Arbenz als von Moskau gesteuerten Kommunisten. Allerdings konnte man ihm keine direkte Verbindung nachweisen, so dass eine Intervention nach den bestehenden interamerikanischen Vereinbarungen nicht möglich war. Als aber 1954 eine Waffenlieferung aus dem Ostblock in Guatemala eintraf, war der Moment gekommen. Castillo Armas fiel mit seiner kleinen Truppe in Guatemala ein, und es gelang dem CIA, durch gezielte Desinformation den Eindruck eines umfassenden Umsturzes zu erwecken, so dass Arbenz nach wenigen Tagen ins Exil flüchtete. Der von den USA abhängige Castillo Armas machte die Landreform rückgängig und schwang sich zum Gewaltherrscher auf.

Dieser Erfolg der US-amerikanischen Antikommunisten war aber nur kurzlebig. Aus Sicht der US-Regierung entwickelte sich die Lage in Lateinamerika ab Mitte der 1950er-Jahre extrem ungünstig. Ab 1955 fielen die Regimes von Perón in Argentinien, Manuel Odría (1897–1974) in Peru und Gustavo Rojas Pinilla (1900–1975) in Kolumbien. Sie wurden zwar nicht von Befreiungsbewegungen gestürzt, aber die Ereignisse brachten Unruhe in die Region. Als sich dann auch noch 1957 eine von den USA ausgehende Wirtschaftskrise in der Region bemerkbar machte, stieg die Unzufriedenheit. US-Beobachter fürchteten den Ausbruch einer Sozialrevolution. Sie sahen sich bestätigt als Vizepräsident Richard Nixon (1913–1994) während einer Goodwillreise durch Lateinamerika von aufgebrachten Massen in Caracas fast gelyncht worden wäre. Lateinamerikanische Politiker hatten Präsident Eisenhower schon seit Jahren aufgefordert, die Entwicklungshilfezahlungen aufzustocken, um durch die Armutsbekämpfung kommunistische Bestrebungen im Keim zu ersticken. Zwar stimmte Eisenhower 1959 der Gründung der Interamerikanischen Entwicklungsbank zu, doch blieb diese Maßnahme zunächst nur ein Tropfen auf den heißen Stein.

3. Die Kubanische Revolution

Kuba hatte in den 1950er-Jahren einen der höchsten Lebensstandards in ganz Lateinamerika. Die Beziehungen zu den USA waren hier traditionell besonders eng, die Abhängigkeiten besonders ausgeprägt. Dennoch – oder auch gerade deswegen – war Kuba ein Zentrum der Unzufriedenheit und des Anti-Imperialismus, wie der gescheiterte nationalistische Umsturzversuch unter dem jungen Fidel Castro schon 1953 zeigte. Nationalisten wie Castro wollten den in die Jahre gekommenen Diktator Batista stürzen und kritisierten die starke US-Präsenz auf der Insel. Nicht nur die Investoren, die große Teile der kubanischen Wirtschaft kontrollierten, sondern vor allem auch die Touristen aus den Vereinigten Staaten, die sich in Kuba oft daneben benahmen, waren ihnen ein Dorn im Auge.

Castro ging nach seiner Begnadigung 1955 ins Exil nach Mexiko, wo er den argentinischen Arzt Ernesto „Che" Guevara (1928–1967) kennen lernte, der den Sturz von Arbenz in Guatemala hautnah miterlebt und daraus seine Lehren gezogen hatte. Gemeinsam mit anderen Abenteurern bereiteten sie ihre Rückkehr nach Kuba vor, die sie 1956 mit der Yacht *Granma* umsetzten. Allerdings wurde die kleine Truppe entdeckt und konnte sich nur unter Verlusten in die Sierra Maestra durchschlagen. Von dort betrieb sie im Guerilla-Kampf ihre Revolution, die 1959 mit der Einnahme der Hauptstadt Havanna erfolgreich endete. Dabei kam ihnen zugute, dass das Batista-Regime bereits relativ schwach war, dass Castro durch seine charismatische Ausstrahlung immer mehr Kubaner auf seine Seiten ziehen konnte und dass er Unterstützung von den Widerstandsgruppen aus dem städtischen Umfeld erhielt.

Radikalisierung der Revolution

Im ersten Jahr blieb die Rhetorik der Revolutionäre zurückhaltend, während man im Inneren Tatsachen schuf. Zahlreiche ökonomische Maßnahmen schränkten die ausländischen Interessen drastisch ein und verbesserten die Lage der Arbeiter. Durch die Bodenreform verloren viele US-Unternehmer ihren Landbesitz und setzten sich wie zahlreiche Angehörige der kubanischen Mittel- und Oberschichten nach den USA ab. Durch die Vertagung freier Wahlen, die Kontrolle der Presse und die Einsetzung der engsten Vertrauten Castros in die höchsten Staatsämter zeichnete sich indes der Weg in eine Diktatur ab. Während dessen präsentierte sich Castro nach außen weiterhin als Nationalist ohne kommunistische Neigungen. Im April 1959 besuchte er die Vereinigten Staaten, wo er durch seine Erscheinung einiges Aufsehen erregte. Die Eisenhower-Regierung konnte den Aufstieg des Revolutionärs nicht verhindern und versuchte sogar ihm entgegenzukommen, um ein Abdriften ins kommunistische Lager zu verhindern.

Doch genau dies geschah im Folgejahr. Im Februar 1960 wurde das kubanische Handelsabkommen mit der Sowjetunion bekannt, das den Austausch von Zucker gegen Erdöl vorsah. Die USA reagierten darauf mit der Einschränkung ihrer Zuckereinfuhren aus Kuba, woraufhin Castro die US-amerikanischen Erdölgesellschaften nationalisierte. Eisenhower wies nun den CIA an, Castro zu stürzen. Der Geheimdienst warb kubanische Exilanten an, die in Guatemala ausgebildet wurden. Außerdem begann die Propagandakampagne gegen Kuba. Als Castro im September 1960 das zweite Mal in die USA reiste, beschränkte er sich auf seine Rede vor den Vereinten Nationen, die er mit Kritik am US-Imperialismus würzte, und auf provokante Aktionen, die seine Sympathie für die unterdrückten Afroamerikaner zeigen sollte. Kurz nach seiner Abreise brach Washington die diplomatischen Beziehungen zu Havanna ab und belegte die Insel mit einem Handelsembargo.

Es war eine der letzten Amtshandlungen der Regierung Eisenhower, denn kurz darauf trat mit John F. Kennedy (1917–1963) ein Politiker die Präsidentschaft an, der die Kubapolitik seines Vorgängers scharf kritisiert hatte. Der charismatische Kennedy, der in Lateinamerika viele Sympathien gewann, stand für einen Richtungswandel in der US-Außenpolitik. Zunächst verschärfte er aber die gegen Castro gerichteten Maßnahmen wie etwa die Propaganda durch den neuen Sender *Voice of America.* Die bereits angelaufenen Vorbereitungen für einen Umsturzversuch seitens des CIA, ließ der neue Präsident nicht abbrechen. Die Aktion, in deren Verlauf Castro Kuba zum marxistisch-leninistischen Staat ausrief, begann im April 1961 und wurde zum Desaster für die US-Außenpolitik. Den kubanischen Truppen fiel es leicht, die schlecht getarnte Invasion vorherzusehen und den Invasionsversuch an der Playa Girón (im Englischen „Bay of Pigs" – „Schweinebucht") im Keim zu ersticken. Der Vorgang löste in Lateinamerika viel Sympathie für Kuba aus und stärkte die anti-US-amerikanischen Tendenzen. In der Folgezeit verlegte sich die Kennedy-Regierung auf Geheimdienstoperationen gegen Kuba, z.B. diverse Attentatsversuche auf Castro – unter dem Decknamen *Operation Mongoose.* Außerdem wurde Kuba 1962 auf Drängen Washingtons aus der OAS ausgeschlossen.

Allianz für den Fortschritt

Parallel dazu startete Kennedy eine Goodwilloffensive gegenüber dem restlichen Lateinamerika. So wurde das *Peace Corps* eingerichtet, durch das junge US-Amerikaner direkt vor Ort humanitäre Hilfe leisten und Kontakte knüpfen konnten. Wichtiger noch war 1961 die Verkündung der *Alliance for Progress.* Damit sollte nun endlich die von den Lateinamerikanern schon so lange geforderte Wirtschaftshilfe fließen. Die Vereinten Nationen erklärten die 1960er gar zur „Dekade der Entwicklung". Allerdings war das Geld, von dem die Hälfte von privaten Investoren kommen sollte, mit hohen Auflagen verbunden. Die lateinamerikanischen Empfänger mussten sich verpflichten, Land- und Steuerreformen, Arbeitsbeschaffungsmaßnahmen und andere Sozialprogramme anzugehen und die empfangenen Summen mit eigenen Geldern zu ergänzen. Außerdem brachten die Republikaner 1962 gegen den Widerstand Kennedys das so genannte Hickenlooper-*Amendment* durch den Kongress, wonach Staaten, die Eigentum von US-Bürgern entschädigungslos nationalisierten, die Wirtschaftshilfe zu entziehen war.

Doch der Versuch, die Kubaner mit ihren eigenen Waffen zu schlagen, war nur bedingt erfolgreich. Zwar flossen in der Tat hohe Summen nach Lateinamerika, doch kam nur ein sehr geringer Prozentsatz bei den Armen an. Lateinamerikanische Eliten machten kaum Anstalten, die Reformforderungen zu erfüllen, geschweige denn ihren Teil des Geldes beizutragen. Nach dem Attentat auf Kennedy ließ auch der Enthusiasmus in den USA nach. Schon 1967 stellte der chilenische Christdemokrat Eduardo Frei (1911–1982) fest, dass sich die erhofften Entwicklungserfolge nicht eingestellt hatten. Mit dem so genanten Konsens von Viña del Mar teilten die lateinamerikanischen Außenminister der neuen US-Regierung unter Nixon 1969 ihre Enttäuschung offiziell mit.

Q

Eduardo Frei: Die Irrwege der „Allianz“ (1967)
Aus: Rinke et al., S. 256–257.

Hat die Allianz diese Ziele erreicht? Hat sie die Demokratie bewahrt und geholfen, substantiellen Wandel herbeizuführen? Leider ist die Antwort negativ. …
Das bedeutet nicht, dass die Allianz fehlgeschlagen ist. Sie hat viele vorteilhafte Veränderungen gebracht. … Aber diese konstruktiven Errungenschaften konnten lediglich durch die finanzielle Unterstützung der Vereinigten Staaten erreicht werden, … Das Problem ist, dass das, was fundamental für die Allianz für den Fortschritt war – ein revolutionärer Ansatz bei den notwendigen Reformen – nicht erreicht worden ist. Weniger als die Hälfte der lateinamerikanischen Länder hat ernsthafte Programme für eine Agrarreform begonnen. Drastische Änderungen im Steuersystem sind noch seltener, während die Anzahl der wirklich demokratischen Regierungen weit davon entfernt ist zu steigen und tatsächlich geschrumpft ist. Mit anderen Worten, es gab keine Stärkung der politischen und sozialen Grundlagen für den wirtschaftlichen Fortschritt in Lateinamerika. Das ist der Grund, warum das höchste Ziel der Allianz – die Bildung von gerechten, stabilen, demokratischen und dynamischen Gesellschaften – so weit entfernt ist wie vor fünf Jahren.

Kuba-Krise

Noch während der Regierungszeit Kennedys spitzten sich die Probleme um Kuba in einem bis dahin nicht gekannten Ausmaß zu. Aus der kubanischen Perspektive hatte der Invasionsversuch von Playa Girón gezeigt, wie ernst die Aggressionsbereitschaft der USA zu nehmen war. Daher bat Castro die Sowjetunion um Schutz durch die Stationierung von Mittelstreckenraketen auf Kuba. Im Oktober 1962 deckten US-Spionageflugzeuge auf, dass bereits sowjetische Raketen auf der Insel angekommen waren. Dies löste eine der schwersten Krisen des Kalten Kriegs aus, die die Welt an den Rand eines Atomkriegs brachte. Die US-Regierung war nicht bereit, diese deutliche Verschiebung der Gewichte in der so genannten Erstschlagfähigkeit hinzunehmen, und erklärte die Seeblockade Kubas. Daraufhin lenkte Nikita Chruschtschow (1894–1971) ein. Schließlich einigten sich die Großmächte über den Kopf Castros hinweg auf einen Kompromiss, der den Abzug der sowjetischen Raketen beinhaltete. Castro fühlte sich hintergangen.

Die kubanische Hoffnung auf Sicherheit unter dem Schutz der Sowjetunion hatte sich nicht erfüllt. Dem Versprechen der US-Regierung, keine weiteren Invasionen durchzuführen, konnte man angesichts der andauernden *Operation Mongoose* nicht trauen. In der Folgezeit war das Regime daher darum bemüht, Sicherheit für Kuba herzustellen, indem man die Bürgerrechte weiter einschränkte und durch die Schaffung neuer revolutionärer Krisenherde in Afrika und Lateinamerika das US-amerikanische Interesse von Kuba abzulenken versuchte. Das Mittel für diesen Zweck war der Guerillakrieg, der sich ja schon auf Kuba bewährt hatte. Von Kuba aus sollte diese Art der Kriegführung exportiert werden. Guevara persönlich fühlte sich dazu berufen und verließ 1965 die Insel. In einem Schreiben an den Gründungskongress der Trikontinentale in Havanna 1966, an dem Vertreter aus über 80 Ländern des globalen Südens teilnahmen, fasste er die Ausweitung seiner „Fokus"-Strategie auf die unterentwickelten Länder zusammen.

Q

Ernesto Guevara: Schaffen wir zwei, drei viele Vietnams (1966)
Aus: Holden und Zolov, S. 250–251.

Der wichtigste Schauplatz der Ausbeutung durch den Imperialismus umfasst die drei zurückgebliebenen Kontinente Amerika, Afrika und Asien. Jedes Land hat seine Besonderheiten, die sich dennoch auch in den Kontinenten als Gesamtheit darstellen.
Unser Amerika bildet eine mehr oder weniger homogene Gesamtheit, und beinahe im ganzen Territorium behaupten die amerikanischen Kapitalisten die absolute Vorherrschaft. Die Marionettenregierungen oder die im besten Falle schwächlichen und ängstlichen Regierungen können den Befehlen des Yankeeherrn nicht zuwiderhandeln. ...
Wie glänzend und nah wäre die Zukunft, wenn zwei, drei, viele Vietnams auf der Oberfläche des Erdballs entstünden, ... mit ihren wiederholten Schlägen gegen den Imperialismus, mit dem Zwang für diesen, seine Kräfte unter dem heftigen Ansturm des zunehmenden Hasses der Völker der Welt zu zersplittern. ...
Unsere ganze Aktion ist eine Kampfansage an den Imperialismus und ein Ruf nach der Einheit der Völker gegen den großen Feind des Menschengeschlechts: die Vereinigten Staaten von Nordamerika.

Tod Che Guevaras

Guevaras Bemühungen um den Aufbau revolutionärer Bewegungen hatten jedoch insgesamt wenig Erfolg. Mit Unterstützung des CIA gelang es bolivianischen Sicherheitskräften, den Argentinier und seine Gefährten 1967 in Bolivien festzunehmen und zu erschießen. Guevaras Scheitern zeigte, dass in Lateinamerika wenig Bereitschaft bestand, dem kubanischen Vorbild nachzueifern. Doch auch nach dem Tod einer ihrer Ikonen sollte die Kubanische Revolution aus Sicht Washingtons ein ständiger Unruheherd bleiben. So fand die Idee eines „dritten Wegs" zwischen Kapitalismus und Kommunismus durchaus Anhänger. 1967 unterzeichneten die Regierungen Lateinamerikas den Vertrag von Tlaltelolco, der die Region zur ersten atomwaffenfreien Zone der Welt machte. Auch der Konsens von Viña del Mar von 1969 zeugte von dem gestiegenen Selbstbewusstsein und Gemeinschaftsgefühl der lateinamerikanischen Regierungen angesichts der Herausforderungen des Kalten Kriegs.

4. Krisenherde der späten 1960er-Jahre

Schule der Amerikas

Unter der Regierung von Kennedys Nachfolger Lyndon B. Johnson (1908–1973) setzten die Vereinigten Staaten wieder verstärkt auf die „bewährten" Mittel im Umgang mit Lateinamerika. Während man die bei konservativen Kräften in den USA als sozialistisch verpönte Wirtschaftshilfe zurückfuhr, wurde die Zusammenarbeit mit lateinamerikanischen Sicherheitskräften intensiv gepflegt. Bereits seit 1962 bildeten US-Experten lateinamerikanische Polizisten in der Inter-American Police Academy in der Panamakanalzone aus. Die erfolgreiche Zusammenarbeit mit den Militärs dort wurde in der *School of the Americas* – so hieß das Trainingscenter seit 1963 – fortgesetzt. Ein Jahr später gründete man den *Central American Defense Council*, der Zentralamerika in die US-Strategie einband. Dabei setzte sich eine neue Ausrichtung auf das Anti-Guerilla-Training und subversive Kampfmethoden von Sabotage bis hin zur Spionage durch. Insgesamt war die Johnson-Regierung bereit, lateinamerikanische Militärdiktaturen leichter anzuerkennen, sobald sich deren Herrschaft stabilisiert hatte. Oberstes Ziel blieb der Kampf gegen den Kommunismus und der Schutz der eigenen Investitionen. Solange das garantiert war, stand der Kooperation nichts im Wege. Altgediente Freunde der USA wie der haitianische Diktator „Papa Doc" François Duvalier (1907–1971), der Nicaraguaner Somoza oder der Paraguayer Alfredo Stroessner (1912–2006) wussten das ebenso zu schätzen wie die neuen Militärdiktatoren, die sich in diesen Jahren etwa in Honduras oder Ecuador an die Macht putschten.

nationalistische Unruhen

Trotz – oder besser wegen – dieser aus US-Sicht erfolgreichen Politik kam es in Lateinamerika in der zweiten Hälfte der 1960er-Jahre zu einem Anstieg des Anti-US-Amerikanismus. Dies schuf neue Krisenherde, denen sich die Regierung Johnson stellen musste, obwohl sie durch die Verstrickung in den Vietnamkrieg ohnehin schon große Sorgen mit der so genannten Peripherie hatte. Nach ersten Vorfällen dieser Art 1959 ereigneten sich im Januar 1964 in Panama erneut nationalistische Unruhen wegen der Frage der Verwendung der panamaischen Flagge in der US-amerikanischen Kanalzone. Die US-Truppen schlugen den Aufruhr nach einigen Tagen nieder, doch kam es dabei zu zahlreichen Todesopfern und Verletzten unter der panamaischen Zivilbevölkerung.

Wenig später spitzten sich die Ereignisse in Brasilien zu. Das wog aus Sicht Washingtons wesentlich schwerer, denn Brasilien war seit Langem einer der wichtigsten lateinamerikanischen Verbündeten. Trotz der engen Kooperation während des Zweiten Weltkriegs hatten sich bereits die Beziehungen zu Vargas in den frühen 1950er-Jahren verschlechtert, unter anderem weil die Entwicklungserfolge ausblieben. Als zu Beginn der 1960er-Jahre mit João Goulart (1919–1976) ein Sozialreformer an die Macht kam, stiegen die Sorgen der Regierung Johnson. Ähnlich wie in anderen Ländern ging auch Goulart daran, ausländische Unternehmen zu enteignen und brachliegendes Land an die Armen zu verteilen. Johnson reagierte mit einer Doppelstrategie. Nach außen hin ließ er die Zuschüsse an Brasilien durch die „Allianz für den Fortschritt" erhöhen. Gleichzeitig wies er den CIA an, Kontakt zur Opposition aufzunehmen und diese zu unterstützen. In der Tat kam es im März 1964 zum Militärputsch unter General Humberto de Alencar Castelo Branco (1897–1967), der sich einen Monat später durch eine Wahl legitimieren ließ, dann aber eine der ersten blutigen Diktaturen neuen Stils in Lateinamerika etablierte. Letztlich war ein direktes Eingreifen der Vereinigten Staaten in diesem Fall unnötig, doch hatte die Bereitschaft Washingtons, einen Putsch zu billigen, die Entscheidung des brasilianischen Militärs beeinflusst.

Anders war die Sachlage in der Dominikanischen Republik, also im „Hinterhof" der USA. Die USA ließen Trujillo, der den Personenkult und die Gewalttätigkeit letztlich übertrieben hatte, bereits Ende der 1950er-Jahre fallen und unterstützten die im Untergrund agierende Opposition. 1961 fiel der Diktator einem Attentat zum Opfer, doch herrschte im Land daraufhin innenpolitisches Chaos. 1965 spitzten sich die Auseinandersetzungen zwischen den alten Anhängern Trujillos unter Joaquín Balaguer (1906–2002) und dessen Widersachern unter Juan Bosch (1909–2001) zu, wobei beide Seiten auf Teile des Militärs zählen konnten. Als es im April zu Kampfhandlungen kam, intervenierten die USA seit Jahrzehnten erstmals wieder direkt. Johnson begründete dies mit dem Kampf gegen den kubanischen Einfluss, obwohl ihn sein Verteidigungsminister informiert hatte, dass ein solcher gar nicht vorlag. Durch den Eingriff der US-Truppen kam es 1966 zu Wahlen, bei denen sich der von Washington unterstützte Balaguer durchsetzen konnte.

Kritik am Kulturimperialismus

Aktionen wie diese gaben dem Anti-US-Amerikanismus in ganz Lateinamerika Auftrieb. Eine Ebene auf der dieser sich in den 1960er-Jahren besonders stark niederschlug war die Kritik an Massenkultur nordamerikanischen Stils, die sich nun immer rasanter ausbreitete. Kultur galt nun nicht mehr als unabhängige Sphäre, sondern als hoch politisiertes Feld. Dem Zeitgeist entsprechend, diagnostizierten Kritiker einen Kulturimperialismus, der als Korrelat des wirtschaftlichen und politischen Imperialismus galt. Auf der kulturellen Ebene hatte das zur Folge, dass die Zentren den peripheren Ländern die kommerzielle Massenkultur im Dienst des kapitalistischen Konsumdenkens aufzwängten. Als gefährlich galt insbesondere der Transfer von Verhalten und Lebensstilen mit dem angeblich dahinterstehenden Ziel der Homogenisierung und politischen Demobilisierung. Nach dieser Denkart beraubte die imperialistische Kulturindustrie die unterentwickelten Länder ihrer Kultur, ebenso wie der wirtschaftliche Imperialismus deren Rohstoffe raubte.

Als besondere Gefahr galt die dem Kulturimperialismus innewohnende Expansionsdynamik, die auf dem Selbstverständnis der Universalität der ihm eigenen Wertvorstellungen fußte. Demnach warben die Medien unaufhörlich für die Konsumgesellschaft westlichen Zuschnitts und höhlten damit die Staaten Lateinamerikas aus. Intellektuelle aus ganz Lateinamerika übernahmen diese anti-imperialistische Denkweise, die sich vor allem gegen die USA richtete. Vom Zentrum Kuba aus taten sie dies mit Unterstützung vieler berühmter Europäer in zahllosen Manifesten kund. Allerdings erwies sich die Kulturimperialismuskritik zunehmend als doktrinär. Abweichler wurden des Verrats an der Revolution bezichtigt. Als Intellektuelle wie der Schriftsteller Guillermo Cabrera Infante (1929–2005) aus Kuba ins Exil gehen mussten, verlor die Kulturimperialismusschule langsam aber sicher an Zuspruch.

In ihrer Hochphase trug die Kritik am Kulturimperialismus aber dazu bei, dass sich viele vor allem junge Lateinamerikaner radikalisierten. Angetrieben durch eine Populärkultur, in der revolutionäre Musik eine zunehmende Rolle spielte, und durch die Solidarisierung mit den weltweiten Protesten gegen den Vietnamkrieg, nahmen auch lateinamerikanische Studenten an Demonstrationen teil und wurden teilweise, wie in Mexiko 1968 brutal zurückgeschlagen. Ausschreitungen gegen US-Einrichtungen, Bombenanschläge und Entführungen von US-Bürgern nahmen in diesen Jahren rapide zu. Die Regierung in Washington hatte darauf keine Antwort, denn der Vietnamkrieg hemmte den Spielraum der US-Außenpolitiker.

Doch auch im Inneren stand man unter Druck. Nicht nur die Afroamerikaner, sondern auch die Latinos machten ihre Rechte geltend. Das hing nicht zuletzt damit zusammen, dass sich ihre Lage durch die Einwanderungsgesetzgebung von 1965 erheblich verschlechtert hatte. Zwar schaffte die Regierung Johnson damit das diskriminierende Quotensystem aus den 1920ern endlich ab, doch hatten Einwanderer aus Lateinamerika ohnehin keiner Quote unterlegen. Dagegen mussten sie sich nun um neue Visa bemühen, was manchen nicht gelang, obwohl sie teils schon jahrzehntelang in den USA lebten und arbeiteten, ja unter dem *Bracero*-Programm, das 1964 auslief, überhaupt erst ins Land geholt worden waren. Vor diesem Hintergrund bildeten sich die ersten Organisationen im Umfeld der Arbeiterbewegung. Bald griffen sie aber auch auf kulturelle Aktivitäten aus und definierten sich in Abgrenzung von der Anglo-Kultur als *chicanos*.

Damit war das Konfliktpotenzial der interamerikanischen Beziehungen auch in den USA selbst angekommen. In der Tat hatte die Polarisierung des Kalten Kriegs zu einer Explosion der Gewalt in Lateinamerika geführt. Diese oft als „Nebenschauplatz" des Kalten Kriegs bezeichnete Region war – wie die neueste historische Forschung zeigt – eigentlich ein Hauptschauplatz von „heißen" Kriegen, an denen die USA erheblichen Anteil hatten. Mit dem Argument des Kampfes gegen den Kommunismus ließen sich trotz der demokratischen und Freiheitsrhetorik, die nach dem Krieg durch den Konflikt der Systeme noch wichtiger wurde, die unterschiedlichen Interventionen rechtfertigen. Teils wandte Washington dabei schon bewährte Methoden an wie die Unterstützung von Diktatoren, den diplomatischen Druck, die Entsendung von *Marines* oder die wirtschaftliche Dominanz. Oft griff man aber auch mit neuartigen Methoden wie verdeckten Operationen der Geheimdienste in die Angelegenheiten des Südens ein, wobei das Argument einer antikommunistischen Politik zur Selbstverteidigung zentral war. Doch in Lateinamerika mehrten sich die Akteure, die die Rolle als peripheres Spielfeld für den Gegensatz der Zentren des Weltgeschehens nicht mehr akzeptierten. Inspiriert von der Kubanischen Revolution sollten Gewalt und Widerstand gegen den so genannten *Yankee-Imperialismus* auch die zweite Phase des Kalten Kriegs in Amerika prägen.

X. Dritte Welt, 1970–1990

1969	Rockefeller Report
1970	Wahl Allendes in Chile
1973	11. September: Militärputsch in Chile
1977	Neue Panamakanalverträge
1979	Sieg der Sandinisten in Nicaragua
1983	Intervention in Grenada
1983–84	Contadora-Friedensinitiative
1986	Iran-Contra-Skandal
1987	Friedensabkommen von Esquipulas
1989	Intervention in Panama
1992	Frieden in El Salvador

Nord-Süd-Gegensatz

Das Raumkonzept der „Dritten Welt“, das die armen Länder der Welt in Afrika, Asien und Lateinamerika umfasste, kam bereits 1952 auf. Nicht zuletzt durch die Gründung der Bewegung der Blockfreien 1961, der Konferenz der Vereinten Nationen für Handel und Entwicklung (*UN-Conference on Trade and Development*, UNCTAD) durch die „Gruppe der 77“ 1964, der von Kuba dominierten Trikontinentale sowie durch die diversen Ansätze zur regionalen Wirtschaftsintegration rückte das Thema des Nord-Süd-Gegensatzes vor dem Hintergrund zunehmender globaler Verflechtungen immer mehr in den Mittelpunkt. Globale Themen wie die Dekolonisierung und die Kritik am Kulturimperialismus, am ungerechten Welthandel sowie an der weltweit wachsenden Kluft zwischen Arm und Reich bildeten wichtige Rahmenbedingungen für die interamerikanischen Beziehungen in diesem Zeitraum. Prägend blieb das hohe Maß an Gewalt, die bislang unbekannte transnationale Dimensionen annehmen sollte.

1. Der chilenische 11. September

US-Zusammenarbeit mit Militär

Kurz nach seinem Regierungsantritt im Januar 1969 schickte der neue US-Präsident Nixon seinen republikanischen Parteifreund Nelson A. Rockefeller auf eine Informationsreise nach Lateinamerika. Rockefeller, den in vielen Ländern ähnlich wie Nixon rund ein Jahrzehnt zuvor anti-US-amerikanische Demonstrationen erwarteten, berichtete noch im selben Jahr über die Lage in der Region. Demnach bestand die Gefahr, dass die USA und Lateinamerika sich immer weiter von einander entfernten. Rockefeller befürwortete eine neue Form der Partnerschaft zwischen den Amerikas, um die sozioökonomische Entwicklung zu fördern. Zu diesem Zweck, so Rockefeller, müsse Washington den Realitäten ins Auge sehen, und dürfe sich nicht zieren, die Beziehungen zu den lateinamerikanischen Militärs zu pflegen, die vielerorts bereits an der Macht waren. In der Tat sollte diese Form der „Realpolitik“, die insbesondere auch der nationale Sicherheitsberater und spätere

Außenminister Henry Kissinger vertrat, ein Markenzeichen der Beziehungen zu Lateinamerika werden. Das beste Beispiel dafür war gleich zu Beginn der 1970er-Jahre Chile, wo sich scheinbar ein neuer Castro aufmachte, die Vorherrschaft der Vereinigten Staaten zu bedrohen.

Q

Der Rockefeller Report (1969)
Aus: Holden und Zolov, S. 265–266.

Die wachsenden Frustrationen in der gesamten Westlichen Hemisphäre wegen der Armut und der politischen Instabilität haben eine zunehmende Anzahl von Stimmen dazu veranlasst, die Vereinigten Staaten als Sündenbock zu betrachten und marxistische Lösungen für ihre sozioökonomischen Probleme zu suchen. Momentan gibt es unter den 26 Nationen der Hemisphäre nur einen Castro, aber es könnten in der Zukunft durchaus mehr werden. Und ein Castro auf dem Festland, der wirtschaftlich und militärisch von der kommunistischen Welt unterstützt wird, würde die schlimmste Bedrohung für die Sicherheit der Westlichen Hemisphäre darstellen …
Die Demokratie ist ein sehr verzwicktes Problem für die meisten anderen Länder der Hemisphäre. Die autoritäre und hierarchische Tradition, die die Kulturen der meisten dieser Gesellschaften bedingt und geformt hat, eignet sich nicht für die Form der demokratischen Regierung, an die wir gewöhnt sind …
Militärs der gesamten Hemisphäre werden hier in den Vereinigten Staaten oft kritisiert. Wir müssen uns jedoch zunehmend darüber klar werden, dass viele der neuen militärischen Anführer zutiefst angetrieben sind durch das Streben nach sozialem und wirtschaftlichem Fortschritt … In vielen Fällen wird es für die USA sinnvoller sein mit ihnen in diesem Bestreben zusammenzuarbeiten, anstatt sie allein zu lassen oder zu beleidigen, weil wir uns durch zufällige ideologische Vorurteile beeinflussen lassen.

Chile war in den 1960er-Jahren eines der Vorzeigeländer der Allianz für den Fortschritt. Nach seinem Wahlsieg 1964 wurde Frei zur zentralen Figur, versprach er doch genau die Kombination von sozialen Reformmaßnahmen und antikommunistischer Zielrichtung, die der US-Politik vorschwebte. Daher erhielt Frei bereits für seinen Wahlkampf US-amerikanische Subventionen, während sein Gegner der Sozialist Salvador Allende (1908–1973) in einer konzertierten Pressekampagne verunglimpft wurde. In der Amtszeit Freis ergaben sich jedoch Probleme, da die Regierung bemüht war, das Image des Vasallen der Vereinigten Staaten abzustreifen und da Frei die Politik der USA wiederholt kritisierte.

Unidad Popular

Als 1970 der nächste Wahlkampf anstand, trat erneut Allende, dieses Mal als Anführer der *Unidad Popular* einer Koalition aus linken Parteien, an. Die *Unidad Popular* plante tiefgreifende Veränderungen in der Außenpolitik Chiles zur Absicherung des radikalen Reformprogramms im Innern. Im Grundsatzprogramm des Parteienbündnisses vom September 1970 hieß es, man werde die internationale Unabhängigkeit Chiles stärken, die Beziehungen zu den sozialistischen Ländern ausbauen, die OAS als Instrument des US-Imperialismus ächten und alle bestehenden Verträge mit den Vereinigten Staaten überprüfen. Die anti-US-amerikanische Rhetorik der chilenischen Entscheidungsträger trug dazu bei, in den USA die Angst vor einer Bedrohung durch ein kommunistisches Chile heraufzubeschwören.

Die unversöhnliche Haltung der Vereinigten Staaten zur *Unidad Popular* hatte sich schon im Wahlkampf von 1970 gezeigt, als der CIA und Privatunternehmen aus den USA hohe Summen investierten, um den Wahlsieg des Kandidaten der Rechten zu garantieren. Als dies misslang, entwickelte der CIA im Auftrag der US-Regierung Strategien zur Verhinderung des Amtsantritts Allendes, das so genannte Projekt FUBELT mit den Tracks I und II. Track I sah vor, die Bestätigung Allendes im chilenischen Kongress durch die Herstellung eines Bündnisses Alessandris mit den Christdemokraten Freis zu verhindern. Das war aufgrund des knappen Wahlausgangs theoretisch möglich, widersprach aber dem Geist der Verfassung und wurde unter anderem vom Oberkommandierenden der Streitkräfte, General René Schneider (1913–1970), abgelehnt.

Mitte September 1970 beauftragte Nixon den CIA damit, einen Plan zur „Rettung" Chiles zu entwickeln. Aus dieser Maßgabe entwickelte der CIA den Track II, eine Strategie zur Förderung der putschbereiten Elemente im chilenischen Militär. Als General Schneider im Oktober bei einem von einem Kameraden inszenierten und vom CIA unterstützten Entführungsversuch schwer verletzt wurde, wuchs allerdings auch bei den gemäßigten Kräften in Chile die Bereitschaft, den verfassungsgemäßen Weg zu gehen. Im November konnte Allende daher sein Amt antreten. Die US-Regierung, die den Ereignissen nach außen hin kühl und abwartend gegenüberstand, veränderte nun ihre Strategie und verlegte sich auf eine „unsichtbare Blockade" zur Destabilisierung der chilenischen Wirtschaft, um die Regierung Allende ins Wanken zu bringen. Dabei kooperierte Washington über den CIA mit den in Chile ansässigen US-Unternehmen wie der *International Telephone & Telegraph Co.* (ITT).

Die Spannungen zwischen beiden Ländern traten durch die Nationalisierung der großen US-amerikanischen Kupferunternehmen und die Auseinandersetzungen um deren Kompensation bald nach Allendes Amtsantritt klar zutage. Durch die Einbeziehung von IWF und Weltbank gewann dieses bilaterale Problem eine multinationale Dimension. Die US-Regierung scheute den offenen Bruch mit Chile wegen der Befürchtung, Allende könne die Verantwortung für die chilenische Auslandsschuld zurückweisen. Daher blieb Washington bei der Strategie der Geheimaktionen, die von einer gegen die Regierung Allende gerichteten Medienkampagne über die finanzielle Unterstützung der Opposition und des Militärs bis hin zum Einsatz von Geheimdienstmitarbeitern zur Sabotage reichten. Außerdem wendete man wirtschaftlichen Druck durch die Einstellung der Entwicklungshilfe und die Verhinderung von Krediten an.

Teils schon seit Langem geplant, teils als Reaktion auf die US-amerikanische Obstruktionspolitik, suchte die *Unidad Popular* daraufhin die Annäherung an Länder des Ostblocks. Besondere Bedeutung hatten die Beziehungen zu Kuba, die schon im November 1970 wieder aufgenommen wurden. Ende 1971 besuchte Fidel Castro fast einen Monat lang Chile, und ein Jahr später kam es zum Gegenbesuch Allendes. Chile bemühte sich um die Lockerung der OAS-Sanktionen gegen den Inselstaat und trat in enge wirtschaftliche und militärische Beziehungen zu Kuba.

CIA in Chile

Als Anfang April 1972 die Berichte US-amerikanischer Enthüllungsjournalisten über die Machenschaften von CIA und ITT in Chile bekannt wurden, spitzte sich die Konfrontation mit den Vereinigten Staaten weiter zu. Allende nutzte das Forum, das ihm die Entwicklungskonferenz UNCTAD III in Santiago wenige Tage später bot, um den Zusammenhalt der Dritten Welt gegen die Macht der transnationalen Konzerne zu beschwören. Im Dezember 1972 brandmarkte er dann die Intervention von ITT in seinem Land in einer Rede vor der Generalversammlung der Vereinten Nationen. Vor diesem Hintergrund liefen die US-amerikanischen Aktionen zur Destabilisierung der Regierung weiter. Dabei gewannen die Kontakte zum chilenischen Militär an Bedeutung. Seit den 1950er-Jahren hatte die intensive Ausbildungszusammenarbeit dazu geführt, dass chilenische Offiziere die Doktrin der Abwehr kommunistischer Infiltration internalisiert hatten. Die Zahl der in Panama ausgebildeten Offiziere nahm zwischen 1968 und 1974 kontinuierlich zu. Darauf aufbauend, erhöhte die US-Regierung die Militärhilfe an Chile zwischen 1970 und 1973 deutlich.

Inwiefern US-Regierungsstellen direkt an der Planung und Vorbereitung des Militärputsches gegen Allende vom 11. September 1973 beteiligt waren, bleibt trotz der Veröffentlichung wichtiger Dokumente nach wie vor umstritten. Der jetzige Forschungsstand legt nahe, dass die Destabilisierungsbemühungen der Vereinigten Staaten ein wichtiges, wenngleich nicht entscheidendes und vor allem keineswegs ausschließliches Element in der Herbeiführung des Putsches waren. Wie wichtig der US-amerikanische Beitrag zum Sturz Allendes auch gewesen sein mochte, die Stellungnahmen gegenüber der Militärjunta seitens der Regierung in Washington waren von Beginn an positiv. Die brutale Verfolgungswelle politischer Gegner, die die Junta in den Monaten nach dem Umsturz in Gang setzte, wurde von der Regierung Nixon geduldet, wenn nicht sogar gutgeheißen beziehungsweise unterstützt.

Allerdings wurden in den Vereinigten Staaten nach dem Putsch, wie auch schon während der *Unidad Popular*, Stimmen laut, die die Chilepolitik ihrer Regierung heftig kritisierten. Dabei handelte es sich neben der parlamentarischen Opposition unter Senator Edward M. Kennedy (1932–2009) vor allem um Nichtregierungsorganisationen aus dem Entwicklungshilfesektor und aus dem akademischen Bereich. Obwohl sich diese Gruppen mit ihrer Forderung nach einem Ende der Kredite an das Militärregime im US-Kongress Ende 1973 noch nicht durchsetzen konnten, blieben sie für die Entwicklung der Beziehungen zwischen Chile und den Vereinigten Staaten bis 1990 von großer Bedeutung. Chile wurde zu einem wichtigen Thema in den innenpolitischen Auseinandersetzungen, und die Frage der Menschenrechte nahm in der US-amerikanischen Außenpolitik immer größeren Raum ein.

Das Regime unter Augusto Pinochet (1915–2006) bemühte sich in der Folgezeit, die Beziehungen zu den USA durch eine Medienkampagne, durch die Kompensation der nationalisierten US-Unternehmen und durch eine investorenfreundliche Politik zu verbessern. Zunächst waren diese Anstrengungen durchaus erfolgreich, und Chile erhielt wieder die großzügige finanzielle Unterstützung Washingtons. Außerdem verhinderten die Regierungen Nixon und Gerald Ford (1913–2006) die Untersuchung der Menschenrechtslage in Chile ebenso wie Resolutionen gegen das Land durch die Vereinten Nationen.

Dies entsprach letztlich der schon im Rockefeller-Report festgelegten Marschroute. Egal welcher Verbrechen sich die lateinamerikanischen Militärs schuldig machten, war man in Washington bereit, mit ihnen zu kooperieren, solange sie den Kommunismus, oder was man dafür hielt, bekämpften. Die Folge war, dass die Streitkräfte in vielen Ländern Lateinamerikas immer stärker und immer politischer wurden und sich schon seit den 1960er-Jahren an die Macht putschten. Brasilien hatte 1964 nur den Anfang gemacht. Washington steuerte diese Putsche nicht, wie die kommunistische Propaganda behauptete, aber es tat auch nichts, um diese zu verhindern, sondern unterstützte sie in unterschiedlichem Maß. Dabei konnte das Ergebnis durchaus kontraproduktiv sein, wie der Staatsstreich in Peru 1968 zeigte. Dort errichtete General Juan Velasco Alvarado (1910–1977) eine Entwicklungsdiktatur, die nicht vor Nationalisierungsmaßnahmen zurückschreckte, was die USA dulden mussten. Doch blieb dies die Ausnahme.

Staatsterrorismus

Die Militärdiktaturen unterschieden sich von den Regimes des 19. und frühen 20. Jahrhunderts. Meist stand nicht ein traditioneller militärischer Caudillo im Zentrum, sondern die Befehlshaber der verschiedenen Waffengattungen bildeten eine Junta. Später kam es wie im Fall Chiles unter Pinochet teils durchaus zu einer Personalisierung der Herrschaft. Gemein war den Regimes das Element der staatsterroristischen Gewaltanwendung gegen die politischen Gegner. Die Repression gewann durch Menschenrechtsverletzungen und durch die transnationale Vernetzung der Geheimdienste in der so genannten Operation Condor eine neue Dimension. Sie trieb viele Lateinamerikaner ins Exil und hielt das weltweite Interesse an diesem Subkontinent wach.

Ein weiteres gemeinsames Merkmal der neuen „bürokratisch-autoritären Regimes“ war der politische Anspruch, mit dem das Ausmaß der Gewalt legitimiert wurde. Man verfolgte Pläne zum Umbau von Staat, Wirtschaft und Gesellschaft. Dabei präsentierte sich das Militär als quasi überparteiliche, nur am Wohl der Nation interessierte Instanz. Zu diesem Zweck rekrutierte man vielerorts in den USA ausgebildete technokratische Eliten oder konsultierte gleich US-amerikanische Experten, die die Wirtschaft und die sozialen Sicherungssysteme unter neoliberalen Vorzeichen veränderten. Die lange verpönten ausländischen Investitionen wurden nun wieder gezielt eingeworben. Trotz der neoliberalen Rhetorik behielt der von den Militärs kontrollierte Staat wichtige Interventionsfunktionen bei.

neoliberale Politik

Phasenweise hatte man mit der neuen neoliberalen Politik durchaus Erfolge vorzuweisen. Insbesondere die neuen Freihandelszonen galten lange als Erfolgsmodell. Steuerbefreiungen und die Aussetzung der Arbeiterrechte schafften Bedingungen, von denen viele Investoren nur träumen konnten. Für die Armen boten diese Enklaven oft erstmals ein dauerhaftes Einkommen. Doch diese Erfolge waren teuer erkauft, denn wie die Enklaven der 1920er- und 30er-Jahre schufen auch die Freihandelszonen enorme soziale Probleme. Das galt auch für die Grenze zwischen Mexiko und den Vereinigten Staaten, die nun zum Inbegriff einer Grenze zwischen „Erster“ und „Dritter Welt“ wurde. In Städten wie Tijuana oder Ciudad Juárez entstand eine neue Zone direkter Kontakte zwischen Nord und Süd, die sich durch ihre Flüchtigkeit auszeichneten. Deregulierte Arbeitsverhältnisse, illegale Migration, Prostitution, Alkohol, Drogenhandel, Umweltzerstörung und Rechtlosigkeit charakterisierten eine Region, die als „deterritorialisiertes“ Produkt der neuen Globalisierung, einen düsteren Blick in die Zukunft zu gestatten schien.

2. Die Entdeckung der Menschenrechte

Während diese Prozesse in der nächsten Nachbarschaft zunächst noch wenig offizielle Aufmerksamkeit in den Vereinigten Staaten auf sich zogen, begann die Stimmung in Sachen Menschenrechtsverletzungen aufgrund der Aufdeckung der CIA-Aktivitäten in Chile durch das so genannte Church-Komitee des US-Senats umzuschlagen. 1976 nahm der Kongress ein Gesetz an, das den Verkauf von Rüstungsgütern an Chile solange verbot, bis das Pinochet-Regime eine deutliche Verbesserung der Menschenrechtslage nachweisen konnte. Wenig später erreichten die Beziehungen einen Tiefpunkt, als der chilenische Geheimdienst den ehemaligen Außenminister der *Unidad Popular*, Orlando Letelier (1932–1976), auf offener Straße in Washington ermorden ließ. Der US-Kongress reagierte mit einem gegen Pinochet gerichteten Verbot von Entwicklungshilfezahlungen an Regimes, die sich Menschenrechtsverletzungen zuschulden kommen ließen.

Dieser Umschwung in den Beziehungen zum Pinochet-Regime war für die Politik Washingtons Ende der 1970er-Jahre bezeichnend. Mit Jimmy Carter trat Anfang 1977 ein Mann das höchste Staatsamt an, der seine Regierungszeit ganz ins Zeichen des Kampfs für die Menschenrechte stellen wollte. In der Tat ließ Carter die Unterstützung für die Regimes in Haiti, Chile und Bolivien drastisch reduzieren und lockerte dagegen die Beziehungen zu Kuba. Besonders nachdrücklich war das Eintreten gegen die Militärherrschaft in Argentinien, die seit 1976 mit außergewöhnlicher Brutalität gegen Andersdenkende vorging. Die Vereinigten Staaten strichen dem Regime alle Unterstützung und drängten auf die Freilassung politischer Gefangener. Einen Durchbruch erzielten sie aber nicht.

Panamakanalvertrag

Ebenso unkonventionell reagierte die Regierung Carter auf die Forderung der panamaischen Nationalisten unter Omar Torrijos (1929–1981) nach Änderung des alten Panamakanalvertrags. Da der Kanal viel von seiner strategischen und kommerziellen Bedeutung verloren hatte, war Washington bereit, dieser Forderung entgegenzukommen. Die Unterzeichnung der Carter-Torrijos-Verträge sah die Erhöhung der Einnahmen Panamas aus dem Kanal sowie die gemeinsame Verwaltung des Wasserwegs bis Silvester 1999 vor. Danach sollte der Kanal in den Besitz Panamas übergehen. Allerdings bestimmte ein zweiter Vertrag, dass die USA auch danach noch das Recht behielten, den Kanal zu verteidigen. Sowohl in den USA als auch in Panama stießen die Verträge auf viel Widerstand seitens der Rechten.

Carters Politik war nur teilweise auf idealistische Motive zurückzuführen. Teils war sie auch eine Reaktion auf den Wandel in den Beziehungen der USA zu Lateinamerika insgesamt. In einigen Ländern der Region machte sich eine relativ positive Entwicklung bemerkbar. Die Industrialisierungserfolge brachten eine Abnahme der Armut, eine höhere Lebenserwartung und mehr Bildung. Außerdem ermöglichten sie die Diversifizierung der Wirtschaft, was wiederum die Abhängigkeit von den USA verringerte. Dementsprechend stieg der Anteil der Investoren und Handelspartner vor allem aus Japan, Kanada und dem Ostblock. Außerdem wuchs auch der interregionale Handel innerhalb Lateinamerikas. In den USA gaben diese Entwicklungen Grund zur Sorge, nicht zuletzt, weil unter der Ägide der Republikaner auch der Anti-US-Amerikanismus weiter gewachsen war. Das neue Selbstbewusstsein der Lateinamerikaner zeigte sich daran, das die OAS 1975 ihre Sanktionen gegen Kuba einstellte, während die USA ihr Embargo fortsetzten.

Befreiungstheologie

Doch nicht ganz Lateinamerika war so erfolgreich. Insbesondere Zentralamerika konnte nicht von den Entwicklungen profitieren. Hier tat sich außerdem eine zunehmende größer werdende soziale Ungleichheit auf. Dagegen organisierten sich nun unterschiedliche soziale Gruppen. Auch die katholische Kirche, die sich in Lateinamerika trotz der Einflüsse der Soziallehre lange als Bewahrerin des gesellschaftlichen Status quo ausgezeichnet hatte, entdeckte im Gefolge des Zweiten Vatikanischen Konzils (1962–1965) die Probleme der Unterentwicklung. Soziale Gerechtigkeit und Kampf gegen die Armut gewannen zentrale Bedeutung bei den Teilen des Klerus, die die von der lateinamerikanischen Bischofskonferenz 1968 ausgegebene Formel der „Option für die Armen" ernst nahmen und sich in den Armenvierteln in Stadt und Land engagierten. Der peruanische Theologe Gustavo Gutiérrez prägte dafür den Begriff Befreiungstheologie. Ähnlich wie in der Dependenztheorie ging es auch den Befreiungstheologen um die Probleme der Gegenwart. In Zentralamerika fanden sie ein breites Betätigungsfeld.

Revolution in Nicaragua

Unter dem Diktatorenclan der Somozas war Nicaragua in mehr als 40 Jahren ausgeblutet. Als der Diktator nach einem schweren Erdbeben Ende 1972 auch noch Hilfsgelder veruntreute und gespendete Lieferungen an die Not leidende Bevölkerung verkaufen ließ, war selbst bei moderaten Kräften das Maß voll. Die Sandinistische Nationale Befreiungsfront (*Frente Sandinista de Liberación Nacional*, FSLN), die sich 1959 im Gefolge der Kubanischen Revolution gegründet hatte, führte im Laufe der 1970er-Jahre zahlreiche spektakuläre Entführungsaktionen durch. Nachdem Anfang 1978 mit Pedro Joaquín Chamorro (1924–1978) auch noch ein führender Zeitungsherausgeber ermordet wurde, konnte die FSLN bei ihrer Schlussoffensive auf breite Unterstützung seitens der Bevölkerung rechnen. Im Juli 1979 zogen die von Kuba und der Sowjetunion unterstützten Rebellen unter Daniel Ortega siegreich in Managua ein. Zunächst verhielt sich die neue Regierung zurückhaltend gegenüber den USA und Präsident Carter ließ sogar Hilfsgelder fließen. Als Ortega dann aber den Aufstand in El Salvador unterstützte, stoppte Washington die Subventionen und begann mit der Unterstützung der nicaraguanischen Opposition.

Im Nachbarland El Salvador war die Ausgangslage ähnlich, wenngleich noch verfahrener als in Nicaragua. Hier hatte eine Oligarchie über Jahrzehnte das Land ausgesaugt und die Hilfe aus der Allianz für den Fortschritt in die eigenen Taschen fließen lassen. Daher hatte sich die Zahl der Landlosen in El Salvador in der „Dekade der Entwicklung" mehr als verdreifacht. Hinzu kam, dass die regierenden Eliten mittels inoffizieller Todesschwadronen jeglichen Verdacht kommunistischer Regungen im Keim erstickten. In den 1970er-Jahren entstanden diverse Widerstandsgruppen, die 1979 Hoffnung schöpften, als fortschrittliche Kräfte im Militär putschten. Der Gegenputsch Anfang 1980 machte diese jedoch schnell wieder zunichte. 1980 erreichte das Ausmaß der Gewalt eine neue Dimension. Erzbischof Oscar Romero (1917–1980) fiel ebenso einem Attentat zum Opfer wie zahlreiche andere Reformer und sozial Engagierte. Die Explosion der Gewalt trug zur

Integration des Widerstands bei, der sich in der Nationalen Befreiungsfront Farabundo Martí (*Frente Farabundo Martí para la Liberación Nacional*, FMLN) zusammenschloss und eng mit dem nicaraguanischen FSLN kooperierte. Die Regierung Carter reagierte erneut halbherzig und konfus auf die Entwicklungen in dem kleinen Land. Anfang 1981 wies Carter mit einer seiner letzten Amtshandlungen dann massive Militärhilfe für die salvadorianische Regierung an. Das Morden konnte weitergehen.

3. Die katastrophalen 1980er-Jahre

humanitäre Katastrophe

Mit dem Amtsantritt von Ronald Reagan (1911–2004) fiel die US-amerikanische Lateinamerikapolitik in die längst vergangen geglaubten Zeiten des *Big Stick* zurück. Sicherlich setzten sich im Zentralamerikakonflikt alte Kämpfe fort, doch erfuhren sie durch das einseitig auf eine militärische Lösung setzende Engagement der Reagan-Administration eine kaum für möglich gehaltene Verschärfung. Leidtragend war vor allem die Bevölkerung Zentralamerikas, die in den 1980er-Jahren eine humanitäre Katastrophe sondergleichen durchlebte. Doch auch die Vereinigten Staaten selbst wurden durch diese Politik beschädigt, denn ihr Ansehen in Lateinamerika erreichte erneut einen Tiefpunkt.

Aus Sicht der Reagan-Administration war die Politik der Unterstützung der konservativen Eliten und Militärs in der Region, die sich gegen den sozialen Wandel stemmten, sinnvoll, denn nur sie schienen eine Abwehr des Kommunismus zu garantieren. In der Weltsicht des Präsidenten stand jegliche Form der Sozialreform im Kommunismusverdacht. Dementsprechend stieg die Militärhilfe Washingtons für Lateinamerika von 1979 bis 1982 um rund das 15-Fache. Der Großteil floss nach Zentralamerika, wo die USA in der Folgezeit einen Stellvertreterkrieg führen ließen, der auch das Ziel hatte, einen Ausgleich für die noch immer schmerzliche Erinnerung an den Ausgang des Vietnamkriegs zu schaffen. Erneut argumentierte man daher im Weißen Haus mit dem Argument der **Domino-Theorie**.

E

Domino-Theorie

Die Domino-Theorie entstand im Kalten Krieg. US-Präsident Eisenhower verwies 1954 mit Blick auf Vietnam darauf. Die Grundidee war, dass sich kommunistische Regimes von einem Land zum nächsten ausbreiten, da der Weltkommunismus expansionistisch sei. Wie Domino-Steine würde demnach ein Land nach dem anderen in die Machtsphäre Moskaus fallen. Um diesen Domino-Effekt zu unterbinden, so die Meinung der so genannten „Realisten" innerhalb der US-amerikanischen Außenpolitik, musste man bereits das Umfallen des ersten Steins verhindern. Mit dieser wenig tief schürfenden „Theorie" begründeten diverse US-Regierungen bis zum Ende des Kalten Kriegs ihre offenen und verdeckten Interventionen in Lateinamerika, Asien und Afrika.

Gleich zu Beginn seiner Amtszeit legte Reagan mit dem von konservativen Gefolgsleuten verfassten Santa Fe-Report, die Grundlinien seiner Politik für den karibischen Raum fest. Einerseits sollten US-amerikanische Investitionen und auch kleine Kooperativen in der Region gefördert werden. Sogar die US-Gewerkschaft *American Federation of Labor* (AFL-CIO), die sich bereits in anderen lateinamerikanischen Zusammenhängen bewährt hatte, sollte eingesetzt werden, um die Arbeiterschaft in nicht-kommunistischen Organisationen zusammenzufassen. Die zentralen Passagen des Dokuments betrafen die Sicherheit. Hier machte Reagan klar, dass er von einer nachhaltigen Bedrohung der USA durch den Aufstieg des Kommunismus in der Region ausging. Außerdem stellte er fest, dass man dort für die Demokratie US-amerikanischen Stils noch nicht reif sei, weshalb die USA mit autoritären Regierungen kooperieren müssten, auch wenn dabei Menschenrechte verletzt würden, die ohnehin, so der Bericht weiter, kulturell relativ seien.

Die daraus abgeleitete Politik wurde in der Folgezeit konsequent umgesetzt. So unterstützte Washington die guatemaltekischen Regimes der Generäle Luis Mans und Efraín Ríos Montt, die unzählige Oppositionelle und Indigene ermorden ließen. Die *School of the Americas*, die 1983 den neuen Panamakanalverträgen entsprechend nach Georgia umziehen musste, bildete so viele zentralamerikanische Offiziere in der Guerillakriegführung aus wie nie zuvor darunter auch Ríos Montt. Als sich die Regierung der kleinen Karibikinsel Grenada 1982 zur sozialistischen Republik erklärte und kubanische Berater ins Land holte, nutzte Reagan die Chance im Jahr darauf zu einer direkten Intervention, um ein Exempel zu statuieren und seine Glaubwürdigkeit unter Beweis zu stellen.

Das Land jedoch, auf das sich Reagans Politik am stärksten konzentrierte, blieb El Salvador, das in kurzer Zeit zu einem der weltweit wichtigsten Empfänger US-amerikanischer Militärhilfe wurde. Der US-Regierung, die dafür die Zustimmung des Kongresses benötigte, gelang es, die wiederholten Nachrichten von Menschenrechtsverletzungen und regelrechten Massakern unter der Zivilbevölkerung kleinzureden oder aber die Arbeit der zur Klärung eingesetzten Untersuchungsausschüsse zu verschleppen.

Da die nicaraguanische Regierung die Rebellen in El Salvador weiterhin unterstützte, entwickelte die Reagan-Administration darüber hinaus Pläne zum Sturz der Sandinisten. Dies musste jedoch im Geheimen geschehen, da derartige Planungen nach US-amerikanischen Recht illegal waren. Anknüpfend an die Politik der späten Regierung Carter förderten die USA nun die Ausbildung konterrevolutionärer Kräfte, der so genannten Contras, im Nachbarland Honduras. Von dort aus bekämpfte man hauptsächlich zivile Ziele in Nicaragua. Da sich die Contras allerdings als inkompetent und korrupt herausstellten, ging der CIA zunehmend dazu über, die Kriegshandlungen in Nicaragua selbst auszuführen und verminte etwa 1983/84 drei nicaraguanische Häfen. Die nicaraguanische Regierung verklagte die USA wegen ihres Interventionismus 1984 vor dem Internationalen Gerichtshof, der den Sandinisten zwei Jahre später Recht gab. Washington erklärte die Richter in den Haag daraufhin kurzerhand für nicht zuständig, da der Fall die Sicherheit der Vereinigten Staaten betreffe.

Iran-Contra-Skandal

Als die CIA-Machenschaften in den USA bekannt wurden, reagierte der Kongress und führte Hürden für die Finanzierung der Contras ein. Schließlich sprach er sogar ein Verbot aus. Diese nach ihrem Initiator Boland I und II genannten Restriktionen hinderten Präsident Reagan jedoch nicht daran, die Unterstützung im Geheimen fortzusetzen und den Kongress anzulügen. Immerhin zwang der Widerstand des Kongresses dazu, zusätzliche Wege der Finanzierung zu suchen. Die *Contras* selbst etwa verlegten sich auf den

Drogenhandel. Das Weiße Haus dagegen ging auf Geheimaktionen über, die der *National Security Council* (NSC) durchführte. In dessen Auftrag sammelte Oberst Oliver North Spenden von Privaten – darunter zahlreiche US-Unternehmer – und befreundeten Regierungen, um die Contras zu unterstützen. North wickelte gleichzeitig ein geheimes Waffengeschäft mit Iran für den Krieg gegen den Verbündeten der USA, Saddam Hussein im Irak, ab, das hohe Profite erbrachte. Da lag es aus seiner Sicht nahe, beide Ebenen miteinander zu verbinden und gleich auch Waffen für die Contras nach Zentralamerika fliegen zu lassen. Als die Nicaraguaner eines der Transportflugzeuge abschießen und den Piloten gefangen nehmen konnten, wurden die Zusammenhänge bekannt. Was folgte war der Iran-Contra-Skandal, in dessen Gefolge Präsident Reagan und seine Berater die Untersuchungskommissionen mehrfach belogen. Zahlreiche Regierungsmitarbeiter wurden unterschiedlicher Vergehen überführt, darunter der Verteidigungsminister, doch konnte Reagan seinen Kopf aus der Schlinge ziehen, da seine Vertrauten ihn schützten.

Nicht erst der Skandal förderte weltweite Proteste gegen Reagans Zentralamerikapolitik zutage. In Lateinamerika waren diese naturgemäß besonders ausgeprägt, doch sogar in den USA blieben die Zustimmungswerte niedrig und die Kritik wurde immer lauter. Selbst Hollywood-Filme nahmen sich der Thematik mit kritischem Unterton an. Die 1980er-Jahre sahen die Entstehung neuer Nichtregierungsorganisationen wie *Human Rights Watch*. Gemeinsam mit bereits etablierten Menschenrechtsorganisationen wie Amnesty International oder dem *North American Congress on Latin America* (NACLA) forderten sie ein Ende der US-amerikanischen Einmischung und Frieden für Zentralamerika.

Friedensnobelpreis an Oscar Arias

Die Friedensinitiativen gingen jedoch letztlich nicht von den USA aus, sondern entstanden in der Region selbst. Unter der Führung Panamas, Mexikos, Kolumbiens und Venezuelas fand bereits Anfang 1983 ein Treffen auf der Insel Contadora vor Panama statt, das einen Friedensvertrag für Zentralamerika vorlegte. Die Regierung Reagan torpedierte die Verhandlungen von Anfang an. Als die Friedensverhandlungen 1984 scheiterten, feierten Regierungsmitarbeiter des NSC dies intern als Erfolg. Die Regierung Costa Ricas unter Oscar Arias erneuerte die Initiative 1987 und arbeitete den Esquipulas-Plan aus. Wiederum versuchte die Regierung Reagan, die Verhandlungen zu stören, unter anderem indem man die Wirtschaftshilfe für Costa Rica zusammenstrich. Dennoch einigten sich die Kriegsparteien 1987 auf die Beendigung des Kriegs. Arias erhielt im selben Jahr den Friedensnobelpreis. Der schmutzige Krieg dauerte jedoch noch bis in die frühen 1990er-Jahre an. Erst die Abwahl der Sandinisten in Nicaragua 1990 sowie die Kriegsmüdigkeit in El Salvador, wo der Terror der Todesschwadronen 1989 einen weiteren Höhepunkt erreicht hatte, schufen die Voraussetzungen für einen Frieden, den der salvadorianische Präsident Alfredo Cristiani Anfang 1992 mit Vertretern der FMLN abschloss. Reagans Nachfolger George Bush hatte im Gegensatz zu seinem Vorgänger die Verhandlungen gefördert. UN-Truppen wurden als Garanten des Friedens in El Salvador stationiert. Damit ging endlich ein Krieg zu Ende, der mehr Menschenleben kostete als die südamerikanischen Militärdiktaturen zusammengenommen.

Nicht nur für Zentralamerika waren die 1980er-Jahre eine katastrophale Dekade. Ganz Lateinamerika erfuhr in diesem Jahrzehnt in wirtschaftlicher

Hinsicht einen herben Rückschlag, der im Vergleich mit anderen Weltregionen besonders heftig ausfiel. Das Hauptproblem waren die explodierenden Schulden der lateinamerikanischen Staaten, die auf die zahlreichen Bürgerkriege, den steigenden Ölpreis sowie die exzessive Verschuldung zu niedrigen, aber variablen Zinssätzen in den 1970ern zurückzuführen waren. Besonders hart getroffen war bereits 1982 Mexiko, dessen Währung zusammenbrach und das den auswärtigen Schuldendienst einstellen musste. Da man in den USA realisierte, dass ein mexikanischer Staatsbankrott weit reichende Folgen für US-Banken haben konnte, entschied sich Washington, helfend einzugreifen. Gemeinsam mit dem Internationalen Währungsfonds (IWF) nahm die US-amerikanische *Federal Reserve Bank* eine Umschuldung zur Rettung der mexikanischen Wirtschaft vor.

Rückkehr zur Demokratie

Die Wirtschafts- und Finanzkrise schuf jedoch vielerorts in Lateinamerika auch die Voraussetzung für die Rückkehr zur Demokratie. Ecuador machte bereits 1979 den Anfang. Die anderen Länder schlossen sich der Entwicklung an, bis mit Paraguays Stroessner (1989) und Chiles Pinochet (1990) am Ende der Dekade zwei der hartnäckigsten Diktatoren die Schaltstellen der Macht verließen. Auch die Macht der verbliebenen und mit den USA besonders eng verbundenen Diktatoren des karibischen Raums wurde in diesem Zeitraum brüchig. Im ärmsten amerikanischen Land, Haiti, ging 1986 die fast dreißigjährige Gewaltherrschaft des Duvalier-Clans zu Ende. Vom wichtigen Verbündeten im Kalten Krieg hatte sich Duvalier zunehmend in ein Sicherheitsrisiko verwandelt, da immer mehr Haitianer von der Insel in Richtung Miami flüchteten. Als der Diktator 1986 gestürzt wurde und nach vier Jahren Militärregime 1990 mit dem Befreiungstheologen Jean-Bertrand Aristide ein Repräsentant der Armen an die Macht kam und zahlreiche Reformmaßnahmen umsetzte, unternahm Washington nichts dagegen.

In Panama dagegen sah sich die Regierung Bush genötigt, selbst einzugreifen. Hier war nach dem Tod von Torrijos 1981 mit dem *School of the Americas*-Absolventen Manuel Noriega ein brutaler Gewaltherrscher an die Macht gekommen, der jahrelang enge Beziehungen zum CIA pflegte und auf dessen Gehaltsliste stand. Aus seiner Zeit als CIA-Direktor und als Vizepräsident kannte Bush Noriega gut. Allerdings machte der Panamaer Geschäfte mit allen Seiten auch mit Kuba, der FMLN und den Drogenkartellen. Da die US-Regierung Noriega nicht mehr benötigte, wurde 1988 ein Drogenprozess in Miami gegen ihn angestrengt, der mit einer Verurteilung in Abwesenheit endete. Im Folgejahr entschloss sich Bush zum Einmarsch in Panama, um Noriega dingfest zu machen. Die Militäraktion, die tausenden Panamaern das Leben kostete, war aus der Perspektive der USA erfolgreich, denn Noriega musste seine Strafe absitzen und wurde danach 2010 nach Frankreich ausgeliefert, wo er eine weitere Haftstrafe wegen Geldwäsche erhielt. Die lateinamerikanische Öffentlichkeit wie auch die OAS verurteilten die Aktion der USA mehrheitlich. In Panama selbst begrüßten jedoch viele Menschen die Invasion trotz der zahlreichen Opfer als Befreiung, die die Rückkehr zur Demokratie ermöglichte.

Der Kalte Krieg ging ab 1989 mit dem Fall der Berliner Mauer schrittweise zu Ende. Damit entfiel die Grundlage auf der die interamerikanischen Beziehungen rund 45 Jahre lang funktioniert hatten. Lateinamerika definierte sich in diesem Zeitraum als Teil der Dritten Welt und in mancher Hinsicht durchaus im Gegensatz zu den Vereinigten Staaten. In der Tat blieben viele Probleme in den Beziehungen zwischen den Amerikas ungelöst und neue taten sich auf. Vor dem Hintergrund der Verschärfung der Weltkonflikte fiel die US-Politik in alte Muster zurück, um die eigenen Interessen zu wahren. Ein Ansatz zu einer partnerschaftlichen Lösung der zentralen Entwicklungsprobleme ganz Amerikas, die mit der wachsenden Globalisierung zunehmend auch Rückwirkungen in den Vereinigten Staaten zeitigten, war nicht zu erkennen.

XI. Trans-Amerika seit 1990

1990 Konsens von Washington
1991 Militärputsch in Haiti
1994 Inkrafttreten von NAFTA
Aufstand der Zapatisten
US-Intervention in Haiti
1999 Rückgabe des Kanals an Panama
2000 Plan Colombia
2001 Terrorangriffe auf die USA
2002 Bush-Doktrin
2004 Abdankung Aristides in Haiti
2008 Mérida-Initiative
2009 OAS hebt Ausschluss Kubas auf
Putsch in Honduras
2010 Erdbeben in Haiti

Mit dem Ende des Kalten Kriegs wurden Verflechtungen zwischen den Amerikas deutlich, die schon seit Langem bestanden und seit Jahrzehnten, teils seit Jahrhunderten gewachsen waren, ohne dass man sie besonders wahrgenommen hätte. Mit dem Wegfall der großen weltpolitischen Gegensätze wurden diese Elemente sichtbar und es entstand eine neue Unübersichtlichkeit, die noch dadurch verstärkt wurde, dass neben den Regierungen zahlreiche neue Akteure Einfluss auf die Beziehungen gewannen. Regierungen und Einwohner Lateinamerikas bezogen auch weiterhin Fertigprodukte, Populärkultur, Investitionen, Know-how und Sicherheit aus den USA. Umgekehrt suchten US-Amerikaner in Lateinamerika den Reiz des Exotischen, billige Arbeitskräfte, Verbündete und günstige Investitionsgebiete. Seit 1990 ist der interamerikanische Handelsaustausch gewachsen und Zollbarrieren sind gefallen. Außerdem leben inzwischen mehr Latinos denn je in den USA und umgekehrt sind mittlerweile rund 20% aller Lateinamerikaner Protestanten. Die transnationalen Verflechtungen prägen die Realitäten mittlerweile so stark, dass man immer häufiger von Trans-Amerika spricht.

1. Wirtschaftliche Verflechtungen

„Ende der Dritten Welt“

Das Ende des unversöhnlichen Gegensatzes der Blöcke stellte die bisherige Entwicklungspolitik in Frage. Die Überwindung der „Ersten“ und „Zweiten Welt“ zog in der entwicklungspolitischen Diskussion die Vorstellung vom „Ende der Dritten Welt“ nach sich. Das konnte natürlich nicht heißen, dass die wirtschaftlichen Probleme, die vor allem auf Lateinamerika lasteten, sich verflüchtigt hätten. Im Gegenteil, die Ungleichheit zwischen den USA und Lateinamerika wuchs in diesem Zeitraum weiter.

Konsens von Washington

Die wirtschaftliche Lehre aus der Zeitenwende war der Glaube an die Allmacht des freien Markts und an die Notwendigkeit, sich in die wirtschaftliche Globalisierung einzupassen. Der so genannte Konsens von Washington – ein Begriff, den Ökonomen 1990 auf einer Konferenz erfanden – schuf die Rahmenbedingungen für die künftige Wirtschaftspolitik. Die staatlichen Unternehmen sollten privatisiert werden, um damit die enorme Schuldenlast abzutragen. Das freie Spiel der Marktkräfte sollte die Entwicklung von Löhnen und Preisen bestimmen. Außerdem sollte sich Lateinamerika wieder auf den Exportsektor besinnen, statt Importe zu substituieren. Zunächst schienen diese Vorgaben auch erfolgreich zu sein. Der interamerikanische Handelsaustausch stieg wieder. Große Länder der Region wie Argentinien und Mexiko setzten die Privatisierungspolitik um und die Inflation konnte vielerorts eingedämmt werden. Im globalen Wettbewerb schienen Regionen wie die Karibik mit dem Tourismus oder Mexiko mit den Billiglohnfabriken, den so genannten *Maquiladoras*, ihre Wettbewerbsvorteile gefunden zu haben.

NAFTA

Einen ersten Höhepunkt erlebte die neue Freihandelspolitik mit der Gründung der Nordamerikanischen Freihandelszone (*North American Free Trade Agreement*, NAFTA) durch die Vereinigten Staaten, Mexiko und Kanada, die im Januar 1994 in Kraft trat. Mit der NAFTA entstand eine der größten Freihandelszone der Welt. Insbesondere die NAFTA schuf eine bislang nicht gekannte Integration zwischen den USA und einem führenden lateinamerikanischen Land. Handel und Investitionen stiegen boomartig. Die exportorientierten Zweige der mexikanischen Wirtschaft wuchsen beträchtlich. Das Beispiel machte Schule. Wenig später folgten die Schaffung des Südamerikanischen Gemeinsamen Marktes (*Mercado Común del Sur*, MERCOSUR) und danach weitere regionale Freihandelsabkommen. Die USA versuchten darüber hinaus eine (Gesamt-)Amerikanische Freihandelszone zu schaffen. Auf verschiedenen Gipfeltreffen wurde dieser Plan seit 1994 immer wieder erörtert, doch ließ er sich bislang nicht umsetzen.

Just am Tage des Inkrafttretens von NAFTA erhob sich im südmexikanischen Bundesstaat Chiapas die Zapatistische Armee der Nationalen Befreiung (*Ejército Zapatista de Liberación Nacional*, EZLN) mit dem erklärten Ziel die neoliberale Reform zu bekämpfen. Die Anführer der EZLN warnten vor den zu erwartenden sozialen Folgen des ungebremsten Freihandels und forderten vor allem die Anerkennung der Rechte der Indigenen. Sie erkannten, dass die Rolle Mexikos in der NAFTA nur die eines nach geordneten Billiglohnlands bleiben und dass sich der Abstand zu den reichen Ländern des Nordens noch vergrößern werde. Aus einer ganz anderen Richtung kam die Kritik innerhalb der USA. Dort kritisierten Gewerkschaften den Verlust von Arbeitsplätzen, die mit der Verlagerung von Produktionsstätten ins Nachbarland einherging.

Nach einem Jahrzehnt waren die Ergebnisse von NAFTA in der Tat ernüchternd. Die Zahl der Armen in Mexiko war drastisch angestiegen. Die Beschäftigung im *Maquiladora*-Sektor war rückläufig, da in China noch billiger produziert werden konnte. Für viele Kleinhandwerker bedeutete der Freihandel den Todesstoß. Diejenigen, die eine neue Anstellung fanden, sahen sich prekären Arbeitsverhältnissen ausgesetzt. Die Krisen mit dem Fall der Rohstoffpreise wirkten gegen Ende der beiden Jahrzehnte in ganz Lateinamerika ernüchternd. Schon 1994/95 hatte Mexiko mit der Tequila-Krise eine erneute Erschütterung des Finanzsektors nur mit massiver Hilfe aus den USA und vom IWF überwunden. Ähnlich erging es Argentinien, das 2002/

03 vor dem Staatsbankrott stand. Mit den Wirtschaftskrisen stieg die Ungleichheit in Lateinamerika weiter an. Immer weniger Menschen wurden immer reicher, immer mehr sanken in die Armut ab.

Weltklimagipfel

Nicht nur die Freihandelsbefürworter, sondern auch die Gegner des Neoliberalismus vernetzten sich nicht zuletzt dank des Internets zusehends. Eine wichtige Dimension dabei waren die transnational agierenden Umweltaktivisten. Beim Weltklimagipfel in Rio de Janeiro 1992 weigerten sich die USA zwar, den Vertrag zur Biodiversität zu unterzeichnen, doch das Thema des Umwelt- und Klimaschutzes blieb seitdem auf der Agenda. Dadurch kam auch der NAFTA-Vertrag unter Beschuss, da die dort vorgesehenen Bestimmungen für nachhaltige Entwicklung und den Schutz der Umwelt nirgends eingehalten wurden. Die unzähligen Nichtregierungsorganisationen in diesem Bereich, in denen US-Amerikaner mit Lateinamerikanern und Menschen aus anderen Erdteilen kooperieren, sind mittlerweile zu einem wichtigen Faktor auch für die interamerikanischen Beziehungen geworden.

Dass dabei immer wieder globale und lokale Interessen und Belange ineinander fließen zeigen auch die ähnlich gelagerten und oft von Umweltproblemen beeinflussten Bewegungen zum Kampf um soziale Rechte, die vielerorts in Lateinamerika nach dem Ende der Diktaturen entstanden. Ob sie sich wie in Bolivien gegen die Privatisierung des Wassers wehrten und dabei Regierungen stürzten oder wie in Brasilien die Landlosen vereinten, sie erhielten Unterstützung von einer globalen Öffentlichkeit. Besonders deutlich wird die Kraft dieser Bewegung seit 2001, als erstmals das Weltsozialforum in Porto Alegre tagte, das sich seitdem zu einer Gegenveranstaltung zu den Weltwirtschaftsgipfeln der Industrieländer entwickelt hat. Zentrales Thema ist die Kritik am Neoliberalismus, dessen Zentrum man im von den Vereinigten Staaten und der EU dominierten IWF verortet.

„Linksrutsch“ in Lateinamerika

Die Abwendung von den neoliberalen Prinzipien der USA machte sich in Lateinamerika im Lauf der 2000er-Jahre auch an den Wahlurnen bemerkbar. Im Lauf dieses Jahrzehnts kamen in den meisten Ländern der Region mehr oder weniger stark links gerichtete Regierungen ans Ruder, so dass man auch von einem „Linksrutsch“ spricht. So unterschiedlich die Ausrichtung im Einzelnen auch ist, so einig war man sich doch in der Abwendung von einer Globalisierung nach US-amerikanischen Vorstellungen. Dabei tat sich insbesondere der Regierungschef von Brasilien Luiz Inácio „Lula“ da Silva hervor, der sein Land als Führungsmacht in Südamerika positionierte und eine wichtige Stimme gegen die Gesamtamerikanische Freihandelszone war. Stattdessen verfolgte man die regionale Integration durch die Weiterentwicklung des MERCOSUR sowie den Ausbau der Beziehungen zu Asien. Durch Diversifizierung konnten Brasilien und viele weitere Länder der Region die globale Rezession von 2009 besser überstehen als die Vereinigten Staaten selbst.

Die wirtschaftlichen Verflechtungen der Region haben sich, so viel kann man zwei Jahrzehnte nach Ende des Kalten Kriegs feststellen, von der einseitigen Ausrichtung auf das Zentrum USA gelöst und globale Ausmaße angenommen. Mit Brasilien, Mexiko und Argentinien sind seit 1999 drei Länder der Region Mitglieder der Gruppe der zwanzig wichtigsten Industrie- und Schwellenländer (G 20). In wirtschaftlicher Hinsicht ist Lateinamerika unabhängiger von den Vereinigten Staaten denn je.

2. Politische Verflechtungen

Auch auf der politischen Ebene änderten sich die Rahmenbedingungen entscheidend. Mit der Rückkehr zur Demokratie in fast allen lateinamerikanischen Staaten ergab sich für die interamerikanischen Beziehungen eine neue Grundlage. Es entstand eine unüberschaubare Vielfalt von Problemen, die sich nicht mit den Mitteln klassischer Diplomatie lösen ließen. Dabei legten die Lateinamerikaner ebenso wie bei den ökonomischen Beziehungen im Laufe der Zeit mehr Unabhängigkeit von den Vereinigten Staaten an den Tag. Gleichzeitig ist die Einsicht gewachsen, dass viele Probleme der Region heute transnationalen Charakter haben und daher auch nur durch konzertierte Aktionen gelöst werden können.

Drogenhandel

Eines der Probleme, das seit 1990 in den Mittelpunkt der Aufmerksamkeit rückte, obwohl es schon viel länger bestand, war der illegale Drogenhandel. Präsident Nixon hatte bereits 1971 einen „Krieg gegen Drogen" zum politischen Ziel der USA erklärt. Entsprechende Behörden wie die *Drug Enforcement Administration* (DEA) wurden geschaffen. Die zentrale Frage dabei war, ob man sich vor allem auf die Bekämpfung der Nachfrage innerhalb der Vereinigten Staaten oder eher der Anbieter vor allem in Lateinamerika konzentrieren sollte. Letztere Dimension begann bereits mit Nixons *Operation Intercept* von 1969 zum Abfangen von Marihuana an der Grenze zwischen Mexiko und den USA und wurde dann mit der Überprüfung („Zertifizierung") der Anstrengungen lateinamerikanischer Länder im Drogenkampf ab 1986 sowie mit Bushs Invasion in Panama 1989 fortgesetzt.

Seit 1986 dehnten die US-Regierungen den Kampf auf die direkten Produktionsgebiete der Koka in Kolumbien, Peru und Bolivien aus. Das spiegelte sich unter anderem daran wider, dass nun vorzugsweise Offiziere aus diesen Ländern und aus dem wichtigen Drogentransitland Mexiko an den Lehrgängen der *School of the Americas* teilnahmen. Insbesondere Kolumbien, das zum weltgrößten Drogenproduzenten aufstieg, wurde zum Fokus der Antidrogenpolitik. Die Situation in diesem Land war jedoch besonders problematisch, da dort als Relikte des Kalten Kriegs Guerillatruppen wie die FARC (*Fuerzas Armadas de la Revolución Colombiana*) und konterrevolutionäre Todesschwadronen überlebt hatten, die nun vom Drogenhandel lebten. Darüber hinaus bildeten die städtischen Drogenkartelle eine regelrechte Gegenmacht gegen den Staat. Die Vereinigten Staaten schickten Militärberater und massive finanzielle Militärhilfe nach Kolumbien. Im Jahr 2000 erreichte diese Politik unter dem Begriff „Plan Colombia" ihren Höhepunkt. Da sich die Drogenkriminalität daraufhin zunehmend nach Mexiko und Zentralamerika verlagerte, hat die Bush-Regierung mit der Mérida-Initiative von 2008 den Schwerpunkt ihrer Unterstützung dorthin verlegt, ohne dass die Mittel sich grundlegend verändert hätten.

Die Ergebnisse des Kriegs gegen Drogen sind weder in Kolumbien noch in Mexiko überzeugend. Das Drogenangebot konnte dadurch ebenso wenig eingedämmt werden wie die Nachfrage in den Industrieländern. Die Maßnahmen provozierten den Protest armer Bauern in den Produktionsgebieten. Insbesondere in Bolivien speisten sich die neuen indigenen Bewegungen nicht zuletzt aus dem Widerstand gegen die Zerstörung des Koka-Anbaus, der dort eine uralte Tradition hat. Es war wenig hilfreich, wenn die Regierung Bush die lateinamerikanischen Stimmen gegen die US-Drogenpolitik nach den Terrorangriffen vom 11. September 2001 als „Narko-Terroristen“ brandmarkte. Seitdem schafft der von den US-amerikanischen Experten betriebene Kampf gegen die großen Drogenhändler vor Ort wie etwa die Guerilla in Kolumbien zahlreiche innenpolitische Verwicklungen. Vielversprechende Ansätze zu einer interamerikanischen Drogenbekämpfung im Rahmen der OAS stecken dagegen noch immer in den Kinderschuhen und werden wegen der nationalen Empfindlichkeiten nicht konsequent verfolgt.

Naturkatastrophen

Ein zentrales Problem der Drogenbekämpfung ist die Fähigkeit der Produzenten, ihren Standort flexibel zu wechseln und die schwachen Staaten der Region zu unterwandern. Dazu zählte auch Haiti. Mit Aristide schien sich eine Verbesserung der Lage in diesem Land abzuzeichnen, was aus Sicht der US-Regierung aufgrund der von dort kommenden Flüchtlingsströme sehr erstrebenswert war. Doch wurde der Präsident schon 1991 durch einen Militärputsch gestürzt. Die Vereinten Nationen und die US-Regierung waren in der Folgezeit darum bemüht, den rechtmäßig gewählten Aristide wieder in sein Amt einzusetzen. 1994 erhielt die Clinton-Regierung die Unterstützung des UN-Sicherheitsrats, um dies mit Waffengewalt durchzusetzen. Allerdings enttäuschte Aristide die in ihn gesetzten Hoffnungen auf Demokratisierung und Steigerung des Wohlstands. Als sich der Widerstand gegen ihn 2004 verstärkte, dankte er auf Druck der Regierung Bush ab und machte damit den Weg frei für eine Neuorganisation der Regierung unter der Überwachung von UN-Truppen. Doch das katastrophale Erdbeben von 2010 machte alle Ansätze wieder zunichte. In diesem Zusammenhang und wie auch schon andernorts hat sich die Katastrophenhilfe als neue Dimension der interamerikanischen Beziehungen herauskristallisiert. Die USA beteiligten sich an den internationalen Hilfsanstrengungen.

11. September 2001

Ging es bei der Drogenbekämpfungs- und Haitipolitik der USA letztlich in erster Linie um nationale Sicherheitsbelange, so sollte sich diese Ausrichtung nach den Terroranschlägen vom 11. September 2001 noch verstärken. Generell trat Lateinamerika nun wieder stärker in den Hintergrund der US-Politik, die sich auf den Krieg im Irak und in Afghanistan vorbereite. Die von Präsident George W. Bush 2002 verkündete Nationale Sicherheitsstrategie, auch Bush-Doktrin, beinhaltete vor allem eine größere Bereitschaft seitens Washingtons, Probleme auf den internationalen Terrorismus zurückzuführen und militärisch zu bekämpfen. So befürchteten etwa hochrangige republikanische Politiker nach der Wahl in Brasilien 2002 die Entstehung einer „Achse des Bösen“ bestehend aus Castro, Chávez und Lula in Lateinamerika. Die Kategorisierungen nach den Maßgaben des Kriegs gegen den Terror zeigten sich für Lateinamerika in der Drogenbekämpfung ebenso wie in der Einwanderungspolitik, die nun unter den Vorzeichen der Verhinderung einer Infiltration durch Terroristen stand.

In Lateinamerika lösten die Anschläge dagegen gemischte Reaktionen aus. Während die Regierungen offiziell ihr Beileid aussprachen und Hilfe zusicherten, war die Haltung der Bevölkerung ambivalent. Führende lateinamerikanische Intellektuelle verglichen die für US-Amerikaner neue Erfahrung des Terrors mit den Gewalterfahrungen, die viele Lateinamerikaner während des Kalten Kriegs machen mussten und für die die Regierung der Vereinigten Staaten verantwortlich war. Nicht alle Zeitgenossen konnten sich der Aufforderung zu einer Solidarität des Schmerzes anschließen, sondern manche lateinamerikanischen Beobachter empfanden durchaus Genugtuung.

Kurz vor den Terroranschlägen war die Debatte um die Kriegsverbrechen der USA wieder in die Schlagzeilen gekommen. Nach der Veröffentlichung kompromittierender Quellen stand insbesondere die Verantwortung Henry Kissingers unter anderem für die Ermordung General Schneiders in Frage. Eine chilenische Menschenrechtsorganisation reichte in den USA eine Klage gegen ihn ein. Auf offizieller Ebene wurde der Unmut über die US-Politik unter Präsident Bush deutlich, als Mexiko und Chile im UN-Sicherheitsrat gegen die von den USA geplante Invasion des Irak stimmten.

Venezuela unter Chávez

Das war Wasser auf die Mühlen der sich neu formierenden anti-US-amerikanischen Kräfte in Lateinamerika. Zum Zentrum entwickelte sich seit 1998 Venezuela unter Präsident Chávez. Durch den Erdölreichtum des Landes betrachtete man Chávez, dessen rhetorische Ausfälle gegen die Vereinigten Staaten mittlerweile weltbekannt sind, in Washington zunehmend mit Sorge. Als die Opposition 2002 versuchte, gegen Chávez zu putschen, stellten sich die USA auf deren Seite, was die Beziehungen zusätzlich belastete. Chávez suchte daraufhin die Annäherung an andere Feinde der Vereinigten Staaten wie Kuba oder den Iran. Außerdem war er bemüht, mit Unterstützung von Erdölsubventionen linksgerichtete Staatschefs in Lateinamerika wie etwa Evo Morales von Bolivien in sein Lager zu ziehen und eine Südamerikanische Staatengemeinschaft zu gründen (*Comunidad Sudamericana de Naciones*), deren Erfolge jedoch sehr begrenzt blieb.

Q

Hugo Chávez vor den Vereinten Nationen (2006)
Aus: Livingstone, S. 141.

Gestern kam der Präsident der Vereinigten Staaten, der Herr, den ich den Teufel nenne, hierher und sprach, als ob ihm die Welt gehörte …
Ich glaube, lieber Weltdiktator, dass Sie den Rest ihrer Tage als Alptraum verleben müssen, denn der Rest von uns steht auf, all diejenigen, die sich gegen den amerikanischen Imperialismus erheben, die lautstark Gleichheit und Respekt fordern, für die Souveränität der Nationen.
Ja, Sie können uns Extremisten nenne, aber wir stehen auf gegen das Imperium …
Und können Sie sich vorstellen, … was die Völker der Welt [dem Präsidenten der USA] sagen würden, wenn man sie ließe? Was hätten sie zu sagen?
Und ich glaube, ich ahne, was diese Völker des Südens, die unterdrückten Völker denken. Sie würden sagen: ‚Imperialistischer Yankee, geh heim'.

Erst seit dem Amtsantritt von Barack Obama schien eine Annäherung zwischen beiden Ländern wieder möglich zu werden, wie sich überhaupt in ganz Lateinamerika Hoffnungen mit der neuen Regierung verbanden. In der Tat sah Obama die Verantwortung des eigenen Landes in der Drogenfrage ein und versprach eine partnerschaftliche Politik gegenüber Lateinamerika. Als aber 2009 ein Putsch in Honduras gegen den linken Präsidenten Manuel Zelaya stattfand, duldete Washington dies nicht nur, sondern erkannte im Gegensatz zu allen lateinamerikanischen Staaten auch die Neuwahl des Konservativen Porfirio Lobo als rechtmäßig an. Auch Obamas Entscheidung am vielfach kritisierten Embargo gegen Kuba, das unter der Regierung Clinton in den 1990er-Jahren mehrfach verschärft worden war, trotz einiger Erleichterungen festzuhalten, stieß in Lateinamerika auf Unverständnis.

Dass der Sympathievorschuss für Obama vielerorts aufgebraucht ist, zeigte sich an der Entscheidung der OAS-Generalversammlung von 2009, den Ausschluss Kubas aus der Staatengemeinschaft bedingungslos aufzuheben. Kubas neue Regierung unter Raúl Castro zeigte allerdings kein Interesse an einer erneuten Mitarbeit in dieser aus kubanischer Sicht immer noch von den USA dominierten Organisation. Kurze Zeit später setzte die OAS die Teilnahmerechte von Honduras nach dem Putsch gegen Zelaya aus, bis dort die verfassungsmäßige Ordnung wieder hergestellt ist. Diese Demonstrationen lateinamerikanischer Unabhängigkeit von den Vereinigten Staaten sind für den Wandel in den Beziehungen bezeichnend.

3. Soziokulturelle Verflechtungen

Auswanderung aus Lateinamerika

Seit 1990 haben sich die Kontaktzonen zwischen den Amerikas in einem bisher ungekannten Maß verdichtet. Alltägliche Kontakte wurden immer mehr zu einer Selbstverständlichkeit und sie spielten sich längst nicht mehr nur in US-Militärstützpunkten in Lateinamerika oder im Südwesten beziehungsweise in den Ghettos der US-amerikanischen Städte ab. Eine stetig wachsende Zahl von Lateinamerikanern zieht es in der Regel aus wirtschaftlichen Gründen in die USA. Lateinamerika, der frühere Einwanderungskontinent, ist heute die Weltregion mit der höchsten Netto-Auswanderungsrate. Die Wanderungsbewegungen haben vielfältige gesellschaftliche Transformationen ausgelöst und verändern Herkunfts- und Zielregionen. Lateinamerikaner stellen die größte Einwanderergruppe in den USA. Ihre Zahl hat sich zwischen 1990 und 2009 nach Angaben des US-Zensus mehr als verdoppelt. Kein Wunder, dass die „Lateinamerikanisierung" der Vereinigten Staaten breit diskutiert wird. Das Wachstum der Latino-Bevölkerung in den Vereinigten Staaten brachte eine kulturelle Bereicherung, die sich etwa an der Latinisierung der Populärkultur oder des Baseball ablesen lässt.

Die lateinamerikanischen Migranten halten die Beziehungen zur alten Heimat aufrecht und leisten mit ihren Rücküberweisungen mittlerweile volkswirtschaftlich wichtige Beiträge vor allem für Zentralamerika und die Karibik. Durch die Migrationen verändern sich Lebensstile und Grundwerte, was sich in Lateinamerika am Aufstieg evangelikaler Glaubensgemeinschaften US-amerikanischer Prägung auf Kosten der katholischen Kirche ablesen lässt. An den Migrationen werden auch die inneren Widersprüche der Globalisierung deutlich, denn die USA standen dieser Entwicklung keineswegs befürwortend gegenüber, sondern versuchten sich dagegen abzuschotten. Teile der Migranten werden dadurch in die Illegalität abgedrängt, und die Migration wird zu einem gefährlichen Unterfangen.

Diese Form der Diskriminierung hat die Gewalt unter den Migranten gefördert. So führte etwa der Zentralamerikakonflikt der 1980er-Jahre zur Flucht von hunderttausenden von Salvadorianern. In den Ghettos US-amerikanischer Städte wie vor allem Los Angeles gründeten perspektivlose Jugendliche Banden, so genannte *Maras*, die sich durch besondere Brutalität auszeichneten. In den USA verurteilte Mitglieder der Jugendbanden wurden nach El Salvador zurückgeführt. Dort haben sie ihre alten Strukturen wiederbelebt und stellen angesichts der schwachen staatlichen Strukturen ein kaum in den Griff zu bekommendes Sicherheitsproblem mittlerweile in ganz Zentralamerika dar. Doch auch in den USA verbreitete sich die Gewalt der zentralamerikanischen Jugendbanden weiter, z.B. in der Hauptstadt Washington.

Derartige Entwicklungen haben unter den sich als „Anglo" und „weiß" definierenden Angehörigen unterschiedlicher sozialer Schichten fremdenfeindliche Stimmungen gefördert. Meinungsumfragen insbesondere im Südwesten der Vereinigten Staaten, wo der Anteil der Latinos besonders hoch ist, haben die xenophobe Grundstimmung gegen die angeblich assimilierungsunwilligen Einwanderer aus Lateinamerika immer wieder belegt. An der Grenze zu Mexiko kam es wiederholt zu Gewaltakten durch selbsternannte Milizen gegen illegale Einwanderer. Die Argumente der Befürworter dieser Einwanderung, wonach die zumeist jungen Migranten in den Vereinigten Staaten gebraucht werden, um der Überalterung der Gesellschaft entgegen zu wirken, ließen diese Kreise nicht gelten.

Die Einwanderungsgesetzgebung bleibt ein innenpolitisch hoch umstrittenes Feld in den Vereinigten Staaten. Schon die Regierung Reagan hatte die Bestimmungen für Neueinwanderer 1986 verschärft. Unter Clinton baute man den Grenzschutz weiter aus. Auch der Beginn des Baus eines festen Grenzzauns, einer Art Mauer, die mittlerweile knapp ein Drittel der Grenze zwischen den USA und Mexiko abdeckt, fiel in diesen Zeitraum. Gleichwohl haben die Einwanderer, zumal die aus Kuba stammenden, mittlerweile ein hohes politisches Gewicht in vielen Staaten gewonnen und die Politik muss darauf Rücksicht nehmen. Die antikubanische Politik insbesondere der Regierung Bush legte davon Rechenschaft ab.

Längst nicht alle Migranten blieben in den USA. In vielen Ländern Lateinamerikas hatten Angehörige der politischen und intellektuellen Eliten vor den Militärdiktaturen fliehen müssen und fanden in den Vereinigten Staaten Asyl. Darüber hinaus gingen immer mehr junge Lateinamerikaner angelockt durch großzügige Stipendien zum Studium in die USA. Als Rückkehrer gliederten sich diese Migranten in die Eliten ihrer Heimatländer ein und beeinflussten dort den Stimmungsumschwung hin zur Demokratie. Durch ihre transnationalen Netzwerke konnten sie auch in strittigen Fragen wie der Verfolgung der Verbrechen der Militärdiktaturen Hilfe in den USA abrufen. Natürlich stärkten aber auch unpolitische Kontakte durch Reisende die Tendenzen zur Transnationalisierung. Miami ist mittlerweile für die lateinamerikanischen Mittel- und Oberschichten ein Einkaufsparadies.

Nordamerikanisierung in Lateinamerika

Mit den zunehmenden direkten Kontaktmöglichkeiten schritt auch der Prozess der Nordamerikanisierung in Lateinamerika fort. Nordamerikanisierung, das meint die Begegnungsprozesse mit den greifbaren und den symbolischen Vereinigten Staaten. Dieser Prozess führte nicht zu einer kulturellen Homogenisierung Lateinamerikas oder zur Eingliederung in eine „Überkultur". Eine einseitige Beeinflussung fand nicht statt. Die Begegnungen mit dem Anderen regten Orientierungen an, die sich dem Wandel der historischen Zusammenhänge entsprechend dynamisch veränderten. Häufig trugen und vermittelten die Mittel- und Oberschichten diese Begegnungen. Doch verstärkt nahmen auch Arbeiter und selbst die indigene Landbevölkerung daran teil. All diese Akteure vollzogen den Akt der realen oder symbolischen Grenzüberschreitung und befanden sich damit zwischen den Räumen. Häufig und im Laufe der Zeit in zunehmendem Maß besaßen die Mittler der Nordamerikanisierung aus eigener Anschauung durch Reisen und Studienaufenthalte direkt gewonnene Kenntnisse über die Vereinigten Staaten. Im Laufe des 20. Jahrhunderts verdichteten sich die Kontakte auf allen Ebenen aufgrund der Zunahme der Reisen ebenso wie aufgrund der Beschleunigung des Verkehrs und der Nachrichten. Zeitungen, Zeitschriften, Kino, Radio, Fernsehen und schließlich das Internet transportierten die Symbole der Nordamerikanisierung in Wort und Bild zu den Menschen in Lateinamerika. Mit ihrer Ausbreitung und Verfügbarkeit erweiterten sich der Kreis und die soziale Heterogenität derjenigen, die sich in den Diskussionen um die Nordamerikanisierung zu Wort meldeten und vor allem derjenigen, die mit den Nordamerikanisierungssymbolen in Kontakt kamen.

Sind die Beziehungen in den Trans-Amerikas damit besser geworden? Die Frage lässt sich kaum eindeutig beantworten. Zu Beginn des zweiten Jahrzehnts des 21. Jahrhunderts kann man aber festhalten, dass sie heute vielfältiger sind und von mehr Akteuren beeinflusst werden, deren Leben sich in transnationalen Konstellationen abspielen. Dabei bleibt es wichtig, sich klarzumachen, dass die offiziellen Beziehungen zwischen den Amerikas über Jahrhunderte alles andere als partnerschaftlich waren. Das Verhältnis zwischen den USA und Lateinamerika bleibt – bei aller notwendigen Differenzierung im Einzelnen – asymmetrisch. Aus US-amerikanischer Sicht waren die Nachbarn im Süden stets das untergeordnete Andere, das es im Kontakt nach den eigenen Maßstäben zu verändern galt. Lange Jahrzehnte ging dieser Anspruch mit einer Zivilisierungsrhetorik einher und basierte auf einem Rassismus, der auch heute noch keineswegs überwunden ist. In Lateinamerika wiegt die Erinnerung an das Erbe von Expansionen und Interventionen schwer. Ob sich eine Partnerschaft zwischen Räumen in den Amerikas finden lässt, in der diese historischen Belastungen keine Rolle mehr spielen, muss die Zukunft zeigen. Zweifellos wird der Weg dorthin aber noch lang sein.

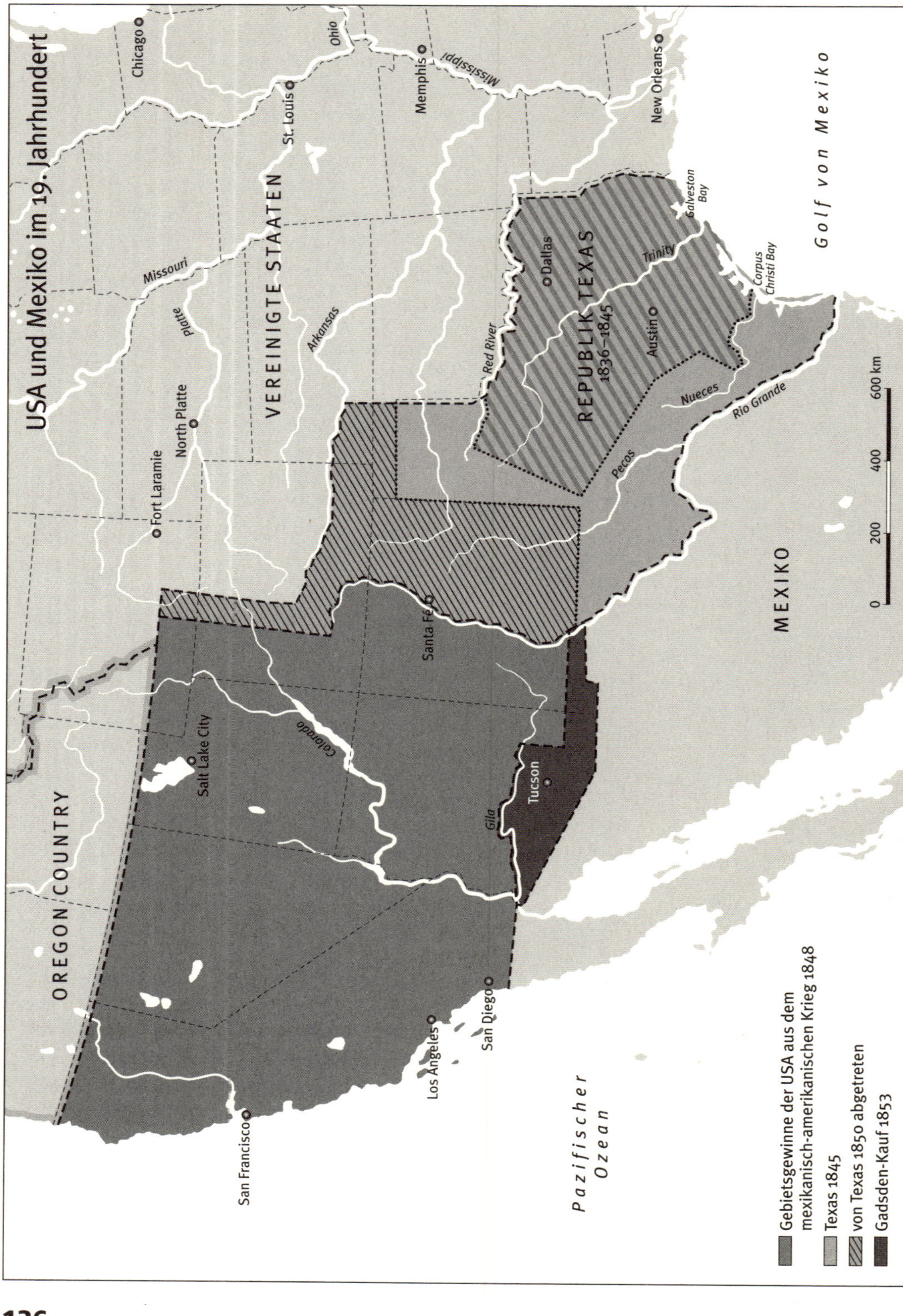
USA und Mexiko im 19. Jahrhundert
VEREINIGTE STAATEN
OREGON COUNTRY
REPUBLIK TEXAS
1836–1845
MEXIKO
Golf von Mexiko
Pazifischer Ozean
Chicago
St. Louis
Memphis
New Orleans
Fort Laramie
North Platte
Salt Lake City
Santa Fe
Tucson
Dallas
Austin
San Francisco
Los Angeles
San Diego
Galveston Bay
Corpus Christi Bay
Missouri
Platte
Arkansas
Ohio
Mississippi
Red River
Trinity
Nueces
Rio Grande
Pecos
Colorado
Gila
0
200
400
600 km
Gebietsgewinne der USA aus dem mexikanisch-amerikanischen Krieg 1848
Texas 1845
von Texas 1850 abgetreten
Gadsden-Kauf 1853

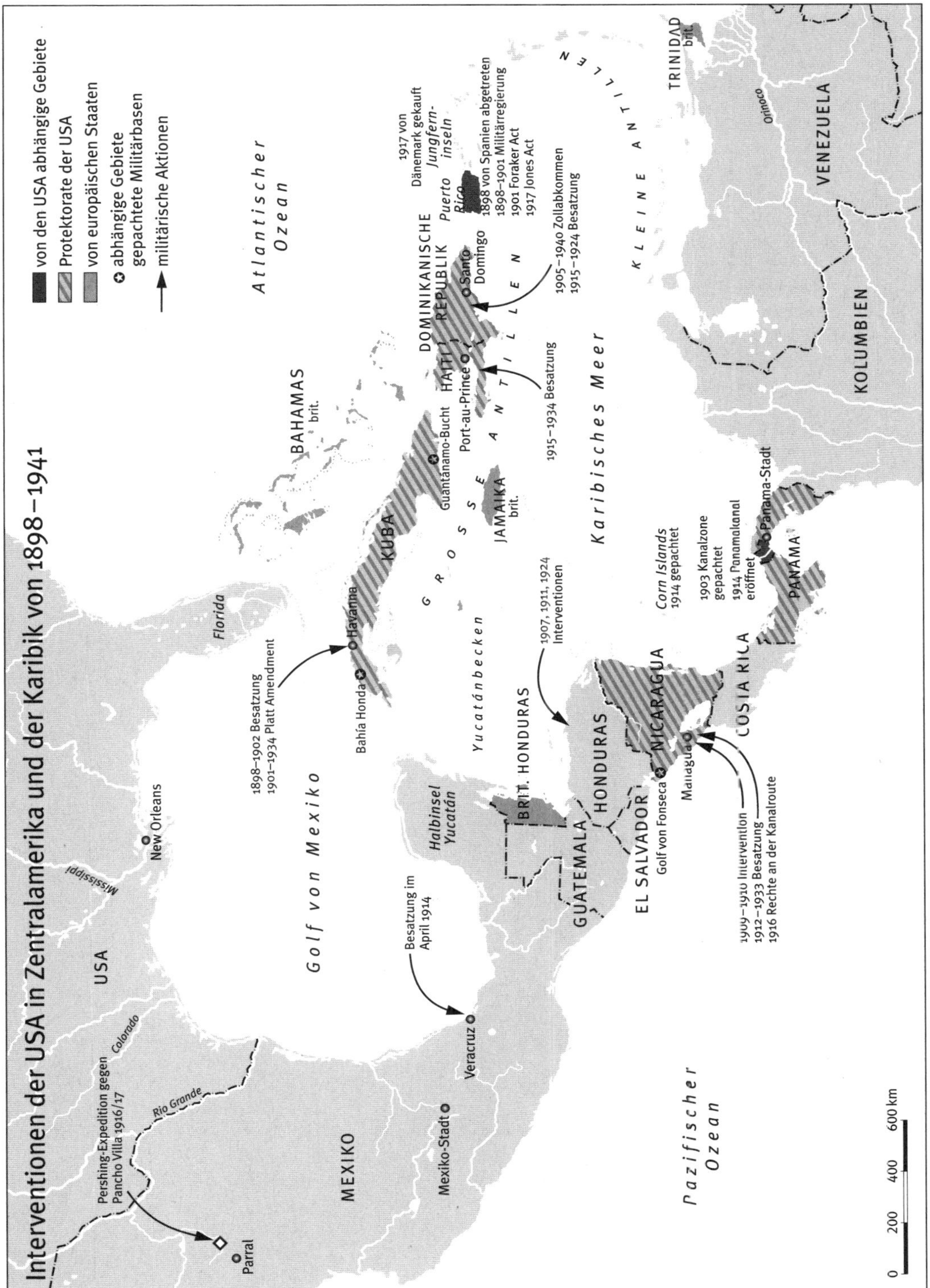

Interventionen der USA in Zentralamerika und der Karibik von 1898–1941

Literatur

Überblickswerke und Quellensammlungen

Arriaga Weiss, Victor und Ana Rosa Suárez Argüello (Hg.): Estados Unidos desde América Latina: Sociedad, política y cultura. Mexiko 1995.

Astié, Walter: Encuentros y desencuentros entre México y Estados Unidos en el siglo XX, Mexiko 2007.

Ayerbe, Luis Fernando: Estados Unidos y América Latina: La construcción de la hegemonía, Havanna 2001.

Bemis, Samuel F.: The Latin American Policy of the United States: An Historical Interpretation. New York 1943.

Gonzales, Manuel G.: Mexicanos: A History of Mexicans in the United States. Bloomington [2]2009.

Guerra, Sergio und Alberto Prieto: Estados Unidos contra América Latina: dos siglos de agresiones. Havanna 1978.

Holden, Robert H. und Eric Zolov (Hg.): Latin America and the United States: A Documentary History, New York 2000.

Johnson, John J.: Latin America in Caricature Austin 1980.

Joseph, Gilbert M. et al. (Hg.): Close Encounters of Empire: Writing the Cultural History of U.S.-Latin American Relations, Durham 1998.

König, Hans-Joachim und Stefan Rinke (Hg.): Transatlantische Perzeptionen: Lateinamerika – USA – Europa in Geschichte und Gegenwart, Stuttgart 1996.

König, Hans-Joachim und Stefan Rinke (Hg.): North Americanization of Latin America? Culture, Gender, and Nation in the Americas, Stuttgart 2004.

Langley, Lester D.: America and the Americas: The United States in the Western Hemisphere. Athens 1989.

Livingstone, Grace: America's Backyard. The United States and Latin America from the Monroe Doctrine to the War on Terror. London 2009.

Nocera, Raffaele: Stati Uniti e America Latina dal 1823 a oggi. Roma 2009.

O'Brien, Thomas: The Century of U.S. Capitalism in Latin America. Albuquerque 1999.

O'Brien, Thomas F.: Making the Americas: the United States and Latin America from the Age of Revolutions to the Era of Globalization. Albuquerque 2007.

Petras, James: América Latina: imperialismo, recolonización y resistencia. Quito 2004.

Rama, Carlos: La imagen de los Estados Unidos en la América Latina: De Simón Bolívar a Salvador Allende, Mexiko 1981.

Reid, John T.: Spanish American Images of the United States, 1790–1960. Gainesville 1977.

Reinhard, Wolfgang und Peter Waldmann (Hg.), Nord und Süd in Amerika: Gemeinsamkeiten, Gegensätze, Europäischer Hintergrund. 2 Bde. Freiburg 1992.

Rinke, Stefan: Begegnungen mit dem Yankee: Nordamerikanisierung und soziokultureller Wandel in Chile, 1898–1990, Köln 2004.

Rinke, Stefan, Georg Fischer und Frederik Schulze (Hg.): Geschichte Lateinamerikas: Quellenband, Stuttgart 2009.

Rosen, Fred (Hg.): Empire and Dissent: The United States and Latin America. Durham 2008.

Schmitt, Eberhard et al. (Hg.), Dokumente zur Geschichte der europäischen Expansion, 5 Bde. München 1984ff.

Schoultz, Lars: Beneath the United States: A History of U.S. Policy Toward Latin America. Cambridge 1998.

Smith, Joseph: The United States and Latin America: A History of American Diplomacy, 1776–2000. London 2005.

Smith, Peter H.: Talons of the Eagle: Latin America, the United States, and the World. New York 2008.

Stüwe, Klaus und Stefan Rinke (Hg.): Die politischen Systeme in Nord- und Lateinamerika. Wiesbaden 2008.

Súarez Salazar, Luis und Tania García Lorenzo: Las relaciones interamericanas: continuidades y cambios. Buenos Aires 2008.

Tobler, Hans W. und Peter Waldmann (Hg.): Lateinamerika und die USA im „langen" 19. Jahrhundert: Unterschiede und Gemeinsamkeiten. Köln 2009.

Torres Ramírez, Blanca: México y el mundo: historia de sus relaciones exteriores, 9 Bde. Mexiko 2010.

Vázquez, Josefina Zoraida und Lorenzo Meyer: The United States and Mexico. Chicago 1985.

I. Neue Welten

Andrews, Kenneth R.: The Spanish Caribbean: Trade and Plunder 1530–1630. London 1978.

Bernstein, Harry: Origins of Inter-American Interest, 1700–1812. Philadelphia 1945.

Bradley, Peter T.: The Lure of Peru: Maritime Intrusion into the South Sea, 1598–1701. New York 1989.

Bridenbaugh, Carl und Roberta: No Peace Beyond the Line: The English in the Caribbean, 1624–1690. New York 1972.

Bitterli, Urs: Die Entdeckung Amerikas: Von Kolumbus bis Alexander von Humboldt, München 1999.
Canny, Nicholas und Anthony Pagden (Hg.): Colonial Identity in the Atlantic World, Princeton 1987.
Elliot, J. H.: Empires of the Atlantic World: Britain and Spain in America 1492–1830, New Haven 2007.
Duffy, Michael: The Englishman and the Foreigner. Cambridge 1986.
Lane, Kris E.: Pillaging the Empire: Piracy in the Americas, 1500–1750. New York 1998.
McFarlane, Anthony: The British in the Americas, 1480–1815. London, 1994.
Onís, José de: The United States as Seen By Spanish American Writers. New York 1952.
Pagden, Anthony: Identity Formation in Spanish America. In: Nicholas Canny und Anthony Pagden (Hg.): Colonial Identity in the Atlantic World. Princeton 1987, S. 51–94.
Pagden, Anthony: Lords of all the World: Ideologies of Empire in Spain, Britain and France. New Haven 1995.
Mayer, Alicia: Dos Americanos, dos pensamientos: Carlos de Sigüenza y Góngora y Cotton Mather. Mexiko 1998.
Pérez Herrero, Pedro: América Latina y el colonialismo europeo, siglos XVI–XVIII. Madrid 1992.
Ruiz Gil, Helena und Francisco Morales Padrón: Piratería en el Caribe. Sevilla 2005.

II. Amerika gegen Europa

Barbier, Jacques A. und Allan J. Kuethe (Hg.): The North American Role in the Spanish Imperial Economy, 1760–1819. Manchester 1984.
Berruezo León, María Teresa: La lucha de Hispanoamérica por su independencia en Inglaterra, 1800–1830. Madrid 1989.
Chavez, Thomas E.: Spain and the Independence of the United States: An Intrinsic Gift. Albuquerque 2002.
Fulton, Norman: Relaciones diplomáticas entre España y los Estados Unidos a fines del siglo XVIII. Madrid 1970.
Gleijeses, Piero: The Limits of Sympathy: The United States and the Independence of Spanish America. In: Journal of Latin American Studies 24 (1992), S. 469–490.
Gould Eliga H. und Peter S. Onuf (Hg.): Empire and Nation: The American Revolution in the Atlantic World. Baltimore 2005.
Johnson, John: A Hemisphere Apart: The Foundations of United States Policy toward Latin America. Baltimore 1990.
Langley, Lester D.: The Americas in the Age of Revolution, 1750–1850, New Haven 1997.
Linebaugh, Peter und Marcus Rediker: The Many Headed Hydra: Sailors, Slaves, Commoners, and the Hidden History of the Revolutionary Atlantic. Boston 2000.
May, Ernest R.: The Making of the Monroe Doctrine. Cambridge 1975.
Racine, Karen und Ingrid E. Fey (Hg.): Strange Pilgrimages: Exile, Travel, and National Identity in Latin America, 1800–1990s. Wilmington 2000.
Reid, John T.: Spanish American Images of the United States, 1790–1960. Gainesville 1977.
Rinke, Stefan: Pillars of the Republics: Early Monuments and the Politics of Memory in the Post-Colonial Americas. In: Iberoamericana 1 (4/2001), S. 91–111.
–: Revolutionen in Lateinamerika: Wege in die Unabhängigkeit 1760–1830. München 2010.
Waldmann, Peter: La relevancia de la constitución durante la fase de la creación de los Estados Unidos y de los Estados latinoamericanos. In: Iberoamericana 1 (4/2001), S. 69–89.
Whitaker, Arthur P.: The United States and the Independence of Latin America, 1800–1830. Baltimore 1941.
Wright Jr., J. Leitch: Anglo-Spanish Rivalry in North America. Athens 1971.

III. „Manifest Destiny“

Acuña, Víctor Hugo (Hg.): Filibusterismo y Destino Manifiesto en las Américas. Alajuela 2010.
Eisenhower, John S.: So Far from God: The U.S. War with Mexico, 1846–1848. Norman 2000.
González de Reufels, Delia: Siedler und Filibuster in Sonora: Eine mexikanische Region im Interesse ausländischer Abenteurer und Mächte 1821–1860). Köln 2003.
Henderson, Timothy J.: A Glorious Defeat: Mexico and its War with the United States. New York 2007.
Horsman, Reginald: Race and Manifest Destiny: The Origins of American Racial Anglo-Saxonism. Cambridge 1981.
Johannsen, Robert W.: Manifest Destiny and Empire: American Antebellum Expansion. College Station 1997.
May, Robert E.: Manifest Destiny's Underworld: Filibustering in Antebellum America. Chapel Hill 2002.
Ocampo, Emilio: De la Doctrina Monroe al Destino Manifiesto: Alvear en Estados Unidos, 1832–1852. Buenos Aires 2009.
Shurbutt, T. Ray (Hg.): United States-Latin American relations, 1800–1850: The Formative Generations. Tuscaloosa 1991.
Stephanson, Anders: Manifest Destiny: American Expansionism and the Empire of Right. New York 1995.

Vázquez, Josefina Zoraida: La intervención norteamericana, 1846–1848. Mexiko 1997.
Weber David J.: La frontera norte de México, 1821–1846: El sudoeste norteamericano en su época mexicana. Madrid 1992.

IV. Panamerika

Bravo Valdivieso, Germán: El incidente del „USS Baltimore". Santiago 2002.
Heredia, Edmundo: La guerra de los congresos: el pan-hispanismo contra el panamericanismo. Córdoba 2007.
Leonard, Thomas M. (Hg.): United States-Latin American Relations, 1850–1903. Tuscaloosa 1999.
Marichal, Carlos (Hg.): México y las conferencias panamericanas 1889–1938: Antecendentes de la globalización. Mexiko 2002.
Pletcher, David, M.: The Diplomacy of Trade and Development: American Economic Expansion in the Hemisphere, 1865–1900. Columbia 1998.
Topik, Stephen C.: Trade and Gunboats: The United States and Brazil in the Age of Empire. Stanford 1996.

V. Imperium

Beluche, Olmedo: La verdadera historia de la separación de 1903: Reflexiones en torno al Centenario. Panamá 2003.
Bernecker, Walther (Hg.): 1898: Su significado para Centroamérica y el Caribe. Frankfurt 1998.
Delpar, Helen: Looking South: The Evolution of Latin Americanist Scholarship in the United States, 1850–1975. Tuscaloosa 2008.
Dosal, Paul J.: Doing Business with the Dictators: A Political History of United Fruit in Guatemala, 1899–1904. Wilmington 1993.
Fifer, J. Valerie: United States Perceptions of Latin America, 1850–1930: A ‚New West' South of Capricorn? Manchester 199[illegible].
Heredia, Edmundo Aníbal: La guerra de los congresos: el pan-hispanismo contra el panamericanismo. Córdoba 2007.
Langley, Lester D. und Thomas Schoonover: The Banana Men: American Mercenaries and Entrepreneurs in Central America, 1880–1930. Lexington 1995.
Lipman, Jana K.: Guantánamo: A Working-Class History Between Empire and Revolution. Berkeley 2009.
Pérez, Louis A.: The War of 1898: The United States and Cuba in History and Historiography, Chapel Hill 1998.
Román, Héctor R.: ¡Llegó la gringada! El contexto social-militar estadounidense en Puerto Rico y otros lugares del Caribe hasta 1919. San Juan 2009.
Salvatore, Ricardo D.: Imágenes de un imperio: Estados Unidos y las formas de representación de América Latina. Buenos Aires 2006.
Schoonover, Thomas: Uncle Sam's War of 1898 and the Origins of Globalization. Lexington 2003.

VI. Globale Gewalt

Albert, Bill: South America and the First World War: The Impact of the War on Brazil, Argentina, Peru and Chile, Cambridge 1988.
Bailey, Thomas: The Policy of the United States Toward the Neutrals. New York 1979.
Eisenhower, John S.D.: Intervention! The United States and the Mexican Revolution, 1913–1917. New York 1993.
Katz, Friedrich: The Secret War in Mexico: Europe, the United States and the Mexican Revolution. Chicago 1981.
Solveira, Beatriz Rosario: La Argentina, el ABC y el conflicto entre México y Estados Unidos, 1913–1916. Córdoba 1994.
Vásquez Romero, José L., La intervención de 1916: un análisis sobre el gobierno militar estadounidense en Santo Domingo. Santo Domingo 2003.
Weinmann, Ricardo: Argentina en la Primera Guerra Mundial. Buenos Aires 1994.

VII. Nationen

Cueto, Marcos (Hg.): Missionaries of Science: The Rockefeller Foundation and Latin America. Bloomington 1994.
Devés Valdés, Eduardo: El pensamiento latinoamericano en el siglo XX. Bd. 1: Del „Ariel" de Rodó a la CEPAL, 1900–1950, Buenos Aires 2001.
Dwyer, John Joseph: The Agrarian Dispute: The Expropriation of American-Owned Rural Land in Postrevolutionary Mexico. Durham 2008.
Garcia, Eugênio Vargas: O Brasil e a Liga das Nações, 1919–1926. Porto Alegre 2000.
Gobat, Michael: Confronting the American Dream: Nicaragua under U.S. Imperial Rule. Durham 2005.
Krenn, Michael L.: United States Policy toward Economic Nationalism in Latin America, 1917–1929. Wilmington 1990.
Moreno, Julio: Yankee Don't Go Home: Mexican Nationalism, American Business Culture, and the Shaping of Modern Mexico, 1920–1950. Chapel Hill 2003.
O'Brien, Thomas F.: The Revolutionary Mission: American Enterprise in Latin America, 1900–1945. New York 1996.
Rosenberg, Emily S.: Financial Missionaries to the World: The Politics and Culture of Dollar Diplomacy, 1900–1930. Cambridge 1999.

Schmidt, Hans: The U.S. Occupation of Haiti, 1915–1934. New Brunswick 1995.
Sharbach, Sarah Ellen: Stereotypes of Latin America, Press Images and U.S. Foreign Policy, 1920–1933. New York 1993.
Thorp, Rosemary (Hg.): Latin America in the 1930s: The Role of Periphery in the World Crisis. Oxford 1984.

VIII. Hemisphäre

Balderrama, Francisco E. und Raymond Rodríguez: Decade of Betrayal: Mexican Repatriation in the 1930s. Albuquerque 2006.
Ferraz, Francisco César Alves: Os brasileiros e a Segunda Guerra Mundial. Rio de Janeiro 2005.
Friedman, Max: Nazis and Good Neighbors: The United States Campaign Against the Germans of Latin America in World War II. Cambridge 2003.
Halperin Donghi, Tulio: La Argentina y la tormenta del mundo: ideas e ideologías entre 1930 y 1945. Buenos Aires 2003.
Humphreys, Robert A.: Latin America in the Second World War, 2 Bde. London 1981/82.
Leonard, Thomas M. und John F. Bratzel (Hg.): Latin America During World War II. Lanham 2007.
Parker, Jason C., Brother's Keeper: The United States, Race, and Empire in the British Caribbean, 1937–1962. New York 2008.
Peredo Castro, Francisco: Cine y propaganda para Latinoamérica: México y Estados Unidos en la encrucijada de los años cuarenta. Mexico 2004.
Philip, George: Oil and Politics in Latin America: Nationalist Movements and State Companies. Cambridge 1982.
Prutsch, Ursula: Creating Good Neighbors? Die Kultur- und Wirtschaftspolitik der USA in Lateinamerika, 1940–1946. Stuttgart 2008.
Rivas-Rodríguez, Maggie: Mexican Americans and World War II, Austin 2005.
Rout, Leslie B. und John F. Bratzel: The Shadow War: German Espionage and United States Counterespionage in Latin America during World War II. Frederick 1986.
Velázquez Flóres, Rafael: La política exterior de México durante la segunda guerra mundial. Mexiko 2007.
Zamora, Emilio: Claiming Rights and Righting Wrongs in Texas: Mexican Workers and Job Politics during World War II. College Station 2009.

IX. Zentrum und Peripherie

Chacón Domínguez, Susana, La relación entre México y los Estados Unidos (1940–1955): entre el conflicto y la cooperación. Mexiko 2008.
De Quesada, Alejandro M.: The Bay of Pigs: Cuba 1961. Oxford 2009.
Grandin, Greg: The Last Colonial Massacre: Latin America in the Cold War. Chicago 2004.
–: Empire's Workshop: Latin America, the United States, and the Rise of the New Imperialism. New York 2006.
– und Gilbert M. Joseph (Hg.): A Century of Revolution: Insurgent and Counterinsurgent Violence During Latin America's Long Cold War. Durham Duke 2010.
Greiner, Bernd: Die Kuba-Krise: Die Welt an der Schwelle zum Atomkrieg. München 2010.
Guevara, Ernesto: Our America and Theirs: Kennedy and the Alliance for Progress: The Debate at Punta del Este. Hg. von María del Carmen Ariet García. Melbourne 2005.
Joseph, Gilbert M. and Daniela Spenser (Hg.): In From the Cold: Latin America's New Encounter with the Cold War. Durham 2008.
McPherson, Alan: Yankee No! Anti-Americanism in U.S.-Latin American Relations. Cambridge 2003.
Rabe, Stephen G.: The Most Dangerous Area in the World: John F. Kennedy Confronts Communist Revolution in Latin America. Chapel Hill 1999.
Rapoport, Mario und Claudio Spiguel: Relaciones tumultuosas: Estados Unidos y el primer peronismo. Buenos Aires 2009.
Schwartzberg, Steven: Democracy and U.S. Policy in Latin America during the Truman Years. Gainesville 2003.
Spenser, Daniela (Hg.): Espejos de la guerra fría: México, América Central y el Caribe. Mexiko 2004.
Taffet, Jeffrey F.: Foreign aid as foreign policy: The Alliance for Progress in Latin America. New York 2007.

X. Dritte Welt

Brands, Hal: Latin America's Cold War. Cambridge 2010.
Dinges, John: The Condor Years: How Pinochet and his Allies brought Terrorism to Three Continents. New York 2005.
Esparza, Marcia, Henry R. Huttenbach und Daniel Feierstein (Hg.): State Violence and Genocide in South America: The Cold War Years. London 2009.
Fico, Carlos: O grande irmão da Operação Brother Sam aos anos de chumbo: o governo dos Estados Unidos e a ditadura militar brasileira. Rio de Janeiro 2008.
Grow, Michael: U.S. Presidents and Latin American Interventions: Pursuing Regime Change in the Cold War. Lawrence 2008.
Hensel, Silke: Leben auf der Grenze: Diskursive Aus- und Abgrenzungen von Mexican Americans und Puertoricanern in den USA. Frankfurt a.M. 2004.

McPherson, Alan: Intimate Ties, Bitter Struggles: The United States and Latin America Since 1945. Washington 2006.

McSherry, J. Patrice: Predatory States: Operation Condor and Covert War in Latin America. Lanham 2005.

Menjívar, Cecilia und Néstor Rodríguez (Hg.): Latin America, the U.S., and Technologies of Terror. Austin 2005.

Nallar, Julio Ricardo, La política internacional de los EE.UU. y su ingerencia política en la República Argentina, 1960–1990. San Fernando del Valle de Catamarca 2006.

Solaún, Mauricio: U.S. Intervention and Regime Change in Nicaragua. Lincoln 2005.

White, Christopher M.: Creating a Third World: Mexico, Cuba, and the United States during the Castro Era. Albuquerque 2007.

Zaldívar Diéguez, Andrés: Una fascinante historia: la conspiración trujillista. La Habana 2009.

XI. Transamerikas

Andreas, Peter: Border Games: Policing the U.S.-Mexico Divide. Ithaca 2009.

Chávez, Nashira: Cuando los mundos convergen: terrorismo, narcotráfico y migración post 9/11. Quito 2008.

Crandall, Russell: The United States and Latin America After the Cold War. Cambridge 2008.

Domínguez, Jorge I.: Contemporary U.S.-Latin American Relations: Cooperation or Conflict in the 21st Century? New York 2010.

Fuentes, Claudio: Bajo la Mirada del Halcón: Estados Unidos – América Latina post 11.09.2001. Santiago de Chile 2004.

Kilty, Keith M. und Elizabeth A. Segal (Hg.): Poverty and Inequality in the Latin American-U.S. Borderlands: Implications of U.S. Interventions. New York 2004.

Lizano, Ana Cristina: América Latina y la segunda administración Bush. San José de Costa Rica 2008.

Lowenthal, Abraham F. et al. (Hg.): The Obama Administration and the Americas. Agenda for Change. Washington 2009.

–, Shifting the Balance: Obama and the Americas. Washington 2011.

Marcy, William L.: The Politics of Cocaine: How U.S. Policy Has Created a Thriving Drug Industry in Central and South America. Chicago, Ill. 2010.

Márquez-Padilla, Paz und Germán Pérez Fernández (Hg.): Desde el sur: visiones de Estados Unidos y Canadá desde América Latina de principios del siglo XXI. Mexiko 2003.

Santos, Marcelo: O poder norte-americano e a América Latina no pós-guerra fria. São Paulo 2007.

Schoen, Douglas und Michael Rowan: The Threat Closer to Home: Hugo Chávez and the War Against America. New York 2009.

Schrader, Holger: Die Lateinamerikapolitik der USA unter Präsident Clinton: Anspruch und Wirklichkeit. Münster 2007.

Suárez Salazar, Luis: Las relaciones interamericanas: continuidades y cambios. Buenos Aires 2008.

Register